改变，从阅读开始

漢唐陽光 · HTYG

为什么广大股民损失惨重而华尔街的高管们却个个依旧花天酒地、稳居高座？

为什么民主国家之间少有战争？与非民主国家相比，民主国家在什么情况下才会决定发动战争？

为什么国际足联和奥组委腐败丛生？

为什么说法国国王路易十六和美国总统奥巴马玩的竟是同一种游戏？

为什么民主的美国在别国往往会扶持独裁者而非民选总统？

为什么同样一个人可以在一个国家推行善政却在另一个国家施行最残暴的独裁？

为什么美国民主党欢迎非法移民却反对给高技术移民提供特别渠道？

为什么一个国家的自然资源越丰富，它就越不可能民主化？

为什么越是非民主国家，越容易出内奸？

为什么民主国家的对外援助常常无法使受援国的贫困百姓解脱困境，甚至使他们的处境更糟？

人们有时可以支配他们自己的命运。要是我们受制于人，亲爱的勃鲁托斯，那错处并不在我们的命运，而在我们自己。

——威廉·莎士比亚

《裘力斯·凯撒》第一幕第二场

THE DICTATOR'S HANDBOOK
独裁者手册

〔美〕布鲁斯·布尔诺·德·梅斯奎塔　阿拉斯泰尔·史密斯／著

骆伟阳／译

江苏文艺出版社
JIANGSU LITERATURE AND ART
PUBLISHING HOUSE

目 录

THE DICTATOR'S HANDBOOK

引言

统治的规则

政治真是让人伤透脑筋啊。每天的新闻头条让我们震惊与意外。每天我们听到欺诈、诡计、企业高管的两面三刀、新的谎言、偷盗、虐行，甚至政府领导人犯下的谋杀罪行。我们忍不住纳闷，文化、宗教、教育乃至历史境况到底出了什么毛病，导致出现这些恶毒的暴君、贪婪的华尔街银行家和虚伪的石油大亨。难道真如莎士比亚笔下的凯歇斯所言，错处并不在我们的命运，而在我们自己？或者尤其在于那些领导我们的人？我们大多数人是这么认为的，然而真相远非如此。

我们太习惯于接受历史学家、记者、专家和诗人们的解释，未曾透过表面挖掘那些既不指向命运、又不指向我们自己的深层真相。政治的世界是受规则支配的。任何不按这些规则进行统治的统治者都可说是愚蠢到家。

记者、作家和学者们一直致力于通过讲故事来解释政治。他们探究为何这个或那个领导人能获得权力，或一个幅员辽阔国家的人民如何起而反抗他们的政府，再或去年颁布的一项特殊政策为何会断送千百万人的幸福。在解释这些事件的过程中，一名记者或历史学者通常能够告诉我们发生了什么，发生在谁身上，甚至还有事情的缘由。但在这些形形色色的政治报道和历史下面，一些疑问似乎一而再再而三地浮现，有的很深刻，有的看似无关紧要，但都在我们脑海里挥之不去：暴君们为何能长久掌权？为何成功的民主领袖任期这么短？为何那些经济政策误入歧途、拙劣不堪的国家能长久生存？为何那些容易发生自然灾害的国家总是在灾难面前措手不及？以及那些自然资源丰富的国度如何倒让人民忍饥挨饿？

同样，我们也会疑惑：华尔街的高管们为何在政治上如此麻木不仁，挥金如土却把世界经济拖入衰退？为何肩负重担的一家企业的领导成员，却由极少数人就能决定？为何失败的CEO们能够高枕无忧、报酬丰厚，而股民们却输个精光？

有关这些政治行为的疑问，以这样或那样的形式一再涌现。每种解释、每个报道都将犯错的领导人和他或她的昏聩决策视作个案。但就政治行为而言，没有什么是独一无二的。

描述这些政客或企业精英犯下的可怖之事的报道，总有一种围观起哄的恶趣味，它们会让我们以为如果有机会的话，我们不会重蹈覆辙。这些报道致使我们将恶行归咎于那些犯错的人，那些人不知怎的就莫名其妙有权做出重大以及极糟的决策。我们自信满满，绝不会像为了留住权力而轰炸本国人民的利比亚领导人穆阿玛尔·卡扎菲那样行事。我们看到在肯尼斯·雷的领导下安然公司的雇员、退休人员和股东们遭受的巨大损失，自忖我们不会像肯尼斯·雷。我们看着每个事件，认为它们不过是各不相同、无典型特征的异常特例而已。实际上，它们都由政治的逻辑、支配统治者的规则所控制。

政治专家和新闻巨头们使我们对这些规则一无所知。他们满足于谴责作恶者，却未曾探究为什么政治和商业世界会襄助恶棍，或将好人变成无赖。这就是为什么我们仍在询问这些老问题。在法老们发现了如何储存谷物的3500年之后，我们仍然惊讶于非洲因干旱引起的普遍食物短缺。我们仍然为发生在诸如海地、伊朗、缅甸、斯里兰卡的毁灭性地震和海啸而震惊不已，也为发生在北美和欧洲的也许程度较轻的自然灾害而震惊。我们仍然为民主领袖与专制暴君们握手寒暄和眉来眼去而感到不安，因为这某种意义上是在纵容鼓励。

在本书中，我们会提出一种思路来理解将众多乃至绝大多数领导人特征化的可悲行径，无论他们是在政界还是商界。我们的目的是解释好的和坏的行为，而不感情用事地下断言。核心在于分析我们被统治与被组织化背后的机理和缘由。

我们描绘的图景将不会赏心悦目。它不会增强对人类善行和利他主义的希望。但我们相信这就是真相，将指出一条通往更美好未来的道路。毕竟，即使政治不过是领导人玩的一种游戏，如果我们了解了规则，它将成为我们能赢的游戏。

然而，为了改善世界，我们所有人首先必须搁置对传统智慧的信念。让逻辑和证据指引我们，擦亮我们的眼睛看清政治运行的理由。了解事物是其所是的方式和理由，是使其改善的第一步和至关重要的一步。

贝尔的无尽悲歌

与生活一样，在政治中我们都有欲望并与阻拦我们实现目标的障碍作斗争。比方说，政府的规则和法律限制了我们能做的。那些掌权者与我们不同：他们能设计出有利于自己的规则，使自己更容易达成目的。理解人们的需求以及如何达到需求，将极大帮助我们明了为什么那些掌权者经常干坏事。实际上，恶行常常不仅是坏的政治这么简单。无论是管理一座小城还是经营小本生意、大型企业或跨国集团，这个论点都经得起考验。

让我们先从一个小镇的贪得无厌的统治团伙说起，以便我们能理解从一个领导人的角度来看世界是怎样的。不过要紧的是，我们必须谨记这个故事是关于政治的，无关个人。不管我们是不是在讨论一个由道德败坏的恶棍组成的阴谋小集团，真正重要的是，这些人重视权力，了解如何攫取并维持权力。很快我们就将认识到，这个关于卑劣行径的小故事在政治和商界的每一个层面上都在反复重现，这个发生在加利福尼亚贝尔城的非凡故事里，其实并没有什么东西是非凡的。

罗伯特·里佐是贝尔小城的前市政经理，该城人口大约为36600人，位于洛杉矶周边，是一座主要由西班牙裔和拉丁裔构成的贫困小城。年人均收入因估算不同，低至10000美元，高至 25000 美元，无论哪个数值都远低于加州和全美的平均水平。超过四分之一的劳动人口生活在贫困线以下。贝尔的生活殊为不易。

尽管如此，这个小城依然为它的成就、家庭和前景感到自豪。虽说面临诸多挑战，贝尔一直将暴力犯罪率和与财产有关的犯罪率控制在平均水平以下，表现胜过加州的其他社区。粗粗浏览一下贝尔城的官方网站，呈现在人们眼前的是一个兴旺、快乐的社区，充满着暑期班、图书馆活动、水上游乐项目以及乐趣满满的家庭旅行。贝尔看上去还是个很有人情味的社区。比如，只要满足特定居住和收入要求的单亲家庭，都能从市里获得“住房与城市发展”补助。[1]

罗伯特·里佐做了 17 年的市政经理，回首职业生涯一定大感自豪。2010 年，当时的市长奥斯卡·赫尔南德斯（后来因腐败指控而入狱）曾说，当 1993 年聘任里佐（最终也受到腐败指控）时，贝尔市正处在破产的边缘。在罗伯特·里佐 15 年不间断的领导下，直到他下台的 2010 年，贝尔市已经实现了收支平衡。赫尔南德斯赞许里佐让贝尔市具有并保持了清偿能力。[2] 这当然算是了不起的成就。里佐和他的同事们当然值得赞扬和获得切实回报，以表彰他们为贝尔的人民做出的良好

[1] 有关加利福尼亚贝尔市的住房与居民信息可查阅网址 http://www.city-data.com/housing/houses-Bell-California.html。

[2]《贝尔市议会试图逼辞三位市政官员》，载于《洛杉矶时报》地方版，2010 年 7 月 21 日。网络版地址为 http://www.latimes.com/news/local/la-me-721-bell-20100721,0,3475382.story。

服务。

然而，在这迷人的表象下面，却隐藏着政治如何真正运行的故事。你们看看，罗伯特·里佐在1993年被聘任时的年薪是72000美元，经过17年到他2010年夏天被迫下台时，他的年薪达到了令人震惊的787000美元。

让我们客观地计算一下。如果他的年薪随通货膨胀而增长的话，他在2010年本应该挣108000美元。结果他拿了7倍还多！在持续低通胀的这么多年里，他的薪水每年递增超过15%，几乎与庞氏骗局大师伯尼·麦道夫向其倒霉的投资者承诺的回报率一样。

罗伯特·里佐作为市政经理的薪酬与美国其他政府官员相比如何呢？美国总统的年薪是40万美元。[1] 加州州长的年薪是20多万美元。与贝尔市紧邻的洛杉矶市市长年薪刚过20万美元。当然，罗伯特·里佐与加州年薪最高的公务雇员相比仍相去甚远。与大部分州一样，这一荣耀归于大学橄榄球队的教练。2010年，加州大学伯克利分校的橄榄球教练的薪水是185万美元，但人家大概比里佐先生带来的收益要高得多。[2] 罗伯特·里佐的确被认为工作出色，但真的出色到那种份上吗？在整个美国，他大概是薪水最高的市政经理（除非我们发现了另一个贝尔）。

---

[1] 美国陆军橄榄球队教练的薪水比美国总统高得多！尽管该队近年来在球场上的成绩起起落落。

[2] 参见 http://www.coacheshotseat.com/JeffTedford.htm。

我们自然会认为罗伯特·里佐肯定一直在设法窃取钱财，如谚语里说的，手伸进了饼干盒，侵吞从道义和法律上讲不属于他的资金；或者，至少或这或那做了一些不道德和非法的事。2010年夏天贝尔市丑闻发生时，加州总检察长（同时也是州长参选人）杰里·布朗承诺将对罗伯特·里佐是否违法展开调查。他的举动含蓄表达了一个清楚的看法：没有人会每年付给一座小城的市政经理近80万美元。然而，事情的真相比预想的要复杂得多。

整件事其实是一种精明（也应受谴责）的政治操作，是由贝尔市的选民以及代表他们的市议员们间接批准的，再沾一点点盗窃的边。

与贝尔市规模相当的城市一般给他们的市议员支付的年薪在4800美元。但贝尔市五名市议员当中的四名，除了拿议员基本薪水之外，每月只需开开会就能拿到近8000美元，全年拿到接近10万美元。只有可怜的议员洛伦佐·贝莱斯没份。贝莱斯每年只拿到8076美元，仅相当于他的同事每个月拿到的钱！我们怎么想得通这种待遇上的悬殊差别？更不用说这样令人咋舌的薪水和津贴不仅支付给里佐先生，也支付给了他的助理以及贝尔市警察局长（两人后来也都因腐败指控入狱）？

答案就在于对一次投票时机的聪明操控。这些城市的领导们设法只需依靠极少数的选民就能保住权力并自己制定薪酬待遇。想搞清楚这么穷的一个城市为什么会给领导这么高的待遇，我们必须从2005年的一场投票说起。那场投票的目的是决定是否将贝尔市由“一般城市”转变为“宪章城市”。看到这里你可能哈欠连天了，到底“一般城市”和“宪章城市”有什么区别呢？答案是“夜与昼之别”。在“一般城市”，决策必须在光天化日之下做出，而在“宪章城市”，决策则经常在见不得光的幕后秘密做出。一般城市的管理体制受制于州或联邦法律，而宪章城市则由——你大概猜到了——它自己的城市宪章决定。

加州的立法机构在2005年决定限制一般城市的议员薪水。但加州立法机构还来不及对贝尔市下手，脑筋转得快的贝尔市政客们——据说正是在罗伯特·里佐的领导下——就想出了一个方法来摆脱加州首府萨克拉门托那帮人的心血来潮。所有五名市议员都赞成举行一场特别投票，来把贝尔市由一般城市转变为宪章城市。这场投票的卖点是能给贝尔市更多的自治权，以摆脱遥远的州政府——当地官员最了解本地情况，总比远方不接地气的政客们强嘛！至少，这是贝尔市领导们的说辞。

有关技术性问题的特别投票——成为宪章城市或维持一般城市——对选民来说没多大意思。当然，如果类似的投票是在全国范围内或哪怕州的范围内举行，这样的提议大概会被众多选民详加审视，然而在一个只有36600人的小城举行这样明显经过政治操弄的特别投票（没有附带任何其他表决事项），只吸引到400名选民投票（336票赞成，54票反对）。于是宪章得以通过，将分配城市岁入和制定预算的权力置于一小撮人的控制之下，而且不用见光。人们都能看出来，对贝尔市的管理方式而言，宪章不会导致什么重大改变。它只是提供了一个工具，将税收和支出的巨大决策权授予了极少数几人，而这几个人恰巧还决定着自己的薪酬待遇。

为了避免误以为这些市议员既贪得无厌又愚蠢，有必要指出他们在掩饰自己的行为上是多么的聪明。如果真有人问市议员他们的兼职薪水有多少，任何议员都会公开坦诚地说他们每月只领到几百美元的微薄薪水。但正如我们前面看到的，他们收入中最大头的部分——也就是洛伦佐·贝莱斯没拿到的那部分——是他们每月参加会议的报酬。正是这块收入最终成为了他们的阿喀琉斯之踵。

本书写作之时，贝尔丑闻的所有主要参与者都已被捕入狱，但并非因为他们领取了高额薪水。尽管看起来令人愤慨，但似乎他们的高薪是完全合法的。他们被捕是因为他们为之领取报酬的那些会议根本没开过。也就是说，这些贝尔的领导们最终可能倒在了一个法律技术性细节上。骇人的高薪没问题，但不能一边领高薪一边不开会。我们不禁好奇，有多少政府官员在遵循这种标准。比如说，有多少参议员和众议员一边拿着全额薪水一边逃会，跑去为竞选募款、演讲或干脆游手好闲？

你可能也会好奇，一个像贝尔这样的小城在为领导支付如此高薪的情况下如何实现收支平衡——这是里佐先生的主要成就之一。（实际上，我们预感到一旦贝尔市重整吏治，我们预计它极可能需要通过举债来满足财政支出，而无法再保持预算平衡）。别忘了，贝尔的领导们不仅决定着如何支出，也决定着征多少税。以下是《洛杉矶时报》关于贝尔的房产税的报道：

> 贝尔的税率是 1.55%——近乎富裕地区的一半，如贝弗利山、帕洛斯弗迪斯、曼哈顿滩，且大大高于洛杉矶县任何其他地方。这一数据是县审计官办公室应本报请求提供的。这意味着，一座估值为 40 万美元的房屋的屋主，每年须缴纳房产税 6200 美元。而马里布的税率为 1.1%，那里相同房屋的屋主只需缴纳 4400 美元。[1]

简而言之，贝尔的房产税率比周边地区高 50%。这么高的税率使得市政经理和市议会当然能够开出高额薪水并保持收支平衡，养肥自己和狐朋狗友。

讲完了贝尔市的故事，现在来探究一下更深层的意义。贝尔的市议员由选举产生，尽管在 2007 年以前他们的当选长年未受到竞争。这意味着市议员欠选民的人情，至少是欠那些使他们得以当选的选民的情。在 2007 年以前几乎不存在这种情况，因为当时没有竞选。从 2007 年开始，尽管有了竞选，要赢得议员席位也只需很少的选票。举例来说，2009 年贝尔市有 9400 名登记选民，只有 2285 名也就是 24.3% 的选民出来投票。每个选民投票给六位市议员参选人当中的两位。两位胜

[1] 详情参见 http://latimesblogs.latimes.com/lanow/2010/07/bell-paid-huge-salariesresidents-paid-huge-tax-bills-records-show.html。

选者路易斯·阿提加和特蕾萨·雅各布分别得到了1201张和1332张选票，但实际上他们不需要这么多票就能胜选。表面上看，胜选需获得13%登记选民的支持。我们说“表面上看”，是因为2009年要当选市议员，只需要比得票第三的候选人多一票就够，因为只有两名能当选。当时得票第三的候选人只拿到472票，也就是说，拿到473票就能当选，这个票数是登记选民的5%，比全市总人口的1%多一点，相当于实际投票人数的五分之一。无论选票为何在候选人当中如此分化，有一点是肯定的，那就是赢得选举只需获得贝尔市成年人口当中的极小部分的支持就够了。这非常有助于解释市政府采取的税收和支出政策。

可以肯定的是，那些市议员绝不希望竞争者（甚至同僚洛伦佐·贝莱斯）知道他们的真实待遇。

城市经理罗伯特·里佐必须保守市议会的秘密以保住位子，而市议员们需要他的支持以保住他们的位子。他本可以揭露他们多么严重地侵吞辛苦赚来的公帑，并让他们卷铺盖走人（现在倒是做到了）。正是在这种出于相互忠诚的需要中，我们看到了贝尔丑闻以及普遍政治的起源。里佐为市长和议会效劳，相应地，他们为贝尔市的极小部分市民效劳，这些人是贝尔市选民中的核心支持者。没有市议会的支持，里佐将丧失他的位子，正如现在这样——尽管他仍能每年拿到惊人的65万美元退休金。怎样才能最好地确保他们的忠诚呢？很简单：提升途径，将私人回报以慷慨薪酬的形式给予市议员。[1]

当然，如果这一切是公开进行的，或者贝尔市仍然是一个“一般城市”，受制于萨克拉门托对公务员薪酬的监管，那么里佐和市议员们都将无法互相取悦。当一个领导掌握了权力，他或她的政治生存就取决于支持者组成的小小联盟（别忘了赢得市议员席位只需极少数选民的支持），而确保长期在位的方法就是给予支持者私人回报：里佐先生在位长达 17 年！不仅如此，当这个小联盟是从相对多的选民中产生——根据 9395 名登记选民（2009 年的数字）中只有 336 人投票批准了的城市宪章，选出 5 名市议员——不仅对小联盟给予私人回报成为一种高效的治理方式，同时也产生了预算制定和税收上的巨大自由裁量权，使得领导层有大把机会自肥，这样的机会领导们可不会放过。

贝尔为我们提供了许多有关统治法则的经验教训。首先，政治就是获得和维持政治权力。它与“我们，人民”的普遍幸福无关。其次，确保政治生存的最好方式是只依靠少数人来上位和在位。这意味着，那些拥有一批同伙可以依靠的独裁者——常常寿终正寝——比民主人士更容易长年掌权。第三，当这个同伙小集团明白外面还有大把人排队等着取而代之大吃

[1] 反过来他们又可以将利益输送给关键的选民。比如，我们忍不住好奇那些收到住房补贴的人是否构成了支持贝尔市议会的选民主体。由于投票采用无记名方式，我们无从得知这一点。但假如贝尔市的选票统计是按街区上报，我们大概很有可能看到选举支持与特殊回报之间的对应关系，比如住房补助。

公家饭，最高领导层就具有了如何花钱、如何征税的巨大自由裁量权。所有这些税入和自由裁量权为很多领导人大开窃国之门，很少人为公共利益着想。它也意味着大大增加了在位期限。第四，依靠一个支持者小联盟，领导人可以放手大肆提高税率，正如贝尔市那样。征收重税很容易激起民愤，也如贝尔市发生的那样。当然，在贝尔市，人们奋起抗争并终结里佐的统治很容易，因为他们拥有至关重要的基本权利：言论自由和集会自由。我们将看到治理结构和经济运行方式如何影响到人们拥有权利的多寡，而这相应地将决定人们是否能走上街头，是否能成功策动变革，正如近来我们在中东部分地区看到的那样，或者如我们在其他地方看到的那样，人民依然被压迫。

我们将看到，当维持权位只依靠极少数人、特别是当这极少数人是从许多人当中挑选出来的，贝尔的故事提供了一个在这种情况下如何治理的近乎完美的剧本。贝尔的政客们凭直觉就理解了政治的规则。那些忠实遵循这些规则的领袖们，的确能够长期居于高位，从来无须被迫为臣民们做“好事”。在外部力量对他们的掌权手段进行详查之前，那些统治贝尔的人已经在位非常久。我们将看到，在顶层发挥效力的东西通常损害了底层，由此我们震惊诧异于有如此多的高层人物犯下了如此多的劣行。类似贝尔这样的地方被统治的方式（其实就是大多数地方和商界被统治的方式）催生了“贝尔底层悲歌”（译注：原文为 Bell Bottom Blues，意为“喇叭裤蓝调”，本为二十世纪五十年代美国一首著名的蓝调歌曲，英国吉他大师埃里克·克莱普顿在七十年代写过一首同样著名的同名歌曲。Bell Bottom 即喇叭裤，据称起源于美国水兵服）。

我们将学到的一个重要教训是，凡是在事关政治的地方，意识形态、国籍和文化远没有那么要紧。我们越快放弃思考或谈论诸如“美国应该……”、“美国人民要求……”或“中国政府应该……”这样的句子，我们就越能更好地理解政府、企业和所有其他组织形式。在对待政治时，我们必须使自己习惯于思考和谈论具体的、有名有姓的领导人的行为和利益，而不是思考和谈论那些含糊不清的理念如国家利益、共同福祉、普遍福利等。一旦我们开始思考是什么因素帮助领导人获取和维持权力，我们也将明白如何去矫正政治。政治，正如所有的生活，是关于个人的，每个人都致力于去做对自己有利的事，而不是对他人有利的事。加利福尼亚州贝尔市的罗伯特·里佐绝对就是这样的。

大思想家的困惑

正如罗伯特·里佐的故事所凸显的，政治并不非常复杂。相形之下，历史上最受尊崇的政治哲学家们却未能很好地解释政治。事实上，尼克罗·马基雅维利、托马斯·霍布斯、詹姆斯·麦迪逊以及查尔·路易·德·塞孔达（也就是孟德斯鸠），别忘了还有柏拉图和亚里士多德，基本上是在他们所处时代的狭隘背景下思考政制的。

霍布斯寻求最佳的政府形式。然而，他的寻求被英国内战、克伦威尔的崛起和他对大众统治的恐惧所蒙蔽。出于对大众的恐惧，霍布斯将君主政体视为通往秩序与良治的自然路径。不仅相信一位绝对领袖（即利维坦）的必然仁慈，他还断言："如果臣民贫穷、粗鄙或出于匮乏、意见分歧而无力作战御敌，没有哪个国王能富裕、荣耀、高枕无忧。"[1] 这里稍稍冒犯一下霍布斯的精深哲学，我们十分好奇，罗伯特·里佐如何能够在他的臣民，即贝尔的市民穷困潦倒的同时发家致富的。

马基雅维利，这位失业政客和公务员一直希望为美第奇家族效劳——有点像那个时代的罗伯特·里佐——写了《君主论》以证明他作为顾问的价值。美第奇家族似乎对他没有多大兴趣，他也没搞到工作。我们认为，他比霍布斯更了解政治如何能产生自我膨胀的行为，一如五百年后在贝尔发生的那些。在《论李维》中马基雅维利写道，任何寻求建立自由平等政府的人注定失败，"除非他从平等大众中挑出一批最具野心、最不安分者，将他们变成事实上而不仅是名义上的绅士，赐予他们城堡与领地，以及金钱与仆从。于是在这帮人的拥护下，他得以维持权力，而他们则在他的支持下满足自己的野心……"[2]

[1] 托马斯·霍布斯：《利维坦》，理查德·塔克编辑（纽约：剑桥大学出版社，1996 [1651]），第 131 页。

[2] 尼可罗·马基雅维利：《君主论与论李维》，麦克斯·勒纳编辑（纽约：现代图书馆，1950 [1532]），第 256 页。

罗伯特·里佐说不定曾将马基雅维利的论点作为最佳思想养料来研习，以抵抗公众的责难。他通过满足贝尔市议会里那些忠于他的人对金钱权位的欲望，而在位多年，他只需要这几个人的支持就够了。

詹姆斯·麦迪逊作为一名试图把自己的政治学付诸实践的革命者，像霍布斯一样直面革命。不过与霍布斯不同的是，麦迪逊实际上喜欢他所见到的。在《联邦党人文集》第十篇中，麦迪逊思考了一个250年之后困扰贝尔市民们的问题："是小共和国还是大共和国更有利于选出公共福利的适当守护者，显然是后者。"[1] 考虑到他对多数暴政的恐惧，得出这一结论并不容易。不过，尽管这一结论接近于我们先前已经论证的观点，然而细节决定成败，向来如此。我们认为麦迪逊缺乏对良好统治形式的细节论证。他以"大"或"小"来描述一个共和国，却未能区分有多少人在选择领导人上有发言权，以及有多少人对确保领导人持续掌权起关键作用。正如我们将看到的，这两点有天壤之别。

麦迪逊的观点和孟德斯鸠截然相反，后者认为："在一个大的共和国里，公共利益因个人观点千差万别而遭牺牲，屈从于例外，取决于偶然。在一个小共和国里，公众的利益较为显而易见，更好被理解，更能被每个公民够着；遭损害的范围较

[1] 詹姆斯·麦迪逊：《联邦党人第十篇》，载于《联邦党人文集》，雅各布·库克编辑（米德尔敦：卫斯理大学出版社，1961），第62页。

小，当然也更少被保护。”[1] 在贝尔市可不是这样的——我们宁愿相信贝尔。

对孟德斯鸠来说，启蒙运动、笛卡尔式的思想以及英国君主立宪制的出现，所有这些合力激发了他有关政治制衡的深刻洞见。他指望通过这些制衡去防止的，恰恰就是贝尔市通过宪章城市投票强加给市民所导致的对公共福祉的损害。

当然，理论上讲，选择成为一个宪章城市恰恰来自于加州立法机关对政治制衡的要求。但在那场特别投票中只有 390 个选民现身，甚至在贝尔丑闻发生之前的其他竞选中，也只有不到四分之一的登记选民出来投票，而所有的登记选民也不过贝尔市总人口的四分之一。这绝对不足以防止孟德斯鸠希望避免的对公共利益的损害。

毫无疑问，孟德斯鸠、麦迪逊、霍布斯、马基雅维利都是非常睿智和富有洞见的思想家（肯定比我们聪明）。然而他们对极多政治事务都理解错误，只因他们面对的都是暂时的情况。他们只着眼于很少的抽样资料、发生在他们身边的事以及古代历史的只鳞片爪。他们也缺乏现代分析工具（我们很幸运地能够想用就用）。结果是，他们常常猛然得出部分正确但深层次错误的结论。公平来说，这些历史上杰出人物的缺陷与如下事实有关：除了受制于他们的时代背景，他们也沉溺于“大问题”——人的最高本质应该如何，政府的“正确”形态是什

[1] 孟德斯鸠（查尔·德·塞孔达）：《论法的精神》，爱德华·华莱士·卡里瑟斯编辑（伯克利：加州大学出版社，1977 [1748]），第 176 页。

么，或者在政治术语中“正义”到底意味什么。这种短视不仅影响了政治思想史上的巨人，也影响到了当代政治思想家，如尤根·哈贝马斯、米歇尔·福柯、约翰·罗尔斯——这些思想家有一天也许会被与历史上的巨人等量齐观。

关于“世界**应该**怎样”的诸多大问题的确很重要，但它们不是我们所要关心的。有关哲学价值和隐喻性抽象概念的问题不适用于接下来我们要呈现的关于政治的观点。我们不会把“我们觉得应该怎样”作为出发点。很难想象有谁包括我们自己会在乎“我们觉得应该怎样”。我们也不会劝诫别人改善自己。这倒不是因为我们不希望根据我们自己的观点去寻找改善世界的方法，而是因为我们认为只有先了解了世界运行的方式和缘由才有可能改善它。先搞清楚政治领域里人们行为的缘由至关重要，才能想办法使政治变成做好事符合**他们**的利益。

政治与国际关系的现代表述——从大国与霸权的平衡，到党派偏见与国家利益——这些不过是高中公民课本和晚间新闻专家们的说辞，与实际政治关系甚少。看到眼前这本有关政治的书毫不关注这些说辞，你也许会很高兴或很沮丧。我们对政治的描述主要关注“是怎样的”以及“为什么这样”。在这本书中，我们希望解释政治的最基要和最费解的问题，在这一过程中使我们所有人更好地理解统治者与臣民的世界、权威与权利的世界、战争与和平的世界以及同样重大的生与死的世界为何通通按现在这种方式运行。也许，只是也许，我们时不时地会发现改善的途径。

本书中这些观点源起于多年前本书作者之一布鲁斯·布尔诺·德·梅斯奎塔与早期多本著作的合作者兰多夫·M.席弗森之间热烈进行的午餐讨论（后者现在是加州大学戴维斯分校的荣誉退休教授）。在大谈墨西哥卷的同时，兰多夫·席弗森和布尔诺·德·梅斯奎塔讨论到一个相当基本的问题：输掉一场战争会给领导人和他们的政权带来什么后果？

奇怪的是，这个问题在汗牛充栋的国际关系研究中未曾被详加探讨过。而任何领导人无疑都想在卷入类似战争这样的冒险事业**之前**知道，当结束**之后**他身上会发生什么。之所以无人问及这个问题，是因为有关战争与和平的标准观点植根于诸如国家、国际体系、力量平衡和对立等观念，而不在于领导人的利益。从国际关系的传统观点来看，这个问题毫无意义。甚至"国际关系"这一术语也预设了主题是关于"国"的，而不是关于巴拉克·奥巴马、劳尔·卡斯特罗或任何其他你能说出名字的领袖想干什么。于是人们很容易就谈起美国的大战略、中国的人权政策或俄罗斯重返大国地位的野心，然而从我们的观点来看，这些表述没多大意义。

国家不会有利益，人有。身处所有关于国家利益的争论之中，奥巴马总统在制定其阿富汗政策时为哪些东西焦躁？如果他不提出一个从阿富汗撤军的时间表，他将失去他的民主党选举根基的支持——而不是他的全国性选举根基的支持。相似地，肯尼迪总统在古巴导弹危机中烦恼的是，如果他不采取行动，他将被弹劾并且民主党人在1962年的中期选举中将遭到重挫。[1] 他们每个人的脑中也许都有国家利益，但他们的个人政治安危才是最紧要的考量。

任何国家（或任何企业）中最主要的利益推动者是居于顶端的人——领导人。所以我们从这个简单的出发点开始：统治者们的自私算计和行为是所有政治的推动力。

领导人的自私算计和行为构成了他的统治方式。那么对于一个领导人来说，什么才是"最佳"的统治方式？关于如何统治才是最佳，答案就是：采取一切必要手段先攫取权力，然后维持权力，并从始至终掌握尽可能多的国家（或企业）收入。

领导人行为的理由是什么？是为了攫取权力，维持权力，最大限度地控制财权。

基于他们有关领导人和战争的午餐讨论，兰迪和布鲁斯为学术期刊写了好几篇文章，将国际关系视为不过是普通政治，其中最要紧的就是领导人想要在政治权力中生存。这些文章很快获得反响。研究者们意识到这是思考他们课题的一种非同寻常的方式，这一方式聚焦于做出真实行为的真实的人，而不是诸如政府、国家和制度这样的隐喻（现在这已经是显而易见的。但在现实主义国际关系学派当中，这仍然是异端）。但席弗森和布尔诺·德·梅斯奎塔同时也看到了这一理论还可以拓展到更大范围。每一种类型的政治活动都可以从设法生存的领导人这一视角来解读。

---

[1] 罗伯特·伍德沃：《奥巴马的战争》（纽约：西门与苏斯特，2010）；罗伯特·弗朗西斯·肯尼迪：《十三天》（纽约：W. W. 诺顿出版公司，1969）。

涵盖的范围这么大，这个想法听上去很吓人。它旨在通过一个单一的理论框架来重述我们已知的或自以为已知的一切（或近乎一切）政治活动。席弗森和布尔诺·德·梅斯奎塔诚惶诚恐，需要帮助。于是詹姆斯·D. 莫罗——现在是密歇根大学教授，时任斯坦福大学胡佛研究中心高级研究员，当时布尔诺·德·梅斯奎塔也在那里工作——以及阿拉斯泰尔·史密斯两人加入。于是一个四人研究小组成立（有时被人亲切地称为 BdM^2S^2）。我们一起写了一本厚厚的技术性很强的大部头著作叫做《政治生存的逻辑》以及一系列学术论文，以此为基础，我们得以将我们的观点改写成一本希望人人都能看得懂、引发讨论甚至能够接受的书。[1] 如今，这一组研究背后的理论已经激发我们自己和其他研究者做出了许多派生的研究、理论的拓展和阐述，以及充满活力的辩论——当然也不缺乏争议。

以此为基础，我们跳出了对于文化和历史的传统思考方式来看待政治、公共政策选择以及甚至关于战争与和平的决策。它意味着，我们放弃了将公民道德与精神病理学视为理解领导人行为及其缘由的核心，取而代之的是，我们将政治家看做自私粗鄙之人，就是那种你不想与之共进晚餐的人，但没有他们你可能又根本吃不上晚餐。

这本书的结构很简单。第一章先勾勒出统治的基本要素，

[1] 布鲁斯·布尔诺·德·梅斯奎塔、阿拉斯泰尔·史密斯、兰多夫·席弗森和詹姆斯·莫罗：《政治生存的逻辑》（剑桥，马萨诸塞州：麻省理工学院出版社，2003）。

接下来各章分别探究政治的某一特定方面。我们将解释为什么某些穷国的税率比富国还高；或者为什么一个领袖花了大把军费却得到一支在国防上孱弱不堪、基本没用的军队。所有章节合起来将详细阐述政治生存的逻辑——统治的规则——如何在可想象的最大范围内连接起了星星点点的政治后果，深化我们对于所有统治者及其子民之间相互作用的理解。正是因为可以连接起星星点点，许多学生把我们列出的统治法则称为“万事理论”。我们倒是很乐意简明地将其编撰为“独裁者手册”。

我们充分认识到，我们看待政治的观点要求我们跳脱根深蒂固的思维习惯、传统的归类法和含糊的概括，转而深入一个有关自私思维的更清晰的世界。我们探求一种更简单的、希望也是更具说服力的方式来思考政府。我们的角度尽管会让一些人感到沮丧，但提供了一个方式来探讨政府之外的生活其他方面。它能很容易地描绘企业、慈善机构、家庭乃至任何其他组织形式。（我们保证很多读者会欣慰地就如下事实得到确证：他们的公司运作方式确实与独裁政权一样。）对有些人来说，这些可能大逆不道，但我们坚信，归根结底这是理解政治世界的最佳方式——也是唯一能使我们开始评估如何改善统治规则的方式。如果我们要玩政治游戏——我们所有人时不时都得玩——那么我们必须学会如何赢。我们希望并相信，这是读者能从本书中学到的：如何赢得政治游戏，在这一过程中说不定甚至能对世界做出一点改善。

第一章

政治的法则

政治的逻辑并不复杂。事实上，只要我们准备好审慎地调整我们的思维方式，理解政治世界里大多数事情出人意料地简单。为了正确理解政治，我们必须修正一个特别的假设：我们必须停止认为领袖们能够独自领导。

没有哪个领导人是单枪匹马的。如果我们要理解权力如何运行，我们必须停止认为独裁者可以为所欲为。我们必须停止相信阿道夫·希特勒或任何其他独裁者能够独自掌控他们各自的国家。我们必须放弃这样的想法，即安然公司的肯尼斯·雷或英国石油公司的托尼·海沃德了解他们公司中发生的一切事情，或他们可以做出所有重大决策。以上这些想法毫无疑问都是错的，因为没有哪个皇帝、哪个国王、哪个酋长、哪个暴君、哪个首席执行官、哪个族长能够独自统治。

来看看法兰西的路易十四 (1638—1715)。被誉为“太阳王”的他在位超过 70 年，主导了法国的扩张和现代政治国家的产生。在路易十四统治下，法国成为欧洲大陆的霸主和美洲殖民化的主要竞争者。他和一帮亲信制定了《路易法典》，影响了日后《拿破仑法典》的形成，后者成为今天法国法律的基础。他将军队现代化，组成了一支职业化的常备军，成为欧洲其他地区乃至全世界效仿的榜样。毫无疑问他是他所处时代乃至任何时代最杰出的统治者之一。但他并不是单枪匹马统治。

从词源学来讲，“君主制”（Monarchy）一词也许指的是“一人统治”，但这样的统治方式从来不曾也绝不可能存在。路易十四据称说过很有名的一句话（很可能是误传）：“朕即国家。”这一宣言经常被用来形容类似路易十四这样的专制君主或暴虐独裁者的政治生涯。然而，这一专制主义宣言从来就不正确。没有哪个领袖——无论多令人敬畏或尊崇，无论多残忍或邪恶——是孤家寡人。事实上，表面上是一位专制君主的路易十四就是一个很好的例子，证明单一统治这种想法有多么错误。

在他的父王路易十三 (1601—1643) 死后，年仅四岁的路易十四登基。在早期，实际权力掌握在摄政的他母亲手中。她的亲信横征暴敛。到 1661 年路易十四 23 岁开始亲政时，法国已处于破产边缘。

我们大多数人将国家破产视为财政危机，但透过政治生存这一棱镜我们可以清楚看到，这更是一场政治危机。当债务超出了偿债能力，对领导人来说，真正的麻烦不在于必须削减公共开支，而在于他丧失了必要的资源去换取核心支持者的政治忠诚。在民主制下，糟糕的经济意味着没钱去资助分肥工程以换取政治支持。对贪官污吏来说，意味着捞不到巨额财富，也许还会眼睁睁看着自己的秘密银行账户缩减，以及报酬过低的喽啰们忠诚度的下降。

国家破产的前景让初掌大权的路易十四身处险境，因为保守派贵族、包括军队将领看到他们的财富和特权在逐渐干涸。这一情况促使这些政治上重要但薄情寡义的朋友开始另找他人来确保他们的财富和特权。面对这样的危机，路易十四必须做出改变，否则将丧失统治权。

路易的特殊境况要求他改变他的核心集团的人员结构——这个集团的支持将确保他的王位。他迅速采取行动，为新贵族拓宽了加入核心集团的机会（对一些人来说，则是实际权力），这些新贵族被称为“穿袍贵族”。他和陆军大臣米歇尔·勒泰利耶一道，开始建立一支职业化的、相对平民化的军队。路易抛弃了法国周边几乎所有的君主惯常做法，他将军阶的大门敞开——甚至最高级的军阶——为传统保守派军事“佩剑贵族”以外的很多人提供机会。通过这些举措，路易将他的军队改造成一个更易进入、政治和军事上也更具竞争性的组织。

与此同时，路易还必须对老贵族有所行动。他非常清楚这些不忠的家伙早些年煽动和支持了反君主的“投石党运动”（混合了革命与内战）。为了消除老贵族的潜在威胁，他将他们事实上地与宫廷绑在一起——要求他们大部分时间必须待在凡尔赛宫。这意味着，他们领取的年金多寡将取决于国王的宠信程度。而这当然取决于他们侍奉国王的优劣程度。

通过提拔众多新人，路易建立了一个对他感恩的新阶层。在这一过程中，他更完整地集中了自己的权威，提升了对宫廷里不少老贵族年金的决定权。这样，他就建立起了一个“绝对”控制的体系，它的成功依赖于军队和新贵族的忠诚，也依赖于限制老贵族的权力，将他们的福祉直接转化为他的福祉。

在考虑需要收买谁时，法国大众并不在路易十四的算计当中，因为他们没有对他构成立即的威胁。就算如此，他的专制主义一点也不“绝对”。他需要支持者，也明白如何保持他们的忠诚。只要他们支持他比支持别人更有利可图，这些人就会一直忠诚于他。

路易十四的策略就是把他继承下来的由关键支持者组成的“致胜联盟”替换成他更靠得住的人。被保守贵族环伺的他，启用了一批“穿袍贵族”进入核心集团，甚至启用了一批平民进入官僚机构，特别是军队。通过扩大进入核心集团的候选人范围，他使那些已经处于核心集团的人的政治生存面临更激烈竞争。那些他的“致胜联盟”的成员们明白，面临扩大了的候选人范围，如果他们不能证明自己足够值得信赖和对国王忠诚，很容易就会被别人取而代之。相应地，他们将丧失通往财富、权力和特权的机会。没什么人会愚蠢到冒这个险。

与所有领导人一样，路易十四与他的核心集团建立起一种共生关系。没有他们的支持，他不可能指望稳坐权力宝座，而他们对他不忠的话，也别指望能从他们的职位当中获得利益。他们确实很忠诚。路易十四在位 72 年，直到 1715 年寿终正寝。

路易十四的经历是政治生活里最基本事实的例证。没有人能独自统治；没有人具有绝对权威。差别只在于有多少人需要豢养，又有多少资源能够拿出来进行豢养。

政治的三个维度

对领导人而言，政治情势可以被分解为三种人群：名义选择人集团、实际选择人集团和致胜联盟。

名义选择人集团包含了所有在选择领导人时至少具有某些法定发言权的人。在美国，指的就是所有合格选民，即所有年满 18 周岁的公民。当然，正如每个美国公民肯定都意识到的，虽然拥有选举权很重要，但归根结底，没有哪个个人在谁领导国家上有太多发言权。在一个实行普选制的民主国家，名义选择人集团刚刚触及到政治的门槛，仅此而已。在这个意义上，美国、英国或法国的名义选择人比苏联的“选民”好不了多少。在苏联，所有成年公民都有权投票，尽管他们并不是真正在候选人当中做选择。第二个政治阶层由实际选择人组成。真正选择领导人的是这个集团。在沙特阿拉伯的君主政体下，指的就是皇室的高级成员；在英国则指的是支持多数党议员的选民。最重要的集团是第三种，它是实际选择人集团的一个子集，构成了一个致胜联盟。他们的支持对于一个领导人的政治生存至关重要。在苏联，致胜联盟由党内一小撮能够选择候选人并控制政策的人组成。他们的支持对于政府高官和党的总书记保持权力起核心作用。这些家伙有能力推翻他们的老板——而他对此心知肚明。在美国，致胜联盟的规模远远大得多。它由足以确保一名总统候选人（假如是立法机构选举，则指每个州、选区的参议员或众议员候选人）胜选的最少数目的选民构成。对路易十四来说，致胜联盟由一小群法官、军官和高级公务员组成，没有他们，路易国王恐怕早被别人取而代之了。

从根本上讲，名义选择人就是领导人的潜在支持者；实际选择人则指那些其对领导人的支持确实有重要影响的人；而致胜联盟只包括那些领导人不可或缺的关键支持者。这三种人可简单概括为：可相互替代者、有影响者以及不可或缺者。

在美国，选民就是名义选择人——可相互替代者；至于实际选择人——有影响者——则是真正选出总统的选举人团成员（正如在苏联选出总书记的忠诚党员们）。不过，当今的选举人团成员按照规范都是遵循各自州的选民意愿来投票，因此选举人团成员并不具有真正独立的影响力。在美国，名义选择人和实际选择人相当紧密地结合在一起。这就是为什么尽管你只是与他人可相互替代的无数选民中的一员，却仍感觉你的那一票很有影响——它有价值，也算数。在美国，致胜联盟——不可或缺者——是分布在各州的最小的一群投票者，他们对一名总统候选人的支持在选举人团里转化成了胜选。尽管致胜联盟（不可或缺者）是名义选择人集团（可相互替代者）当中一个不小的部分，但它的规模甚至无须接近美国人口的多数。事实上，基于美国大选的结构，只要选票得到有效配置，那么只需赢得全部选票的五分之一，就有可能同时掌握美国的行政部门和立法部门（亚伯拉罕·林肯就是有效配置选票方面的大师）。值得注意的是，在绝对人数和占全体选民的比例方面，美国具有全世界最大的致胜联盟之一，但还不算最大的。在英国的议会制结构下，要想当上首相，议会中必须要有超过半数的本党籍议员，而每个本党籍议员则必须在两党制议会竞选中赢得半数以上选票：当上首相所需的选票就是所有选票的一半的一半，也就是总票数的四分之一。法国的决胜投票制要求更高，要想当选总统，必须在最后一轮双人决选中赢得多数票。

目光转向其他地方，我们看到各国的名义选择人集团、实际选择人集团和致胜联盟的规模差别巨大。像东北亚的某个国家，有规模巨大的名义选择人集团，每个人都能投票——当然这是个笑话——有规模很小的实际选择人集团，以及一个也许不超过几百人的致胜联盟，但没有这个联盟的话甚至当年他们的第一任领导人都早已灰飞烟灭。像沙特阿拉伯这样的国家，拥有规模很小的名义选择人集团和实际选择人集团，他们由皇室成员、一些重要商人和宗教领袖构成。

那么加州贝尔市的构成情况是怎样的呢？我们看到在2009年市议会选举中，可相互替代者就是9395名登记选民；有影响者则是那2235名实际投票的人；而不可或缺者不超过473名。贝尔看上去绝对比沙特阿拉伯强——希望如此。然而，贝尔的情况很危险地与一些基本上实行虚假选举的国家相似，比如革命前的埃及、委内瑞拉、柬埔寨，甚至俄罗斯。大部分公开上市交易的企业具有相似结构。他们拥有成百万计的可相互替代的小股东。他们拥有一些有影响的机构投资者和其他股东。而不可或缺者则是那些真正能够挑选董事会成员和高级管理人员的人。贝尔一点都不像麦迪逊或孟德斯鸠心目中理想化的民主制。企业也不像，不管有多少股东可以进行无记名投票。

想想你所在的公司吧。谁是你的领导人？谁的支持对他或她来说是不可或缺的？哪些人尽管对你的首席执行官来说并非不可或缺，但在公司治理结构中仍然很有影响？当然，还要想想是谁每天待在办公室里辛苦工作（或偷懒），憧憬着哪天能飞黄腾达？

本书余下部分要讲的，以及更重要的，在所有或大或小组织里的政治运作都是以这三个集团的区分为基础。这三个集团的规模大小变化为政治提供了一个解释政治生活复杂性的三维结构。通过探究这些维度如何交织——也就是每个组织里的可相互替代者、有影响者和不可或缺者的相对规模——我们就能够理解政治之谜。我们将看到，在不同国家、不同企业或任何其他组织里，这三种人群的规模差异几乎决定了政治里发生的一切——领导人能做什么，什么事是他们能或不能逃脱追究的，他们必须对谁负责，在他们的领导之下每个人享有的相对生活质量（或者说，常常不享有）。

三维政治的特点

你可能难以相信就是这三个维度支配了世界上所有形形色色的统治体系。毕竟，我们的经验趋向于认为政治光谱的一极由独裁者和暴君组成——那些间或会精神变态的可怕自私的恶棍。另一极则由民主人士组成——民选的议员、总统、首相，那些自由的善良守护者。我们坚信这两个世界的领导人必定天差地别。

这是一个很省事的幻想，但毕竟只是一个幻想。政府都一个样。差别只在于选择人和致胜联盟维度。这些维度限制或允许领导人为了保住权位能做和应该做什么。限制或允许的程度取决于选择人集团和致胜联盟如何相互作用。

尽管我们知道没有哪两个民主国家或哪两个独裁国家是相似的，我们还是习惯于认为民主制和独裁制这样的术语足以描述不同政权之间的区别，毫无疑问，要打破这样的思维习惯相当困难。事实上，困难到我们在本书大部分地方都要继续用到这样的术语——但要强调的是，“独裁制”这个术语在我们这里的真正意思是，政府建立在极少数不可或缺者的基础上，而他们是从数量非常庞大的可相互替代者以及通常相对较少的一群有影响者当中产生出来的。另一方面，当我们提到民主制，我们的真正意思是政府建立在数量庞大的不可或缺者和可相互替代者的基础上；同时，有影响者的数量几乎与可相互替代者一样多。当我们提到君主制或军事独裁制，我们的意思是可相互替代者、有影响者、不可或缺者的数量都很少。

以不可或缺者、有影响者和可相互替代者这样的概念来看待各类组织的优点是，这些范畴使我们能克制自己，避免在各种政府形式之间武断地划线，宣称这个国家是“民主国家”，那个国家是“专制国家”，或这个国家是大共和国，那个国家是小共和国，也避免了一些历史上主要政治哲学家们持有的一维政治观。

事实是，没有哪两个政府或哪两个组织是完全一样的。也没有哪两个民主国家是相似的。实际上，它们可能有天壤之别，但都完全有资格被称为民主国家。政府之间和组织之间更具重要意义和可观察到的行为差异取决于可相互替代者、有影响者和不可或缺者这三个集团的绝对和相对规模。举例来说，法国政府和英国政府之间或加拿大政府与美国政府之间貌似微妙的差异并非无足轻重，然而，它们的政策差异是源于他们的领导人在应付各自的可相互替代者、有影响者和不可或缺者三维结构时面对的激励机制不同。

政治体系具有令人难以置信的多样性，主要是因为人们在操控政治以从中获益方面具有令人惊叹的创造性。领导人们制定规则，给所有公民以选举权——创造出很多新的可相互替代者——接着又对选举体制加以限定，聚集起一群关键投票者，以确保他们中意的候选人胜出。民主精英们可能决定在某一特定选举中实行相对多数胜出制，这样他们就有机会强行实施多数人可能反对的政策。或者，他们可能支持举行决胜制选举以产生绝对多数票，尽管产生的结果可能只是可相互替代者集团的第二选择。再或者，民主领导人们也可能对应于得票多寡代表着各自的政治立场，从而从少数派联盟中产生政府。所有这些乃至无数其他规则无疑都符合我们对民主的信念，但每一种规则都能、也产生了天壤有别的结果。

我们必须谨记，像“民主制”或“独裁制”这样的标签是一种方便之物，但也仅是方便之物。

改变维度的规模也改变世界[1]

改变可相互替代者、有影响者和不可或缺者这三个集团的相对规模能在基本的政治后果方面产生真正的差别。我们以看上去平淡无奇的旧金山市议会选举为例子。

旧金山过去是通过全市整体范围的选举来选出市议会。这就是说，选择人集团就是所有旧金山选民，而不可或缺者就是确保一名候选人能够当选议员的最小数目选民。1977年，该市选举方法发生了改变。具体来说，全市性选举被分选区投票所取代。在旧方法下，旧金山全市作为一个单一的大选区来选

[1] 有兴趣深究此处所述观点背后的严密论据的读者应该阅读布鲁斯·布尔诺·德·梅斯奎塔、阿拉斯泰尔·史密斯、兰多夫·席弗森和詹姆斯·莫罗：《政治生存的逻辑》（剑桥，马萨诸塞州：麻省理工学院出版社，2003）以及本书引用的其他文献。

出代表整个市的议员。而在新方法下，议员是被他所在的分选区选出，并代表这个选区，也就是他所在的邻里区域。换句话说，每个议员是被小得多的选区选出来的。1975 年至 1977 年之间，作为一个整体的旧金山居民们所中意的候选人及其政见没有发生多大变化——然而，有一名叫做哈维 · 米尔克的候选人在 1975 年落选，却在 1977 年当选（很不幸的是，他随后被人暗杀）。如《时代》杂志后来报道的，哈维 · 米尔克是“这个星球历史上第一个当选重要政治职务的公开同性恋者”。[1]

导致哈维 · 米尔克 1975 年到 1977 年命运变化的原因再简单不过了。在 1975 年，他需要旧金山有影响者的广泛支持才能当选。那年他获得了 52996 张选票。这一票数在所有候选人中排名第七，而只有前五名才能当选。米尔克没有获得足够的支持，于是落选。在 1977 年，他只需要获得他所在的卡斯特罗区的支持，而这个区的主要居民是同性恋。他很清楚自己在这个区非常受欢迎。他得到了 5925 张选票，这使他在第五选区获得了 29.42% 的相对多数票，也就是在第五选区的竞选中他得票数第一，因而当选市议员。

看上去也许有点奇怪的是，旧金山发生的情况同样适用于一些非自由主义国家的政府，如津巴布韦、古巴，乃至一些性质更模糊的政府，如今日的俄罗斯、委内瑞拉或新加坡。每

[1] 约翰 · 克劳德:《先驱哈维 · 米尔克》，载于 1999 年 7 月 14 日的《时代周刊》，网络版参见 http://www.time.com/time/magazine/article/0,9171,991276,00.html。

个政府无疑都独特地基于三个政治维度基础运作：可相互替代者、有影响者和不可或缺者。

一旦我们学会了沿着这三个维度来思考，我们就能够着手解开一些最持久的政治之谜。我们的出发点是意识到：任何一个有能力的领导人都希望掌握尽可能多的权力，并尽可能长久地掌握权力。设法利用可相互替代者、有影响者和不可或缺者来达到自己的目的，这就是统治的行为、艺术和科学。

支配统治者的规则

据说金钱是万恶之源。这可能没错，但在某些情况下，统治行为当中所有好的部分都是以金钱为基础的。这取决于领导人如何使用他们获得的金钱。他们也许会拿钱帮助每一个人，比如旨在保护所有公民的个人福利及财产方面的支出。很多公共政策可以被视为是投资于人们的福利。但政府收入也能以损害公共福利为代价，被拿去收买一小撮核心党羽的忠诚。金钱也能被用来催生腐败、进行内幕交易以及实施一大堆更不堪的政策。

理解政治真正如何运行的第一步是询问领导人都把钱花在哪类政策上。他们把钱花在惠及每一个人的**公共物品**上了吗？还是花在了只惠及少数人的**私人物品**上？对任何精明的政治家来说，问题的答案取决于他需要保持多少人的忠诚——也就是致胜联盟里不可或缺者的人数。

在一个民主国家或任何一个致胜联盟很庞大的体系内，通过私人回报的方式来收买忠诚代价太大。钱会被极大摊薄。所以，依赖大型致胜联盟的、较民主的政府趋向于着重把钱花在能增进普遍福利的有效公共政策上，这很接近詹姆斯·麦迪逊倡导的理念。

与此形成对照的是，独裁者、君主、军政府领导人以及大部分企业首席执行官只依赖一小撮不可或缺者。正如马基雅维利所言，他们通过大慷公家之慨、以私人回报的方式收买致胜联盟的忠诚，这种统治方式更有成效，尽管这意味着要牺牲广大纳税人或千百万小股民的利益。

因此，小型致胜联盟助长了稳定、腐败、以私人物品为导向的体制。在提升社会福利和养肥一小批特权人士之间做出选择，这个问题与领导人个人是否善良毫无关系。高尚可敬的动机也许貌似很重要，但它们被维持支持者开心的需要所压倒，而使支持者开心的方法取决于有多少人需要奖赏。

税　收

领导人需要钱来让支持者开心。任何有雄心统治的人必须首先自问能从大众那里提取到多少钱，无论大众是指一个国家的公民还是一家企业的股东。提取钱财可以采取多种形式——

个人所得税、房产税、进口关税、执照费、政府收费——不过为了讨论方便，我们这里将之统称为税收。我们前面讲到，那些基于大型致胜联盟进行统治的领导人无法通过提供私人好处来有效维持权力。因为不可或缺之人的数量太大。由于他们只能着眼于提供公共物品而非私人回报，相对来讲他们也必须把税率保持在一个较低水平。人们都想留住自己的钱，除非钱被集中起来提供某种他们需要但自己又买不起的东西。

举例来说，我们都希望有一个可靠的消防部门能成功扑灭威胁我们的火灾。理论上讲，我们可以自己雇佣一名私人消防员来保护我们的家。然而这么做不仅费用很高，而且我们还不得不考虑邻居家的房子是否受到良好保护，免得别人家着火威胁到我们家。不仅如此，当我们的邻居意识到我们不希望他家着火，他可能试图就以下事实搭便车：我们雇了一名私人消防员并且不得不同时保护邻居家的房子。我们便立刻处于一种境地，即独自为整个邻里地区的消防工作买单。真是一个非常昂贵的处境。让所有邻居分担消防费用的最简单方式是让政府承担消防工作。我们很高兴为此纳税。

尽管我们可能很乐意为给我们带来实际好处的项目纳税，比如说消防、防止恶性犯罪、防御外部敌人，我们却不会很乐意看到自己缴纳的税金被用于支付巨额薪水给总统或首相——在加州贝尔市的例子里，就是地方政府官员。结果就是，依赖大型致胜联盟的政府首脑通常不是世界上薪酬最高的管理者。

正因为在一个依赖大型致胜联盟的政权里，政府税收可被接受的用途有限——只有那些人们负担不起、能带来更多公共福利的开支可被接受——因而税率往往比较低。但当致胜联盟很小并且私人物品成为维持权力的有效方法时，大部分人民的福利就靠边站了，这与霍布斯的观点相反。在这种情形下，领导人喜欢征收重税，从可怜的可相互替代者以及被剥夺选举权的人那里尽可能地搜刮，通过这种方式来重新分配财富，把财富转到致胜联盟成员的手上，使他们发财致富，保持忠诚。举例来说，美国一对夫妻不需为收入的头 17000 美元缴纳所得税。而相同收入的一对其他某些国家的夫妻必须承受 45% 的边际税率。这个税率已经超过美国最高的个人所得税率，无论收入多高的美国人都无须向联邦政府缴纳这么多钱。还有一些致胜联盟很小的政府，比如加州的贝尔市，首席行政官罗伯特·里佐数量很少的支持者并不抱怨政府征收超高财产税。他们是得纳这笔税，但成千上万的其他市民也得纳税。但与其他人不同的是，他们从这同样的税收当中得到了回报。这一小撮关键朋党从市政府拿到的私人收益远超那份人人都要缴纳的高额税金。

很显然，自私自利在这些情况中扮演了重大角色。我们肯定好奇，为什么在位者不把搞来的钱全部卷走存到个人的银行账户里。这个问题与企业主管特别相关。一旦投资者把钱托付给了企业首席执行官或董事会主席，投资者如何保证自己的钱会被妥善用于投资，为他们带来回报？投资者要的是财富增值、股价上扬、股份增加、分红丰厚且稳定。无可否认，人类对自我利益的专注告诉我们，统治者、企业领导人以及事实上我们所有人都喜欢拿走别人的钱留为己用。这意味着，我们对政治算计的下一步解释将是搞清楚一个领导人能给自己留多少钱、又必须花多少钱在致胜联盟身上以保住位子。

对核心支持者重新洗牌

我们现在知道，保持权力离不开别人的支持。只有领导人为那些不可或缺者提供的好处超过了别的领导人或政府能给的，才能获得这种支持。一旦核心支持者预计在领导人的政治对手那里能得到更多好处，他们就弃汉投曹。

在位者的日子不好过。他们提供给支持者的好处必须比任何对手能给的多。尽管这挺难，但政治的逻辑告诉我们，现任领导人与对手相比具有巨大的优势，特别是当现任领导人只需依赖少数核心支持者并且致胜联盟的候选成员池很大时。这就解释了为什么从 1917 年十月革命一直到二十世纪八十年代末戈尔巴乔夫改革期间，只有一位苏联领导人在政变中被成功废黜，那就是尼基塔·赫鲁晓夫。所有其他苏联领导人都死于年老体衰。赫鲁晓夫未能给他的盟友带去承诺过的好处。成功可靠地兑现给核心支持者许下的政治承诺，这正是任何在位者的优势地位的来源。

在政治体制依赖较多核心支持者的情况下，生存的法则也没有多大不同，尽管细节上会有差异。就连不是太关心竞选活动的人都知道，政客们在争夺权力时许下的承诺和他们上台后实际做的大相径庭。一旦上台，新领导人可能抛弃助他上台的人，让他认为更忠诚的人取而代之。

不仅如此，核心支持者还无法在短时间内比较在位者和对手谁能给得更多。比方说，在位者也许现在给得少，但预计能给继续追随者或新加入者持续的回报。没错，对手今天可能会给得更多，但他对于未来回报的承诺很可能没有任何实质内容。核心支持者必须比较未来的预期收益，因为随着时间推移，未来的趋势会带来更大的回报。新领导人上位之后将一名支持者安置于致胜联盟内，这是表明他将继续器重和奖赏这名支持者的风向标，这恰恰是因为新领导人已经竭力将最有可能继续保持忠诚的人和未来有可能将他搞倒的投机者区分开。对手可能也会承诺一旦上位将继续重用支持者，但从长远来看，这可能只是一个难以兑现的承诺。

那些在打天下时共担风险的人常常在成功后靠边站——或更糟。不信的话让我们来看看古巴的例子。古巴政变后，其领导人任命了 21 名部长，到当年年末，其中的 12 名就辞职或被罢免。1960 年又有 4 名部长在其巩固大权的过程中被拿掉。这些人曾经是他最亲密的支持者，最终面对的是政治的两大险恶后果。其中相对幸运的人与他决裂的形式是遭到放逐；剩下不走运的人面临的是处决。这甚至包括了他最亲密也最有名的战友。

政治变迁中充满了辅佐领导人上台的支持者被撤换的例

子。无论是在中央政府、地方政府、企业、犯罪家族或任何其他组织，这都是事实。致胜联盟的每一个成员都明白有大把的人在门外等着取代他，每个成员都要小心翼翼不给在位者提供理由寻找替代者。

这种关系路易十四拿捏得非常好。如果只需要一个规模很小的支持者集团，并且它能够从一个很大的潜在支持者群体里提取出来（正如在津巴布韦或阿富汗的规模很小的致胜联盟），那么在位者就无须花掉政府收入的很大部分去收买致胜联盟的支持。另一方面，如果潜在替代者很少，那么在位者就必须多花钱以保持致胜联盟的忠诚。这在两种情况下都是事实：第一种是致胜联盟和选择人集团都很小（比如在君主国家或军事独裁国家）；第二种是致胜联盟和选择人集团都很大（民主国家）。在这两种情况下，现任领导人替换致胜联盟成员的能力受到较大限制。核心支持者能够为他们的忠诚要求得到更高的价码。结果就是，在位领导人可收入自家囊中的钱比较少，因为较多的钱必须花在收买致胜联盟的忠诚上，抵挡政治对手可能开出的价码。

当不可或缺者占可相互替代者的比例很小（正如在人为操纵选举的独裁国家和大部分公开上市的企业），收买致胜联盟的忠诚代价很小，在位者便拥有对政府收入的巨大自由裁量权。他们可以选择将钱花在自己身上或花在喜欢的公共项目上。当然，窃国者会将钱存入自己的秘密账户或进行海外投资，以应对有朝一日被推翻后的不时之需。一些有责任感的独裁者会将少部分钱存入秘密账户，宁愿用他们可自由裁量的资金（收买致胜联盟后剩余的钱）投资于公共事业以遏止反叛的威胁。这些公共事业可能会很成功，如李光耀在新加坡做到的。也可能产生灾难性的失败，如克瓦米·恩克鲁玛在加纳进行的公共工业项目。

我们已经看到政治生存的欲望如何决定了一些关键性的收入产生政策和分配政策，以及在位者可自由裁量的钱袋子大小。税率是高还是低、钱是花在公共福利还是私人回报上，以及在位者怎么花、花多少钱，这些因素决定了在领导人继承或创造的统治结构这一范围内他能否取得成功。我们有了“为了政治生存而统治”这样的观念，就能明白领导人有 5 个基本法则可用于在任何体制下获得成功：

法则 1：让你的致胜联盟越小越好。一个小规模的致胜联盟使领导人只需依赖极少数人就能保持权位。越少的不可或缺者相当于领导人拥有更多控制权，对支出的自由裁量权也越大。

法则 2：让你的名义选择人集团越大越好。保持一个很大的选择人集团你就能很容易地替换掉致胜联盟里的捣蛋分子，无论是有影响者还是不可或缺者。毕竟，一个很大的选择人集团提供了充足的替代支持者，让不可或缺者时刻谨记必须保持忠诚、规规矩矩，不然就会被别人取代。

法则 3：掌控收入的分配。对一个统治者来说，与其拥有一张让人民可以喂饱自己的更大的饼，永远不如他能够决定谁吃这张饼。对领导人来说，最有效的资金分配方式是让很多人受穷，通过重新分配让挑选出来的支持者发财。

让我们为巴基斯坦总统阿西夫·阿里·扎尔达里喝彩，他的财富估计高达40亿美元，尽管他统治着一个人均国民收入几乎全球垫底的国家。

法则 4：支付给你的核心支持者刚好足够确保他们忠诚的钱。记住，你的支持者宁愿成为你而不是仰赖你。你的巨大优势在于你知道钱在哪里而他们不知道。给你的联盟足够的钱，以免他们到处寻找取代你的人，但一分钱都不要多给。

让我们为津巴布韦的罗伯特·穆加贝喝彩，他无论何时面临军事政变的威胁，最终总能用钱摆平，在重重困难下始终保持军队忠诚。

法则 5：不要从你的支持者的口袋里挪钱去改善人民的生活。法则 4 的反面就是不要对你的支持者太抠门。如果你以损害致胜联盟的利益为代价而善待人民，很快你的"朋友们"就会伺机找你的麻烦。有利于普通老百姓的政策不仅未必能让核心支持者产生忠诚，而且太贵。饥饿的人民不可能有精力推翻你，大可不必担心他们。相反地，失望的致胜联盟成员则会变节，让你深陷麻烦。

让我们为缅甸的丹瑞将军喝彩，在2008年的纳尔吉斯飓风之后他控制了外界提供的粮食援助，让他的军队支持者拿到黑市上去倒卖，而不是援助灾民——至少13.8万人死于那场风灾，有的报告甚至认为死亡人数高达50万人。[1]

在民主国家上述法则管用吗?

现在你可能会说，等等！如果一位民选领导人遵循上述规则，他肯定马上下台。你说的没错——几乎。

我们将在接下来的章节里看到，一位民主领导人想在掠夺国家和侵吞财产的同时维持权位确实比较困难。他受到该国法律的约束，并且法律通过选举程序决定了他上台所需致胜联盟的规模大小。这个联盟必须相对较大，而他必须回应这个要求，因此他在遵循法则1上的确会遇到麻烦。但这并不意味着他不会尽力去遵循这一法则（以及其他法则）。

举例来说，为什么国会为了选举利益而改划选区？恰恰是因为法则1：让你的致胜联盟越小越好。

为什么某些政党赞成移民？法则2：扩大可相互替代者的规模。

为什么在税收法规上有这么多争斗？法则3：控制政府收

[1] 艾玛·拉尔金:《一切皆破碎：缅甸大灾难的故事》(纽约：企鹅出版社，2010)。

入来源。

为什么民主党人花掉那么多税收在公共福利和社会工程上？或，究竟为什么会有指定用途的资金？法则 4 ：不计代价地回报你的核心支持者。

为什么共和党人希望降低最高税率并对全国性医保体系的想法百般反对？法则 5 ：不要打劫自己的支持者以利对手。

与独裁者和专制暴君一样，民主国家的领导人也遵循这些法则，因为他们与所有人一样渴望获得权力并保持权力。甚至民主领导人也几乎从不辞职，除非被迫。[1] 与专制同行们相比，民主领导人的问题在于面临的是大不相同的约束条件，不得不更具创造性。他们并不常常成功。即便如此，比起独裁者来说，他们一般能为国民提供较高的生活标准，民主领导人通常在位时间比独裁者短。

在决定组织如何运行的三个维度的交集上，政治上的各种划分实际上是一体的。历史上，一些“国王”其实是选举产生的。一些“民主领导人”却是以专制君主的权威统治他们的国家。换句话说，独裁者与民主领导人之间的区分并不是一成不变的。

在为我们的政治新理论打下基础并揭示了 5 个统治法则之后，我们将探讨本书最核心的大问题，我们将经常使用“独

---

[1] 亚历山德罗斯·提格斯：《走还是不走？论政治生存的假设》，工作论文，纽约大学政治学系亚历山大·汉密尔顿政治经济学研究中心，2008 年 4 月 15 日。

裁者”和“民主领导人”这样的术语，来展示当你从小联盟和大联盟的光谱的一极滑向另一极时，统治游戏会如何变化。不过需要谨记，不管是哪个国家或组织，总会有两个世界的某种重叠。我们从两极学到的经验教训都适用——无论你谈论的是萨达姆·侯赛因还是乔治·华盛顿。归根结底，老话仍然是真的——所有政客都一个样。

THE DICTATOR'S HANDBOOK

第二章

上 台

几个世纪来，“约翰·多伊”成为不明身份的无名氏的代名词。利比里亚军士长多伊的名字尽管是萨缪尔而不是约翰，但在 1980 年 4 月 12 日之前，他在其他任何方面都算是无名之辈。多伊出生于利比里亚偏远的内陆部族，差不多目不识丁，与无数境况相似的人一样，他走出了西非的丛林到外面讨生活。他来到了首都蒙罗维亚，在那里他发现军队甚至为他这样身无一技之长的人提供了大把机会。4 月 12 日在总统威廉·托尔伯特的卧室里，多伊就发现了这么一个机会。多伊用刺刀捅死总统，将他的内脏丢去喂狗，然后宣布自己是利比里亚的新总统。[1] 就这样，他从籍籍无名之辈一跃成为这个国家的最高领导人。

---

[1] 我们大量引用了下列材料：雷沙德·卡普钦斯基：《太阳的阴影》（纽约：古典书局，2001）；马丁·梅雷迪斯：《非洲的命运》（纽约：公共事务出版社，2005）第 29 章；《时代周刊》文章网络版 http://www.time.com/time/magazine/article/0,9171,924057-2,00.html。

多伊与另外16名士官早前一起翻过总统官邸的围墙，本来是希望面见总统，质询为什么没有发工资。他抓住了眼前的这个机会，一举终结了托尔伯特的“真正独立党”的统治，该党于1847年由美国遣返的黑人成立。他立即抓捕了13名内阁部长，将他们拉到海边，在欢呼的群众面前公开处决。更多的杀戮随之而来。多伊就任人民拯救委员会主席，宣布废除宪法，禁止一切政党活动。

多伊根本不知道当一名总统应该做什么，更不知道如何统治一个国家。但他知道如何夺取和保持权力：除掉以前的统治者；找到钱；建立一个小联盟；给他们刚刚好足以保持对他忠诚的钱。在极短时间内，他把政府和军队中几乎所有人都替换为他的克兰族族人，这个部族的人口只占利比里亚总人口的4%左右。他把部队士兵的月工资从85美元提高到250美元。他清洗掉任何不信任的人。经过秘密审判，他将至少50名早先的政变伙伴处决。

和他的前任一样，多伊政府的收入有如下几个来源：其一为费尔斯通公司，该公司租了大片土地种植橡胶；其二为利比里亚矿业公司，该公司对外出口铁矿石；其三是不经安全检查，开放登记超过2500艘远洋船舶（收取登记费和吨位费）。不仅如此，多伊从美国政府获得了直接的经济援助。在十年时间里，美国给了多伊政府5亿美元。作为交换，美国获得了驻军权并将利比里亚设为情报和宣传基地。据称多伊和他的党羽个人聚敛了3亿美元财富。

至于多伊的政策则不能称之为成功。实际上他几乎没有制定什么政策。他非常懒惰，成天和总统卫队士兵的老婆们厮混。经济崩溃、外债飙升，犯罪几乎成为利比里亚唯一成功的行当。蒙罗维亚的银行成为洗钱工具。利比里亚人民后来痛恨多伊就一点不奇怪了。尽管如此，只要他知道钱在哪里，知道该收买谁，他就成功地在权力宝座上生存下来。

去他的什么善治理念，别把人民关心的事置于你和你的支持者之上：这是给那些想要成为独裁者的人的金玉良言。如此这般，任何“约翰·多伊”甚至一个萨缪尔·多伊都能攫取并保持权力。

支持者很少的情况下如何夺权

一名挑战者要想夺取权力只需做三件事。第一，他必须除掉在位者。第二，他必须控制政府机关。第三，他需要成立一个由支持者组成的、足以确保他成为新在位者的联盟。这些行动的每一个都面临独特的挑战。成功的相对难易程度在民主国家和独裁国家之间各不相同。

有三种办法能除掉一名在位者。第一个也是最容易的一个，就是巴望该领导人自己死掉。第二，如果没这么凑巧的话，挑战者可以开出足够诱人的价码收买在位者的核心联盟成员，使他们转投到挑战者的大计中来。第三，现存的政治体制可以被外部力量压垮，无论是军事上被外国打败，还是革命和叛乱，这种情况下人民会起来造反，摧毁现有制度。

尽管造反需要技巧和协作，它的成功最终极大依赖于联盟的忠诚，更准确点讲，是人们对旧政权忠诚的缺失。埃及的胡斯尼·穆巴拉克被大规模抗议活动击败就是一个适当的例子。2011 年 2 月穆巴拉克下台背后最关键的因素是埃及军方最高将领们决定允许示威者占据街头，人们无须担心军队镇压。为什么会这样？正如 2010 年 5 月 5 日笔者在一次座谈会上解释的，基于我们这里阐述的理由，美国削减对埃及的援助加上严重的经济困难导致高失业率，意味着穆巴拉克的盟友很可能得不到报偿，人们可能相信造反的风险和代价比正常情况下小。[1]也就是说，革命的一般经验法则是，当现存制度的守卫者们对报偿十分不满、有意寻找新的领导人来关照他们时，革命就会发生。另一方面，通过镇压人民可以击退造反——这永远是令人不快的任务——联盟成员必须从领导人那里获得足够的利益才会去做令人极其不齿的事以维持现有体制。如果在现存体制下他们拿不到足够好处，他们不会阻止人民起来反抗现政权。

[1] 布鲁斯·布尔诺·德·梅斯奎塔在一家大型投资集团的投资组合管理委员会上的讲话，2010 年 5 月 5 日，纽约。

速度是关键

一旦旧领导人倒台，尽快夺取权力工具就非常关键，比如说国库。这在小联盟体系下特别重要。在权力的竞夺中，任何等待者都将失败。

速度是关键所在。在大多数政治体系内，联盟的规模都远远小于选择人集团。不仅如此，我们倾向于认为如果一名领导人拥有足够的选票或支持者，那么他的竞争对手情况将相反，这是错的！有可能同时存在很多不同的集团试图推翻现政权，每个集团都可能拥有足够数量的半心半意或三心两意的支持者，能够帮助它夺取权力——如果价码合适的话也很容易帮别人。这就是为什么尽快夺取政权、确保你的集团而不是别人掌握国家机器是绝对关键的事情。

萨缪尔·多伊能统治国家是因为他的集团掌握枪杆子。他不需要半个国家都支持他。他只需要足够的同党以控制军队和镇压其余的人民。本来可以形成很多其他联盟，但多伊先掌握了权力，镇压了它们。这就是上台的关键所在。

设想一间屋子里有 100 个人。任何人只要有 5 名支持者拿枪指着其他人，他就可以完全控制这间屋子。只要这 5 名枪手一直挺他，他就能一直掌权。除了先抓到枪杆子这一点外，他或枪手并无什么特别之处。假设别人先拿到枪发给自己的 5 名支持者，那就是别人发号施令了。

等待是非常冒险的行为。来得晚什么都没了。

给钱好办事

统治的关键在于支付报酬给支持者，而不是善治或代表普遍意志。对一名刚刚上台的领导人来说，收买忠诚特别困难。在决定是否要支持一名新领导人时，精明的人不仅要看新领导人今天能给他们多少，还要寻思将来预期能得到多少。

任何新崛起领导人的过渡期联盟成员必须意识到他们有可能时日无多。多伊在夺取了利比里亚政权之后，大大提升了军队工资。这立即吸引了军中伙伴对他的支持。但他们心知肚明可能不会永远受眷顾。别忘了，50 名多伊最早的支持者后来落得个被处决的下场。

消除支持者对被抛弃的恐惧是上台掌权的一个关键因素。当然，支持者不会幼稚到相信他们在联盟中地位无虞的政治承诺。但是，做这样的政治承诺可比泄露底牌强多了。一旦走漏风声说支持者将被替换，他们将展开反击。举个例子，在 1980 年的美国总统大选中，罗纳德 · 里根获得了赞成堕胎选民的支持，战胜了反堕胎的时任总统吉米 · 卡特。随着里根真实的反堕胎立场显现，大量赞成堕胎选民抛弃了他。在 1984 年的总统大选中，尽管里根获得了压倒性胜利，但却是他的竞选对手沃尔特 · 蒙代尔获得了赞成堕胎选民的支持。

领导人都明白自己有可能断送在致胜联盟手里。这就是为什么领导人要尽全力给予核心党羽足够的报偿，以使这些同伙真心保持忠诚。这对刚上台的人来说是挺困难的。但有时候，各种机缘共同为一名新统治者创造了条件。

必死性：上台的最佳机会

领导人被废黜的最无可避免、从而也是第一大的风险就是一个谁都躲不了的简单事实：人都会死。死掉的领导人没法给他的联盟报偿。快死的领导人面临的问题同样严重。一旦关键支持者得知领导人快死了，他们就知道必须另找新人确保财源不断。这是将不治之症秘而不宣的一个好理由，因为不治之症必然会导致某些人蠢蠢欲动，不管是致胜联盟内部成员或是外部看到机会想要一举改朝换代的人。

伊朗的阿亚图拉·鲁霍拉·霍梅尼和菲律宾的科拉松·阿基诺都选择了在合适的时机夺取政权。我们以阿亚图拉·霍梅尼为例。他曾经是最高级的什叶派教士之一，也是穆罕默德·礼萨·巴列维国王世俗政权最激烈的反对者之一。二十世纪六十年代早期，霍梅尼开始公开反对现政权并组织抗议示威。他的活动导致他多次被捕。1964 年他被迫流亡，一开始去了土耳其，接着到了伊拉克，最后来到法国，无论在哪都不断宣扬他对国王的反对立场。他演讲的录音带在伊朗广为流传。

1977 年，国王的政治对手阿里 · 沙里阿提逝世，霍梅尼旋即成为最具影响力的反对派领袖。尽管他敦促其他人反对国王，但在国王倒台之前他拒绝回到伊朗。除了极少数特权阶级，几乎所有伊朗人都渴望变革。国王政权和依附于它的人遭到广泛厌恶。人们看到了一个真正变革的机会，于是将支持一股脑儿给予了唯一的可选替代者：霍梅尼。在国王逃离伊朗之后，霍梅尼返国，受到约 600 万人夹道欢迎。

一回到伊朗，霍梅尼立即开始反对由前国王政权外交部长领导的临时政府。大量军方人士投向了霍梅尼阵营。在他发起了针对忠于旧政权军人的圣战后，临时政府的抵抗崩溃。接着他下令举行全民公投，让人民在旧君主政体和伊斯兰共和国之间做选择。98% 的人选择了后者。霍梅尼修改了宪法，将之建立在宗教统治的基础上。霍梅尼成为最高领袖，他和宪法监护委员会有权否决不符合伊斯兰教义的法律和政府官员人选。

霍梅尼成为领袖是因为他为反对派树立了一面旗帜，也因为军方没有出面阻止人民起来反抗国王。一旦国王被赶走，霍梅尼立即宣称，是他而不是临时政府或什么代表各方利益的委员会在掌管国家。

霍梅尼的成功并无什么特别或独一无二之处。千百万伊朗人希望推翻旧政权并不稀奇。在国王残酷暴虐的政府统治下，有成千上万人失踪。监禁、酷刑和死亡司空见惯。在 14 年前霍梅尼流亡时，情况已经是如此，而且国王政权看起来无懈可击。霍梅尼之所以能在二十世纪七十年代末获得成功，关键在于军队拒绝阻止不满的人民走上街头。他们以前从未允许过这样的抗议活动。到底什么发生了变化？军队不愿意再为维持旧政权而出力，是因为他们知道国王命不久矣。《纽约时报》[1]曾经刊文详述了巴列维如何绝望地掩盖癌症病情的发展。死掉的国王当然无法保证报偿，他的继任者也不行。在位优势烟消云散。军队面临着镇压人民这一令人不快的任务，继续享有奢侈报偿的前景变得渺茫，因而选择了袖手旁观，为革命铺平了道路。

在菲律宾，民主崛起的故事也没有多大不同。贝尼尼奥·阿基诺是一个出色的人，年仅 18 岁就因他在朝鲜战争中的记者工作而获颁菲律宾军团荣誉勋章。他曾说服一个反叛组织投降。22 岁出任菲律宾康塞普西翁市长，29 岁担任菲律宾打拉省省长，34 岁当上参议员。他不畏危险，成为时任总统费迪南·马科斯的公开批评者。1983 年，流亡美国的贝尼尼奥返回菲律宾。在飞回马尼拉的班机上他警告随行的记者们，说一切可能很快结束。的确如此。他立刻被人带下飞机，在停机坪上被暗杀。他本应该效仿霍梅尼，耐心等待时机。

他的妻子科拉松并不具备他的政治才能或经验，但她有一个关键优势：她活着！ 1985 年末，费迪南·马科斯宣布将提前一年举行总统大选。科拉松·阿基诺代替已故丈夫参加竞选并成为马科斯最大的对手。在 1986 年 2 月 7 日举行的大选中

[1] 劳伦斯·K. 阿尔特曼：《伊朗国王的健康：一场政治赌博》，载于《纽约时报》杂志，1981 年 5 月 17 日，第 5—17 页。

发生了大规模舞弊行为，毫不奇怪，一个星期后选举委员会宣布马科斯胜选。但马科斯的支持者迅速抛弃了他。罗纳德·里根对选举结果表示关切。非常有影响的菲律宾天主教会领导人辛梅枢机主教出面发声。在科拉松·阿基诺的策动下，人们开始举行抗议活动。军方关键人物和其他重要政治人物从政府辞职，加入了阿基诺夫人的阵营。没有军队的阻止，成千上万人加入了抗议队伍，又导致更多的军方人士背离了马科斯。

为了避免大规模流血事件，马科斯和家人向美国寻求避难。他们离开菲律宾，在夏威夷落脚，不过，内幕人士和其他人都知道马科斯活不了多久。实际上，疾病一直伴随着他。他即将死于红斑狼疮，所有他的核心支持者都知道。他可没法从坟墓里派发糖果，于是他的支持者必须寻找能给他们好处的新的谄媚对象。科拉松·阿基诺没有政府经验，然而在她更有才能的丈夫失败的地方她却成功了。她挑战马科斯的时机正是后者的支持者知道他行将就木的时候。他们在寻找新的拥护对象以换取回报。科拉松·阿基诺就任总统并被《时代》杂志评为1986年的年度女性。

这些不是孤立的例子。洛朗·卡比拉曾经被切·格瓦拉嗤之以鼻，称其缺乏“革命严肃性”以及“过度沉迷于酒精与女色”，但此人在扎伊尔挑战强大的蒙博托·塞塞·塞科取得了胜利。[1] 卡比拉才能平平，但他时机掌握得非常好。当时蒙博托

[1] 梅雷迪斯：《非洲的命运》，第150页。

患了前列腺癌，所有人都知道他时日无多。当卡比拉的叛军攻城略地势如破竹之时，蒙博托的军队干脆拒绝反击。蒙博托从前的支持者明白只有抛弃垂死的主公，未来才有前途，正如老话说的“国王已死。国王万岁！”

垂死的状态常常导致政治死亡。悲伤的事实是：在一个独裁国家如果你想上台的话，与其想方设法医治国家的弊病，还不如偷到在位者的病历。

继承权与亲戚们的麻烦

我们并不是说健康的领导人就高枕无忧。如果一名在位者手头拮据，他就无法给支持者继续支付报酬。他为什么会手头拮据呢？因为他征税太重、窃取太多，人民宁愿休而不作，国库收入因此遇到麻烦。更不妙的是，人民一想到如果不采取行动推翻他们的主人，情况将更糟，因此可能干脆不歇着，起来造反。对致胜联盟管理不善以及革命的诱因都可能会在体制内催生变化，导致现政权的垮台和新领导人上台。

一般来讲，挑战者面临的最艰巨的任务之一就是除掉在位者。但如果领导人死掉或者如威廉·托尔伯特那样被谋杀，这个任务便立刻达成。一旦在位者死掉，还有个阻击其他权力竞争者的问题。有雄心壮志的挑战者必须掌握国家机器、奖赏支持者以及除掉竞争对手。为了解决这个问题，1299 年至 1923

年统治现土耳其的奥斯曼人最终制定了“新君弑杀兄弟法”。[1]

当苏丹驾崩之后，谁能继承大位取决于谁能控制国家机器和回报他的联盟。实践中这意味着必须控制国库以养活军队。皇位继承变成了一场适者生存的战斗，看看哪个皇子能成为下一位苏丹。每个皇子都各自统治着自己的领地。当苏丹死去，皇子们纷纷火速赶往首都君士坦丁堡，抢夺国库以赢得军队支持。结果常常是发生内战，每个皇子都带着自己的人马试图夺取唯一的、完全的国家统治权。苏丹生前可能已经中意某一个皇子，将他的领地安排在靠近首都的地方，这样在坟墓里都能继续支持他。

奥斯曼土耳其的皇位继承非常血腥。不成功的兄弟通常被杀掉。穆罕默德二世（1429—1481）通过“新君弑杀兄弟法”将这种行为制度化。根据这项法律，所有不成功的皇位继承人都将被丝绳勒死。一个世纪之后，穆罕默德三世据说杀掉了19个兄弟、两个儿子以及15个怀孕的父王的妻妾，以此清除了眼前或未来所有潜在的威胁者。到了17世纪中叶，这种行为被较为仁慈温和的做法取代——将所有男性亲戚关在托普卡帕宫的第四庭院——几乎可算是最早的黄金牢笼。有类似这样的亲戚，难怪莎士比亚的哈姆雷特和罗伯特·格雷夫斯的克劳迪斯要装疯。

奥斯曼人的皇位继承窘境绝非个例。英国国王“狮心王”

[1] 萨缪尔·爱德华·芬纳：《政府的历史》（牛津：牛津大学出版社，1997）。

理查死于 1199 年。由于他没有直接继承人，他死后至少有三个人有权继承王位。理查的父亲是先王亨利二世，第一位有权继承王位的便是亨利二世的王后阿基坦的埃莉诺，她已经年近八旬。第二位是理查最小的弟弟约翰。第三位是理查的另一位早死的弟弟杰弗里最大的儿子亚瑟（时年仅 11 岁）。

鉴于早年的经历，老于世故的埃莉诺不愿意冒险参与角逐王冠。她深知这么做的后果。她选择扮演好一位仁慈母亲和祖母的角色，主动靠边站，让约翰和亚瑟去争夺王位。更准确地说，她是在静观谁更有可能胜出便支持谁，世事变幻难料，她这么做能使自己立于不败之地。

想要登上大位的独裁者必须准备好杀掉一切竞争者——包括最亲近的家庭成员。奥斯曼土耳其人将这种做法制度化，而英国人这么做只是出于传统。专制王权更迭过程所带来的恐惧和不安全感，使谋杀成为这种极端环境下受人偏爱的解决方案。约翰是怎么做的呢？在他已经继位之后他仍然担心亚瑟的挑战。这种挑战随着亚瑟日益年长而愈显强烈。最终在 1203 年，约翰将亚瑟投入监狱并将他杀害。传说是约翰亲手杀掉了侄子。除掉亚瑟之后，再也无人对他的王位构成威胁——直到 12 年后贵族们集结起来武装讨伐他，英国《大宪章》随之颁布。

对领导人和他的支持者来说，继承权意味着拥有一系列优势。要想顺利统治，收买合适的人是关键——而王子们有条件也有能力继续回报支持者。他们知道钱在哪里，也知道该收买谁。话说回来，宫廷中人为什么非得热切趋附继承人呢？毕竟，一旦王子继承了王位，其他人就当不上国王（或独裁者、总统）了。支持王位继承人不可避免地意味着放弃你自己当上国王的机会。不过，这只是一方面。由于有太多人觊觎王位，成功的机会是很渺茫的。在现实中，先王的支持者们最好还是选择拥戴王子，希望他能眷顾助他登顶的人们。

新上位的领导人需要支持者助他稳固权力，对继承人来说，那些支持者本来就已经各就各位。王子知道那些人的底细，也知道该怎么收买他们。当然，我们在路易十四的例子里看到，王子有可能对致胜联盟进行彻底改组。不过，先王的支持者们正确地相信古老箴言“有其父必有其子”。这对他们来说不算一场糟糕的赌博。比起权力传给外人来说，如果权力在王室内部从父传到子、从国王传给王子，核心支持者们有大得多的机会继续保持他们的特权地位。如果你是一位王子，如果你想当上国王，你就绝不要扼杀父王的支持者们继续被你倚重的机会。这样一来他们就会唯你马首是瞻。让他们这样做。你需要他们帮你平稳过渡。如果你要他们走人（也可能不会），可以等到以后把他们从宫里逐走。切记，让他们第一次知道你的真实想法的时机，就只能是你已经登上王位把他们从宫中逐出的那个时刻，一秒钟都不能提早。

当然，如果你是一名想登上王位的年轻王子，你首先要确保活得比“支持者”久。众所周知，历史上那些摄政者们无一不是邪恶的看护人。假如一名摄政者起了杀心，受托照看未来国王是自己成为国王的极好机会。英国国王理查三世就是一个例子。当爱德华四世于1483年死后，他12岁的儿子爱德华五世继承了王位。爱德华四世的弟弟理查三世被封为护国公，受命照顾幼王。他本该主理朝政若干年后将权力交还给爱德华五世，然而与许多统治者一样，理查三世对放权之说不以为然。

作为哥哥爱德华四世的遗愿执行人，理查可以操控事态为自己服务。首先他把12岁的爱德华和弟弟关进伦敦塔，接着他指使议会质疑他们父母婚姻的合法性，宣布两个王子是私生子。兄弟俩从此失踪。理查三世也许根本谈不上是一个“执行人”，但对执行死刑却心安理得。(一般认为，1674年在一处楼梯下发现的两具骸骨就属于这两个孩子)。

即使在依赖家族继承的体制下，机会对于非血亲的指定继承人也是存在的。统治者们往往会指定自己的继承人，而且有时候会从血亲以外的人当中挑选，也许是因为他们明白如果在家族内部厚此薄彼会带来何等恐怖的后果。举例来说，罗马帝国的第一位皇帝奥古斯都正式收养了他的继承人提比略。黑帮首脑也经常这么做。卡洛·甘比诺指定保罗·卡斯特拉诺为他这个纽约黑手党家族的下一任老大。在这些情形里，被指定的继承人一般被认为将继续发扬光大前任的事业。于是，就没有什么必要急于干掉前任。新的指定继承人甚至还有助于提升旧老大的威望。

对年老体衰的统治者来说，指定一名新的继承人将帮助他们在掌权中度过余生。然而只要联盟里的关键支持者相信继承人将保持联盟人员构成的足够连续性，那么家族内继承人便具有得天独厚的优势：联盟成员期望从“父—子”传承中得到的东西，外人很难给得比这更多。

教皇的登顶之路

一些最伟大的传说和电影描绘了个人的行为如何影响整个国家、人民和信仰的结局。无论是天行者卢克纠结于与父亲的关系还是弗罗多摧毁魔戒，大众的战斗比起个人胜利来说是次要的。当然，这是虚构作品的主题，然而这样的事情历史上确曾发生过。

基督教的头几百年里，罗马主教——即教皇——即使在基督教内部都只是相对次要的人物。主教们是基督教实践和信仰的主宰者，但直到 336 至 384 年在位的达玛苏斯一世，罗马主教才真正跃居所有其他主教之上，成为西方的罗马天主教会最高领袖。[1] 达玛苏斯最终因其卓越的成就被尊为圣徒，他的行

[1] 对教皇达玛苏斯一世的分析参考了下列材料：迈克尔·沃尔什：《巴特勒的〈圣徒的生活〉》（纽约：哈珀柯林斯出版社，1991），第 413 页；爱德华·吉本：《罗马帝国衰亡史》第一卷（纽约：现代图书馆出版社，未注明出版日期），第 866 页，注释 84；《教皇圣达玛苏斯一世》，载于《天主教百科全书》（纽约：罗伯特·阿普尔顿公司，1913）；耶柔米致教皇达玛苏斯的信，第 2 卷第 376 页；亨利·查德威克：《鹈鹕教会史系列第一卷：早期教会》（伦敦：企鹅出版社，1978）；威利斯顿·沃克尔：《基督教会史》（纽约：大众图书出版社，2010）；迪亚尔梅德·麦克库洛克：《基督教史》（伦敦：维京出版社，2009）。

为给我们提供了一个研究如何操控不可或缺者、有影响者和可相互替代者的个案。

4 世纪晚期，在东西方基督教会的较量中，东方看上去具有一个无可比拟的优势。使徒们以及耶稣本人都来自东方。圣地都在耶路撒冷、加利利以及位于今日以色列、巴勒斯坦、约旦和叙利亚的附近城市。有这样无可争辩的事实，基督教怎么能不首先被视为是一个东方的宗教呢？见识超卓的达玛苏斯找到了一个答案。没错，使徒们确实来自东方，但彼得和保罗却是在罗马殉道且葬于罗马。于是他争辩道，罗马是使徒传道行为的发生地，并且影响深远的殉道榜样从东方来到了这里，基于上述事实，罗马具有特殊地位。达玛苏斯雄辩地指出，只有彼得在罗马的教会才能成为基督教的中心，因为耶稣说过（马太福音 16:17—20）："我还告诉你，你是彼得，我要把我的教会建造在这磐石上。阴间的权柄不能胜过它。我要把天国的钥匙给你。凡你在地上所捆绑的，在天上也要捆绑。凡你在地上所释放的，在天上也要释放。"于是，比起东方的教区来说，罗马必定具有优越性。表面上看,这是一种明显的宗教论辩——然而，强有力的宗教论辩背后却隐藏着建立致胜联盟的战略，达玛苏斯因此得以当上教皇并使罗马教会成为新的权力中心。

在当今，老教皇死去后，新教皇是由枢机主教团投票选举产生的。在达玛苏斯的时代，选举方法大不相同。可相互替代者——即选择人集团——由罗马教区的所有基督徒构成；有影响者至少包括当地教士和行省其他地方的主教。而确立致胜联盟——即不可或缺者——正是达玛苏斯成功故事的起点。

达玛苏斯有一个竞争对手乌尔西努斯。乌尔西努斯在普通教众和很大一部分教士当中相当受欢迎。与他相反的是，达玛苏斯受到贵族阶级的支持。这两人与前任教皇利贝里乌斯均关系密切。354 年，利贝里乌斯被罗马皇帝君士坦提乌斯二世放逐到庇哩亚，达玛苏斯与乌尔西努斯一起跟随他到了流放地。然而与乌尔西努斯不同的是，达玛苏斯迅即抛弃利贝里乌斯返回罗马，转而支持受到皇帝喜爱的对立教皇菲利克斯二世。这一举动毫无疑问加强了统治阶级对达玛苏斯的欢迎，但疏远了普通教徒和教士阶层。

利贝里乌斯死后，两场教皇选举同时举行，达玛苏斯和乌尔西努斯各自宣称当选。乌尔西努斯由忠实的平民信徒选出，而达玛苏斯则受到权势人物眷顾。暴乱接踵而来，导致在罗马很受欢迎的西希尼努斯教堂发生了一场血腥屠杀，137 人遇害。罗马的行政长官——世俗统治者——随即介入，通过将达玛苏斯确立为唯一的教皇而恢复了秩序。他们将乌尔西努斯流放到高卢以消除他的威胁。总而言之，乌尔西努斯背后由普通信徒构成的较大联盟被达玛苏斯背后较小但强大得多的联盟击败。

达玛苏斯得到贵族阶级的支持不是偶然的。我们前面提到他支持菲利克斯二世，而反对利贝里乌斯。他锲而不舍地寻求罗马上层阶级的支持，很多贵族在他担任教皇之前（以及期间）都是异教徒，他通过忠心执行有利于贵族的政策来换取贵族对他的忠心。举个例子，达玛苏斯养成了结交罗马上层阶级妇女的癖好。他的诋毁者直指他和罗马头面妇女们的关系密切，便指控他犯了通奸罪（以及谋杀罪）。在罗马皇帝的亲自直接干预下，他被免于罪责。与此相反，他的鼓吹者们指出，他使许多贵族异教徒妇女改信了基督教，她们又把丈夫们拉了进来，从而扩大了罗马基督教人口中的选择人集团乃至有影响之人的数量。这当然有利于教会的成长，同时也有利于达玛苏斯把持权力。与乌尔西努斯不同，达玛苏斯依靠的是一个小型联盟，他设法从人数扩张的有影响者和可相互替代者当中精选出了这个联盟。

作为一名老谋深算的战略家，达玛苏斯还通过对罗马普通基督教大众做工作，进一步扩大了可相互替代者的数量。这有利于他稳固政治权力，有利于他强化对教会财产的任意处置权，这项权力使他日后能够发展重要的公共事业，使他能聘请（圣）耶柔米翻译出第一部拉丁文圣经，而这进一步巩固了罗马教皇对圣经意义的解释权。

达玛苏斯是如何做到扩大自己对普通教众——可相互替代者的吸引力的呢？要知道很多人一直反对他担任教皇。在日渐衰落的罗马帝国，貌似很多刚刚改信基督教的普通民众仍然怀念他们的异教罗马神祇。达玛苏斯发现，这些人似乎愿意将罗马神祇替换为基督教殉道者。于是，达玛苏斯全力寻找基督教殉道者们的埋葬之所并竖立起雄伟的大理石纪念碑。其中一些纪念碑和其上的碑文在今天的罗马城依然可见。

达玛苏斯的努力结出了硕果。他扩大了普通基督教众的规模并赢得了他们的好感，他得到了上层阶级的支持，他甚至获得了罗马皇帝本人的支持，皇帝认可了他有关罗马教会地位超凡的观点。380 年 2 月 28 日，皇帝狄奥多西一世宣布任何人都必须遵守基督教的原则，这些原则由“耶稣门徒彼得和继承人达玛苏斯主教和亚历山大里亚的彼得向罗马人阐明”。[1]

达玛苏斯知道为了爬上权力顶峰并保持权力应该做什么。实际上，在他通过不光彩的方式当选教皇之后，他为罗马天主教做出了重要贡献并为自己赢得了圣徒地位。达玛苏斯通往权力之门之所以敞开，缘于他的前任利贝利乌斯的失误，后者不仅没有与罗马皇帝建立同盟关系反而得罪他。达玛苏斯没有犯这种错误。他在规模扩大的有影响者和可相互替代者中建立起一个小型的致胜联盟，因此确保了他个人和教皇权位得到忠诚持久的支持。在他争夺权力的过程中，他使基督教偏离了它的东方起源，转而日益成为一种西方的信仰。

类似利贝里乌斯这样的领导人未能做正确的事，结果为新人上台提供了机会。但切记，我们必须从一个潜在支持者的视角来理解什么东西构成了“正确的事”。它可能与对社群或国家最有利的东西毫无关系。如果有人以为统治者在做他们应该做的事——即对国家最有利的事——他最好去当学究而千万不要涉足政治。在政治中，上台掌权与做好事毫无关系，而永远与做有用之事有关系。

[1] 埃夫丽尔·卡梅伦和彼得·甘西编辑:《剑桥古代史：帝国晚期，公元337—425 年》(剑桥：剑桥大学出版社，1998)，第 103 页。

从破产中攫取权力

实践表明，有一件事永远有用，那就是保持清偿能力。如果一个统治者用于收买支持者的钱出现短缺，别人就非常容易开出诱人的价码策反他的联盟成员。财政危机是发起进攻的绝佳时机。

人们通常通过马克思主义意识形态和阶级战争的棱镜来看待俄国革命。事实也许要简单得多。1917 年 2 月，克伦斯基的革命者们之所以能够占领冬宫，是因为军队没有阻止他们。而军队之所以没有阻止他们是因为沙皇拨给军队的钱不够。沙皇之所以没有足够的钱是因为他在第一次世界大战期间愚蠢地砍掉了主要收入来源之一——伏特加税。

沙皇尼古拉没有分清楚貌似好的公共政策与坏的政治决策。他有一种糊涂想法，即一支清醒的军队比一支醉醺醺的军队应该更能打仗。尼古拉看来是认为禁止伏特加买卖将改善俄国军队在一战战场上的表现。然而他忽略了明显的负面影响。饮用伏特加在俄国大众特别是军队中极为盛行。伏特加如此受欢迎且消费量巨大，它构成了俄国政府岁入的三分之一。一旦禁止伏特加买卖，沙皇的收入立刻锐减。而由于战争，他的开销却在持续增长。

沙皇很快就没有能力继续收买忠诚。结果就是他的军队拒绝镇压罢工群众和示威者。在推翻沙皇政权之后，亚历山大·克伦斯基成立了短命的民主政府。但他未能长久掌权。他的错误恰恰就在于建立了民主政府——这需要一个比较大的致胜联盟，他还推行不得人心的政策——继续参加一战——因此从一开始就得罪了他的联盟。

一旦没有人阻止革命，沙皇立刻倒台。路易十六在法国革命中的遭遇相当类似。成功的领导人必须从这些例子中吸取教训，将开源创收和收买支持者置于一切之上。再来看罗伯特·穆加贝成功稳坐津巴布韦总统宝座的例子。由于穆加贝糟糕的政策，津巴布韦的经济崩溃。到处是饥荒，霍乱疫情时不时横扫全国。穆加贝之所以“成功”，是因为他明白只要确保能付钱给军队，人民水深火热并不重要。尽管媒体经常猜测他的状况，但到目前为止穆加贝始终能做到这一点，并在年近八旬之际依然稳坐总统宝座。他把一个一度繁荣的农业输出国搞成了一个仰赖外国援助的国家。对他统治下的人民来说，穆加贝的所作所为无疑糟糕透顶，但他却是一个了解统治规则的大师。对于凡是与收买党羽有关的一些最重大政策，他都一概推行。这就是为什么没人想罢黜他。

沉默是金

我们从小都被教导“沉默是金”。实践证明，破坏了这个最基本的原则，也会导致在位者被政治对手搞垮。

一旦致胜联盟成员开始怀疑自己有朝一日将拿不到个人好处，在位者因提供报偿而具有的优势将立刻丧失。在位者如果无法让联盟成员确信他将继续关照他们，他就给竞争者提供了夺权的黄金机会。1965 年，阿尔及利亚总统艾哈迈德·本·贝拉愚蠢地开口之后，旋即被胡阿里·布迈丁夺走了总统宝座。他本该保持沉默。

本·贝拉在足球场上和战场上都声誉卓著。1936 年他加入法国军队，驻扎在马赛期间，他在当地的职业足球队踢球。因在二战中的英勇表现，他被授予法国十字军功章和法国军事奖章。二战结束后，他投身于阿尔及利亚摆脱法国统治的解放运动，成为阿尔及利亚独立运动的重要人物，并于 1963 年当选总统。尽管才能出众，他却犯了一个严重的错误。1965 年 6 月 12 日，他宣布一周之后将举行政治局会议，会上将讨论三个重大事项：(1) 改组内阁；(2) 撤换军队领导人；(3) 清算军中反对派。他随后离开阿尔及尔前往奥兰。

这一宣示无疑等于告诉他的核心支持者，他将撤换掉他们中的一些人。由于他并没有透露打算具体清除谁，共同的危机感使所有人都起念要除掉他。

本·贝拉的愚蠢预告为胡阿里·布迈丁提供了起事的缘由。没有人知道谁会被撤换，但根据本·贝拉咄咄逼人的宣告，肯定有不少人会落马。由于这个非受迫性失误，本·贝拉失去了他的在位优势，给了胡阿里·布迈丁一周的时间密谋政变。在预定开会日期的前一天，本·贝拉回到了阿尔及尔，当昔日朋友塔哈尔·兹比里上校将枪口对准他时，他才如梦初醒。布迈丁抓住了机会，而本·贝拉的核心支持者选择了背叛。[1] 沉默确实是金，只可惜本·贝拉知道得太晚了。在你必须做某事之前，绝不要提前摊牌，这无疑将断送你的好局。

制度变革

一般人有一种看法，认为政客们不会改变使他们掌权的规则。这是错的。他们时刻准备着要削减致胜联盟的规模。政客们想方设法要避免的是那些会导致需关照人数增加的制度变革。不过尽管他们极力要避免，但有时制度却必须变得更有包容性。这会削弱独裁者的地位，因为他所建立的联盟和支付的报酬将不足以维持他的权力。

在旧苏联体制下，鲍里斯·叶利钦本来没有可能爬上权力顶峰。[2] 他试图出人头地的第一次尝试是建立在和沙皇尼古拉禁止伏特加买卖一样愚蠢的政见上。他要取消官僚们享有的特供商店、上最好大学的特权以及广大苏联人民无权享受的其他

[1] 雷沙德·卡普钦斯基:《足球战争》，纽约：古典书局，1992，第 113—114 页。

[2] 关于戈尔巴乔夫陨落和叶利钦崛起的讨论基于基伦·斯金纳、谢尔盖·库德里亚、布鲁斯·布尔诺·德·梅斯奎塔和康多莉扎·赖斯合著的《斗争策略》，安阿伯，密歇根：密歇根大学出版社，2007。

各种好处。当然，这样的政见受到普通群众的欢迎，但群众在选择苏联领导人上没有什么发言权——官僚们有。米哈伊尔·戈尔巴乔夫认为叶利钦是一匹脱缰野马，将他黜贬。经历了这次挫折，叶利钦在时局变化中只能依靠坚韧不拔的意志和创造性生存下来。

二十世纪八十年代后期，苏联经济停滞。最高领导人戈尔巴乔夫面临严重的两难局面。除非他能使苏联经济有所起色，不然将很容易丧失财源。我们前面已经看到，这种情况会让领导人深陷麻烦。为了搞活经济从而有足够的钱，戈尔巴乔夫必须放松对人民的管制，解放他们被压制的创造潜能。

对苏联人来说，经济上的解放并非小事一桩。它意味着给予苏联公民更多的个人自由和政治自由。好的一面是，这使人民得以交流、协作和互动，有利于经济增长；坏的一面是，允许人民交流、协作和互动将助长大规模的政治抗议。戈尔巴乔夫并非傻子，想来他也知道自由化会让他陷入麻烦。可惜他进退两难。没有强大的经济，苏联肯定将无法与美国竞争，无法保持超级大国的地位。更重要的是，他将无法继续为党内成员提供回报。为了经济好转他不得不拿政治控制去冒险，风险不仅来自于急于致富的普通大众，也来自于担心丧失特权地位的联盟内部。戈尔巴乔夫扔出了骰子，最终失掉了赌局。

首先，戈尔巴乔夫在自己的联盟内部遭遇了一次政变。1991 年，反改革的党内强硬派担忧丧失特权（这正是叶利钦的公开目标），遂罢免戈尔巴乔夫，控制了政府。叶利钦在红场登上坦克顶，说服苏联军队不要向渴望改革的示威者开枪。以叶利钦为首的大规模群众运动挫败了这次企图重回苏联压迫体制的政变。群众运动也让戈尔巴乔夫短暂重回总统宝座，但苏维埃联盟已经摇摇欲坠，几个月之后，苏联帝国解体。

叶利钦经历了反特权的惨败，明白他不可能在苏共内部建立自己的致胜联盟，但他可以通过大大提升俄罗斯联邦官僚们的预算自主权来赢得这些人的支持。比起留在苏联内，他们在俄罗斯可以更加有钱有权。通过这种方式，叶利钦瓦解了戈尔巴乔夫的联盟，自己成了赢家。实践证明，比起治理国家，叶利钦更擅长的是如何上台。不过这是后话了。

在民主国家如何上台

目前为止我们讨论的例子都是关于独裁者的。而在民主国家，尽管权力交替一般来说远为平和，但遵循的机制是一样的。正如在专制国家，一位民主国家的挑战者也必须废黜在位者、掌握国家机器、充分回报支持者联盟，使他们力挺他上位。不过在民主国家，达到这些目标的方式相当不同。

某些方面来说，在民主国家要达到这些目标比较容易。比方说，在民主国家要挖致胜联盟的墙角相对不那么困难，因为民主领导人需要的支持者人数非常庞大。领导人严重依赖公共物品来回报支持者，但恰恰因为主要回报方式是每个人都能获益的公共物品，联盟内的人获得的好处并不比联盟外的人多多少。不仅如此，由于联盟规模如此巨大，联盟内部个人得到的好处就相对有限，忠诚度被进一步稀释，被下一任领导人的联盟排除在外的风险也相对较小——毕竟，下一任领导人同样需要人数众多的支持者——这就进一步削弱了在位者的优势。

挑战者开出比现政府更高的回报价码，就能成功。由于有太多人需要回报，这就意味着必须提出更好或至少更受欢迎的公共政策。不幸的是，尽管比较容易侵蚀现任领导人的支持者联盟，挑战者必须面对如何报答自己的支持者这个难题。

民主领导人必须控制政府机构才能上台，但却不是像在专制国家那样迅即达到目标。比方说在美国，11 月当选的领导人直到次年 1 月才宣誓就职。这段时间差给了候任领导人准备的时间，提名自己的内阁成员，安插人马到各个关键岗位。最早的时候，这段时间差（迟至次年 3 月）是考虑到候任领导人从他所在的州赶到首都需要花几个月时间。而独裁者或君主大位的竞争者们可从来不会好心等待他们远方的亲戚千里迢迢赶来和他们竞争。在接管权力这方面，民主国家领导人无须着急，因为判定现任领导人失败的民主规则已经同时为他们创生了一个新的支持者联盟。

民主国家里的家族继承

由于依赖一个很大的致胜联盟，民主领导人没法给支持者提供非常慷慨的个人回报。简单来说就是没有足够的钱。于是民主领导人需要找到支持者喜欢的有效的公共政策，以这种形式来回报支持者的忠诚。但这不等于说在民主政治中就不存在私相授受。确实存在。这解释了为什么王朝式规则就算在民主国家都很常见。举例来说，很多人可能想不到，研究表明31.2%的美国女性议员（以及8.4%的男性议员）有近亲此前担任过相同职务。[1] 历史上20%的美国总统互相之间有近亲关系。偶然和公平竞争可解释不了这一现象。

王朝式规则在民主国家司空见惯的原因与在独裁国家和君主制国家毫无二致。有谁比家族成员还能更好地保护家族财富和威望？民选官员花小钱赚大钱，享受权力，他们与奥古斯都皇帝或卡洛·甘比诺一样，渴望让自己的子孙享有一样的好处，保护他们的遗产。这就是为什么美国俄亥俄州的塔夫脱家族一代又一代身居高位。1999年至2007年当政的俄亥俄州州长鲍勃·塔夫脱家世显赫。他的父亲和祖父都曾是美国参议员。他的曾祖父是美国总统，高曾祖父是司法部长和战争部长。肯尼迪家族、洛克菲勒家族、罗斯福家族、布什家族以及很多其他

---

[1] 参见欧内斯托·达尔·波、佩德罗·达尔·波和杰森·斯奈德合著的《政治王朝》，载于《经济学研究评论》76，第1期（2009年1月），第115—142页。

美国家族都具有漫长而显耀的从政史。

当然，王朝式规则在民主国家以外更普遍。不过即便你没有走运到出生于一个政治王朝，只要你有好的或至少受欢迎的理念，你也有望在民主国家上台。而在独裁专制国家，造福人民的好的理念几乎不可能助你掌权。

民主是关于好理念的“军备竞赛”

在民主国家，竞争是智力上的，而非肉体上的。对于独裁者来说，杀掉对手很奏效，但在民主国家这样做无疑会让自己在政治上万劫不复。当然，从道德的立场来看，这是一件好事。但从一位民主领导人的角度来看，推论就是，即使好的公共政策都未必能收买到多少忠诚。

每个人都能享受到政策带来的好处，不管他是否支持现任领导人。如果一名领导人整治了环境、解决了全球暖化问题，那么每个人都是赢家，尽管每个个人看重这些事情的程度各不相同。但过去的行为买不来忠诚。当一名竞争对手出现，拿出整治环境的更便宜的方案，或者拿出人们更关心的其他问题的应对政策，那么这名对手就可能通过选票上台。独裁政治是关于个人回报的争夺战，而民主政治则是关于好的政策理念的争夺战。只要你依赖的是规模巨大的支持者联盟，那么如果你牺牲公共利益来回报你的党羽（一如你在独裁国家会干的），你肯定会被赶下台。

温斯顿·丘吉尔无疑跻身于英国历史上最伟大政治家之列。他因其精彩的演讲而著称。然而，单靠爱国主义修辞不足以在二战中击败希特勒的纳粹德国。丘吉尔并不只会发表辞藻虚华的演讲，他也带来了政策成果。他说服富兰克林·D. 罗斯福总统实施《租借法案》，使基本上已经破产的英国能继续战斗。他将英国经济转入有效的战时状态，想方设法逼迫轴心国在多线作战。战争快结束时，他广受英国人民的爱戴和赞扬。然而在 1945 年 7 月举行的大选中，克莱门特·阿特利领导的工党大胜丘吉尔领导的保守党。从技术上讲，第二次世界大战当时甚至还没结束，而温斯顿·丘吉尔为赢得这场战争做出的功劳不逊于任何人。然而英国人民已经迫不及待地抛弃了他。

在英国取得阿拉曼战役胜利后的 1942 年 11 月，丘吉尔说了一番著名的话："我作为国王的首席大臣不是为了负责清算大英帝国。"英国选民使他不必如此。丘吉尔继续推行紧缩政策以期重塑英国昔日荣光。然而经过了 6 年艰苦的战争、物资配给和牺牲，这些政策已经丧失吸引力。阿特利则选择提升英国国家医疗服务，建立一个福利国家而不是重塑国际霸权。他赢得了好理念的战斗。很少人否认丘吉尔功勋卓著，他也广受喜爱。但赢得大选的却是阿特利。

联盟动力学

民主领导人需要大量支持者，这是他们的弱点。如果你能发现令现任领导人的支持者不满的某个问题，很快就轮到你来当领导人了。在一个民主国家，分而破之是上台掌权的完美法则——这一策略最伟大的践行者之一就是亚伯拉罕·林肯，他通过分化民主党的支持者而于1860年夺取了总统宝座。

在1858年伊利诺伊州参议员竞选中，林肯逼迫斯蒂芬·道格拉斯就奴隶制的立场表态，而就在此前一年，美国最高法院在德雷德·斯科特一案中裁决美国国会无权在联邦准州废止奴隶制。道格拉斯被将了一军。如果他表态说奴隶制可以被准州人民排除在疆界之外，他可能会赢得在伊利诺伊州的选举，但将动摇党的根基；如果他说奴隶制不能被排除，他可能败选并大大削弱成为1860年总统大选的民主党候选人的机会。道格拉斯最终表态称准州人民可以拒绝奴隶制，他赢得了参议员选举，但他对于奴隶制的这一表态在两年之后的1860年总统大选中分化了民主党，为林肯上台铺平了道路。

与历史上其他美国总统不同的是，林肯预见到在总统大选中，他在非常大一部分选民中不受欢迎。他知道自己在1860年大选中的最佳机会、可能也是唯一的机会就在于分而破之。假设道格拉斯以赞成奴隶制来回答林肯的问题（也就是支持德雷德·斯科特案判决符合国家法律），他几乎肯定会在参议员选举中输给林肯。这可能在1860年能够保住民主党的团结，但又会提升林肯作为在任参议员获得的支持度。而道格拉斯实际做出的回答则无疑让民主党在他参选的问题上产生分化。随着党内竞争对手布雷肯里奇和贝尔的挑战，道格拉斯失掉了赢得南方选票的机会，这使他和他的党内对手注定在大选中失败，尽管林肯取得的票数优势很小。林肯只获得不到 40% 的普选票就击败了分裂的民主党对手，他在南方甚至一票未得。相似地，1992 年比尔 · 克林顿获得了 43% 的普选票击败时任总统乔治 · W · H. 布什（他获得 38% 的普选票），在不小的程度上这得感谢另一位角逐者亨利 · 罗斯 · 佩罗（他获得了 19% 的普选票）。[1] 林肯明白，他必须尽可能缩小致胜联盟的规模，尽管他处在一个本质上是大联盟的体制内。

1864 年寻求连任时，林肯没有忘记这一重要原则。眼见自己前景堪忧，林肯设法扩大了可相互替代者和有影响者的规模，这样他可以从那些此前根本没有什么发言权的人当中建立致胜联盟。如何做到这一点？他引入了缺席投票，这样服役的士兵也可以投票，这在纽约产生了尤其重要的影响。一般认为，在 1864 年林肯与乔治 · 麦克莱伦将军的选举对决中，正是士兵票帮助林肯拿下了纽约州。在利用政治规则为己服务方面，林肯是一位大师，他在非常大一部分美国人民不欢迎他的情况

[1] 以较少全国普选得票而获得总统职位的人当中最突出的是约翰 · 昆西 · 亚当斯，他的全国普选得票率还不到 31%。在多党大选中，他很聪明地利用美国这一奇怪的制度从而当选。特别是在美国早期，全国普选得票不会直接转化为选举人团或众议院的支持。

下依然能够获胜。

在民主国家，政治是关于理念的军备竞赛。正如在统治期间民主领导人必须回应人民的诉求一样，提出选民喜欢的政策有助于竞逐公职，愿意多做事是有好处的（相比少做事）——哪怕将来会产生极其严重的经济后果（不过届时你已经卸任了）。务必在短期内满足你的联盟。当政客们哀叹你在“拿孩子们的未来作抵押”时，他们实际上是在懊恼不是他们想出了选民真正需要的政策。当然，选民有可能对近来奥巴马的一万亿美元计划感到内疚，但他们是否会投票拒绝该计划，让我们走着瞧。有这般父母，孩子们何需敌人？

关于上台的最后评论：多伊军士的终极命运

我们关于上台的描述始于利比里亚军士多伊的故事。他的结局对那些寻求权力的人很有警示意义。正如本书余下部分将阐明的，上台和保持权力是完全不同的两码事。

多伊军士知道利比里亚的钱在哪里。而只要他知道钱在哪里并用它维持军队的忠诚，就能够无数次挫败推翻他的企图。麻烦在于，你只要失败一次就完蛋了，而“钱在哪里”这个问题成了多伊军士最后听到的事。

随着冷战结束，美国不再需要多伊的帮助，1989 年美国政府终止了对他的进一步经济援助。政敌查尔斯·泰勒和约翰逊王子在布基纳法索和科特迪瓦政府的支持下看到了机会，发动叛乱。多伊派兵反击，但他的士兵不仅没有像职业军队那样行事，反而烧杀抢掠，一点都不在乎得罪有可能拯救多伊的人民。

平民成群结队加入叛军。多伊决定亲自坐车去找刚刚抵达的尼日利亚维和部队，这一举动显示了他有多么缺乏政治才能或判断力。经过一番激战，多伊的卫队被全歼，约翰逊王子将多伊活捉并用摄像机拍下了拷问过程。在约翰逊割下多伊的耳朵并生吞前，审讯人员一遍又一遍地逼问多伊："钱在哪里？银行账户是多少？"多伊拒不回答。也许他知道自己无论如何都得死，拒不张口能让他的家人享有他的劳动果实，在舒适的流亡生活中度过余生。

在治理国家方面多伊十分无能。他将一个本已贫困的国家拖入了更深的贫困和内战。但他知道上台的奥秘。尽管形式多样，成功的挑战者都遵循基本的原则。他们对现任领导人的关键支持者提出了比当前所得更高的预期回报。但对挑战者来说不利的是，现任领导人有一个重大优势，即当前致胜联盟的成员们可能相信该领导人会继续填满他们的私囊或提供他们想要的公共政策。而一旦现任领导人被人知道病入膏肓、个人拿得太多、选择错误的政策或关键支持者的忠诚度很弱，那么挑战者登堂入室废黜现任领导人的大门就敞开了。

获取权力意味着要抓住转瞬即逝的机会，快速果敢地行动，只争朝夕。此外，上台还意味着要逮捕任何反对者，在民主国家这是比喻意义上的，在独裁专制国家则是肉体上的。上台这件事不适合心虚胆小者。

然而，当上领导人并不是政治的结束。就算你已经大权在握，享受权力的好处，其他人仍在虎视眈眈。他们也想要你这个拼命得来的职位！政治是危险的职业。我们将看到，成功的领导人应对风险的方式是紧紧依靠一个忠诚的联盟。那些在这第一个任务上失败的人，为别人推翻他们打开了大门。

THE DICTATOR'S
HANDBOOK

第三章

掌 权

经过千辛万苦，雄心勃勃者终于成功攀上高位。无论是通过家族继承、政变、选举、起义、谋杀还是骚乱，他终于夺取了权力。现在他面临着一个新挑战：如何紧紧掌权。

正如多伊军士的残酷生涯教导我们的，爬上高位所需的技能与维持大权所需的本领完全不同。不仅如此，权力的生存法则与统治得当所需的必要技能并不总是相同。小说家伊塔洛·卡尔维诺曾经简洁明了地描绘了那些攀上权力顶峰者的痛苦："一旦你王冠加顶，王座就是你安坐之处，你最好日日夜夜一动别动。你以前所有的人生不过是等待成为国王，现在你已经是国王，你只需统治。没有这长久的等待成何统治？等待你被废黜，不得不与王座、权杖、王冠和你的脑袋告别的时刻。"[1]

那么，一位新上位的统治者该做什么来保住他的（或她的）

[1] 伊塔洛·卡尔维诺：《在美洲豹太阳下》，纽约：哈考特，布雷斯和约万诺维奇出版社，1986，第 36 页。

脑袋？一个好的起点就是强化支持者联盟。这看起来是个着实简单的任务。毕竟如我们已经看到的，没有一个足够强大的支持者联盟去击退对手，一个人不可能攀上权力顶峰。然而，一个聪明的领导人不会过分依赖助他上位的那些人。在推翻从前的统治者之后，他们迟早会意识到他们可以把相同的事再干一次。

一名老谋深算的新领导人会迅速采取行动将他们当中的一些人清除掉，替换成那些所获利益更能确保其未来忠诚度的人。只有在开除、清洗、收缩某些特定的关键支持者之后，一名领导人的未来权位才有保障。

不仅对独裁者来说是这样。在似乎不那么残酷的商业世界里，建立一个修正后的联盟是同样迫切的要求，我们来看看惠普公司首席执行官卡莉·菲奥莉娜的沉浮录。

追求人头数的治理方式

企业的首席执行官与国家领导人一样面临下台的风险。由于易受政变攻击，他们需要调整公司内的联盟（通常由董事会和高级管理人员组成），引进忠心耿耿的人，踢掉潜在的麻烦制造者。一般情况下，他们有大把的人可供挑选，也有丰富的经验做各种决策。但与国家领导人一样，他们会遭遇既成联盟内某些成员的挑战，这些人很难搞定。

大多数公开上市的企业都具有千百万可相互替代者（股民），一个人数少而股份多的有影响者集团（大的个人股东和机构股东），以及一个非常小的不可或缺者集团，一般不超过10—15人。在这么小的一个团体里，哪怕成员人数有极微小的变动都会引起影响公司运作的深刻后果。我们将看到，这一点对惠普公司来说尤其正确，因为正如在所有的公司，联盟成员人数的微小变动会导致公司给的预期报酬占比的巨大变化。

就惠普公司来说，首席执行官的致胜联盟由相对来说很大一块实际选择人构成，因为公司的股权高度集中在少数人手上。也就是说，我们可以按照成员人数来衡量公司联盟的规模，也可以按照他们占有的股权多少来衡量。在惠普公司这个例子里，不可或缺者集团和有影响者集团只占所有选择人的极小部分，因为公司的创始人威廉·休利特和戴维·帕卡德家族保持着大量股份，长年以来这一情况与福特汽车、贺曼等不少其他公司相似。

与在任何形式的政府中一样，参与一家企业也可以获得利益。这些利益可以是给所有人的回报，也可以是只付给不可或缺者的私人报酬。在公司背景下，私人利益通常的表现形式有薪水、额外津贴和股票期权。而给所有人的回报——也就是经济学家们所称的“公共物品”——则采取股息（每股数量相同）和股价上涨的形式。对首席执行官来说，当致胜联盟很大时，通过私人报酬来收买不可或缺者的忠诚就不是一种划算的方式，提供公共物品才是上策。联盟成员通常都渴望获得私人好处。然而，非常大的股东更青睐股息和股价上涨而不是私人报偿——而他们恰好也是致胜联盟的一员——因为这使他们成为了公共物品的最大接收者。惠普公司恰恰就是这种情况，威廉·休利特和戴维·帕卡德家族拥有着举足轻重的股份。

在一个公司里，到底是谁构成了不可或缺之人？这个联盟通常包括高级管理层和董事会里的少数人。这些董事来自高级管理人员、大机构股东、首席执行官亲自选定的朋友和亲戚（当然一般都冠以公民领袖之名）以及首席执行官本人。按照研究公司的经济学家的术语，董事会的人员构成可分为内部人士（雇员）、灰色成员（朋友和亲戚）和外部人士。任何公司的董事会职责之一是任命、留用或免除首席执行官。一般来说首席执行官的任期都很长，至少惠普的第一任首席执行官和创始人戴维·帕卡德是这样的。1992 年他被内部人士路易斯·普莱特取代，后者从二十世纪六十年代开始就一直在公司效力。普莱特在 1999 年退休，由外部人士卡莉·菲奥莉娜接任。此后，惠普的董事会就频繁罢免首席执行官。

显而易见的是，任何牵涉到罢免上任首席执行官的董事会成员，都有可能对新任首席执行官造成麻烦。既然曾经是“政变”发动者，毫无疑问他们在形势所迫之下随时有可能再来一次。这里所说的形势无非就是首席执行官开始实施我们前面阐述过的一个或多个统治规则，特别是当这些规则的实施损害到了他们的利益。

对首席执行官任期长短的研究表明，不出意外地，首席执行官与董事会成员的个人关系越紧密任期就越长。正如在独裁国家子女可能成为受宠的权力继承者一样，首席执行官上台后会预期朋友、亲戚和同事将是更忠诚的支持者。路易斯·普莱特升任惠普的首席执行官大概就是出于这个逻辑。越多的外部人士进入董事会一般来说会转化为对投资者的更多回报，也就是对所有人都有好处。与此同时，首席执行官面临的风险却将大增。[1] 因为首席执行官的利益与投资者的利益极少相同，首席执行官巴不得董事会里的外部人士越少越好。

公司里的麻烦，特别是那些严重到足以扳倒现任首席执行官的问题会激起董事会的关注和加强监管，这会让现有的联盟变得不那么可靠。不仅如此，在前任首席执行官被罢免之后，新的接替者在建立和调整董事会时可能会遇到真正的阻碍。毕竟，旧董事会成员罢黜前任首席执行官可不是为了让新首席执行官来轻易罢黜他们。然而，任何称职能干的新首席执行官想干的正是这个。凡是长命的首席执行官都在这点上获得了成功。

卡莉·菲奥莉娜在1999年成为了惠普的首席执行官。经过六年动荡的岁月，她于2005年年初被免去首席执行官和董事会主席职务。在被免职之前，她曾是一场不成功的代理权争夺战的靶子，这场争夺战由惠普两位创始人的儿子沃尔特·休

[1] 可参见安德鲁·沃德、凯伦·毕晓普和杰弗里·索南菲尔德：《惨胜：董事会撵走首席执行官的代价》，载于《组织行为期刊》20（1999），第767—781页；另见琼安·卢布林：《首席执行官任期与股票收益常常相辅相成》，载于《华尔街日报》，2010年7月6日，网络版参见 http://online.wsj.com/article/SB10001424052748703900004575325172681419254.html。

利特和戴维·伍德利·帕卡德发起。为了持续保持董事会里内部人的影响力，创始人戴维·帕卡德的女儿苏珊·奥尔当时也在董事会里。这些人全都拥有大量公司股份。作为大股东，休利特、帕卡德和奥尔更关心公司的总体表现，而不那么在意作为董事会成员获得的私人回报。这对投资者来说是好事，然而对卡莉·菲奥莉娜来说却是潜在的坏事。

选择卡莉·菲奥莉娜出任首席执行官的董事会有 14 名成员。我们已经看到，里面包括了 3 名公司创始人的亲属；此外还有 3 名惠普现任和退休的雇员。[1] 换句话说，菲奥莉娜一开始面对的董事会里有一个由内部人和灰色成员组成的实力团体，他们都不是她选定的，并且都与公司股价存在重大利害关系。显而易见，卡莉·菲奥莉娜必须采取措施精简董事会，使之对自己有更强的依附性。这不是个简单任务——尽管先前的董事会挑选了她，他们却不是她亲自选定的忠诚分子。

不管怎么说，她达到了目的。在菲奥莉娜上任一年之后，2000 年惠普给股东的委托声明书里只列出了 11 名董事，比先前人数少了 20%。包括戴维·伍德利·帕卡德在内的 3 人消失了。随着菲奥莉娜的地位日益稳固，董事会持续萎缩——2001 年的委托书里只列出了 10 名董事，与当初的董事会相比缩水

[1] 1999 年的董事会主席和首席执行官是路易斯·普莱特。董事会成员包括菲利普·M. 康迪特、帕特里夏·C. 邓恩、托马斯·E. 艾弗哈特、约翰·B. 费里、让·保罗·G. 吉门、山姆·吉恩、理查德·A. 哈克伯恩、沃尔特·B. 休利特、乔治·A. 基沃思二世、戴维·M. 劳伦斯、苏珊·P. 奥尔、戴维·帕卡德以及罗伯特·P. 韦曼。

了 30%。菲奥莉娜对自己的控制力越来越有信心，她发起了对康柏公司的并购，这一举动一方面有利可图，另一方面却为她的持续统治带来了严重的风险。

当然，菲奥莉娜将两家公司合并说成是惠普及其股东的福音。她在 2002 年 2 月 4 日解释说：

> 一家技术公司能在大大提升市场地位的同时大幅缩减成本结构，这是个千载难逢的机会。这之所以可能，是因为康柏和惠普处于同一行业，遵循同样的战略，也处于相同的市场，具有互补性。所以，没错，我们是想过要慢慢来。但在经过两年半的深思熟虑和准备之后，我们认为停滞不前会带来严重的风险……停滞不前意味着选择了退缩之路，而不是去领导。[1]

没有理由怀疑菲奥莉娜对收购康柏充满了真心诚意的期待。不过，检视一下当初她的任命和她的观点如何与更广大的市场情绪相契合，这点会很有启示意义。就在宣布卡莉·菲奥莉娜出任惠普公司首席执行官的前一天，惠普的股价是每股 53.43 美元。恰当地说，市场对她被任命这一消息的反应可以说是不确定的。随着消息公布，惠普的股价应声下跌，然后一路走低，到了大约 3 个月之后的 1999 年 10 月，股价跌至每股

[1] 卡莉·菲奥莉娜：《并购案》，在高盛科技会议上的讲话，加州棕榈泉，2002 年2月4日。

39 美元。当然，市场会往前看，投资者也在观望和了解当中，并修正对于菲奥莉娜执掌惠普的预期。消息面和修正后的预期一度非常正面，因为到了 2000 年 4 月初惠普的股价引人注目地蹿升到了每股 78 美元。然而好景不长。4 月 7 日之后，惠普股价开始狂泻，到 2002 年 9 月跌至最低点每股约 12 美元，大大跑输主要股指的表现。到了 2005 年 2 月菲奥莉娜辞职时，惠普的股价也仅回升至每股 20 美元左右。

就与康柏的并购案而言，市场的反应同样悲观。惠普在 2001 年 9 月 3 日宣布了将收购康柏的计划。股价应声而涨，当年 12 月来到高点每股 23 美元左右，然而仍然远远低于菲奥莉娜接任惠普首席执行官前的股价。从 1999 年 7 月（宣布菲奥莉娜任命那天）到 2001 年 12 月末，调整后的道 · 琼斯指数下跌了 9.4%，而惠普的股价却缩水了 47%。

从任何惠普的大投资者的角度来看（包括休利特和帕卡德家族），菲奥莉娜肯定是一位灾星。他们的公司表现跑输大盘，财富大大缩水。她是一名麻烦不断的首席执行官。尽管如此，宣布收购康柏的计划之后一度上升的股价显示了重新恢复的、尽管是短暂的乐观情绪。然而市场讨厌公司内讧，当沃尔特 · 休利特和戴维 · 伍德利 · 帕卡德宣布他们反对并购康柏之后，情况开始逆转。很快股价崩盘，几近被腰斩，原因是休利特和帕卡德计划在年度股东大会上发起代理权竞夺战，寻求足够数量股东的支持以推翻董事会提出的对康柏的并购案。菲奥莉娜显然意识到她的日子不会好过，可能在她公开宣布并购计划之前就意识到了，尽管该计划后来最终实现了。她可能事先也知道休利特和帕卡德的态度。我们能够得出的结论是，这是一场关于重大政策变革的赌博，它将——也的确——对惠普大股东们（比如现任或前任董事休利特和帕卡德）的财富产生了负面影响。

从政治的角度来观察康柏—惠普合并案的话，我们能看到很多严肃的主题。由于持续下跌的股价，菲奥莉娜已经面临不少麻烦。她成功地缩小了董事会的规模并重组了人员结构，这两点对一位希望长期在位的首席执行官来说都是明智之举。但尽管采取了这些行动，她仍然面临来自内部不可或缺者和有影响者的严重反对。她仍然没有牢固掌握董事会的忠诚。康柏并购案本来可能具有正面的商业意义，对提升股价是件好事，因此能缓解内部对她的反对。或者，她的对手们看到并购案已经生米煮成熟饭，也许会放弃抗争。可是这些都没有发生。满腹抱怨的董事会成员因重度投资在公司股票上，是不可能通过私人报酬被安抚的。

然而，回头来看似乎注定没有胜机的政治输家菲奥莉娜，其实当时具有巨大的政治上的有利条件。比如说，涉及数十亿美元的康柏并购案对董事会的构成有什么潜在影响？一旦交易达成，菲奥莉娜必须将部分原康柏领导人带入合并后的惠普董事会。有两种方式：一种是扩大现有的董事会规模以容纳原康柏公司的有影响者；一种是清理掉现有董事会的某些人，为康柏的选择人集团里挑出来的代表腾出位子。很显然菲奥莉娜看到了合并案为她重组董事会、削弱董事会里的反对力量提供了绝好机会。这恰恰就是她力图去做的。

当然，她的对手不会坐以待毙。她的图谋面临切实的失败风险，除非它是经过暗箱操作、作为既成事实摆在旧的有影响者集团面前。但是美国证券交易监管委员会要求公司并购案必须公开透明。当把清洗董事会的希望寄托在预期中的合并案上时，美国证监会的规定会导致想把董事会洗牌变成既成事实的图谋变得极其困难。

当遇到类似菲奥莉娜这样因股价下跌和康柏并购案而遭到反对的情况时，有两种应对措施。一名首席执行官可以清洗不可或缺者并大幅提高剩余联盟成员的私人好处，或者扩大联盟规模并提高可相互替代的普通选择人（也就是一般股东）的回报。在 2002 年的代理权竞夺中菲奥莉娜获得了胜利，她面前的董事会有 11 位成员，作为并购案的一部分，其中 5 人来自原康柏公司。惠普的董事会得到了实质性改组，只有 6 名原董事会成员留下来。由于菲奥莉娜是并购案的主导者和推手，我们可以合理地认为她相信新成员会和她合作，而不是与支持沃尔特·休利特反对并购案的原董事会成员结盟。与此同时，沃尔特·休利特与罗伯特·P. 韦曼离开了惠普董事会。到这个时候，菲奥莉娜将董事会规模由 10 人扩大到了 11 人，赶走了多名原董事，为来自康柏的 5 位代表腾出了位子。她当然有理由相信能获得新董事会的多数支持。

也许是为了获得留下来的几位原董事会成员的支持，或也许只是巧合，董事会成员们的报酬发生了显著变化。在菲奥莉娜成为惠普的首席执行官之前，董事会成员获得的报酬（也就是私人好处）在105700美元至110700美元之间。随着菲奥莉娜上台和董事会规模变小，这一数字略微缩减为100000美元至105000美元之间，并在2000年至2003年之间保持不变。但到了2004年，根据惠普公司委托声明书里公布的数据，董事会成员拿到的钱在200000美元至220000美元之间。同一时期，惠普的年化股息稳定在每股0.32美元，惠普的股票表现显著跑输主要股指。事实再清楚不过了：惠普的股价表现低劣、股息不变，而董事们的报酬却翻倍。

菲奥莉娜对董事会进行洗牌以及提高董事会成员待遇似乎都是为了让忠诚分子能各就各位助她生存下去。尽管并购康柏使董事会规模由10人扩大到了11人，但最值得关注的是，人数增加一人的同时却换得了5名新成员（其中一人在当年年末辞职）。这样，老成员仅构成董事会的一半，权力的天平得以向菲奥莉娜倾斜。我们推测这就是当时她希望看到的结果，尽管日后局势发展并不如她所愿。

一般来讲，扩大董事会规模并不是应对内部威胁的最优选择。从政治逻辑的角度来看，值得赞扬的是，菲奥莉娜通过将康柏的股东加入惠普的股东名录，大大扩展了可相互替代者的规模。通常情况下这有助于加强她获得的忠诚，但持续下跌的股价对董事会里的新成员来说毕竟不是什么好事，因为他们都是原康柏的重要投资者，他们的经济利益现在却与惠普的股价表现息息相关。菲奥莉娜也无法再通过更高的私人报酬来安抚董事会里的惠普大股东，因为他们的利益在于公司为股东带来更大回报的“公共品”。就投票权而言，那些拥有大量股份的董事会灰色成员使得看似很小的11人董事会规模变得实际上很大。

在巨大的压力之下，菲奥莉娜被迫辞职下台。她的董事会主席职务被帕特里夏·邓恩取代，而惠普的首席财务官罗伯特·P. 韦曼也再次扮演重要角色，他出任临时首席执行官。韦曼无法或无意将这一临时职务变成全职职务，一个月之后就辞职，继续去当他的董事和高级雇员。马克·赫德取代他担任了首席执行官。

菲奥莉娜下台之后，董事会立刻将两个关键职位分开，也就是首席执行官和董事会主席。这大概算是一种孟德斯鸠式的做法，一方面是加强分权，一方面也是为了保护自己免遭未来首席执行官的不利做法的威胁。如果这就是董事会成员们的意图，显然他们失败了。在赫德登上首席执行官宝座之后，他成功地又将两大职位置于一人控制之下：他本人。

在菲奥莉娜下台之后的一年内，所有当初她的主要反对者都走人了。马克·赫德登上了权力的顶峰，正如伊塔洛·卡尔维诺所说的那样，他必须日日夜夜谨防被人砍头。四年之后，尽管惠普公司表现辉煌，赫德却因一起私人丑闻下台。这就是政治的本质教训：归根结底，统治本身就是目标，而不是统治得当。

能人的危险性

从马克·赫德被最终解除惠普首席执行官职务一事可得出一个教训：工作表现优异并不足以确保政治生存。这点不管是掌管一家企业、一家慈善基金会或一国政府都成立。一名领导人的工作表现在多大程度上影响他的在位时间，这是一个高度主观性的问题。可能有人想当然认为，在由关键支持者组成的联盟里拥有能够尽职尽责执行领导人政策的能人很重要。但实际上独裁统治与好的统治毫无关系。独裁统治只关心对领导人有利的东西，不关心对人民有利的东西。事实上，拥有能干的部长或能干的董事会成员是很危险的错误。毕竟，能人是潜在的（以及潜在有能耐的）对手。

一个联盟的最重要的三个特征是：(1) 忠诚；(2) 忠诚；(3) 忠诚。成功的领导人让周围充满自己信赖的朋友和家人，而将任何有野心的支持者清除掉。卡莉·菲奥莉娜费尽心思无法达到这一目标，结果就是未能长期掌权。

政治逻辑这个方面的意涵十分深远，特别是在小联盟的体制下。伊拉克的萨达姆·侯赛因从一名街头暴徒起家，正如乌干达的伊迪·阿明和其他不少后来当上国家领导人的人一样。独裁统治者不需要西点军校毕业生来保护他们。一旦掌权，像阿明或萨达姆这样的人很明智地让周围充满来自自己部族或家族的可靠成员，将他们安置在最重要的岗位上——跟强力与金钱有关的岗位——杀掉任何有可能成为对手的人。1979年，萨达姆·侯赛因逼迫前任（也是表亲）艾哈迈德·哈桑·贝克尔辞职，从而上台。[1] 在此之前，他已经为掌管伊拉克做了周密准备。比如说在1972年，他将国际石油公司在伊拉克的资产国有化。在伊拉克，石油当然就是钱的所在，于是他就具备了上台所需的核心要素：知道钱在哪里。上台之后，他开始无情地修理支持者基础。

在贝克尔总统“辞职”六天之后，萨达姆·侯赛因召开了执政党阿拉伯复兴社会党领导人全国大会（革命指挥委员会）。在萨达姆·侯赛因的坚持下，大会全程录像。会上，革命指挥委员会秘书长穆哈伊·阿布尔·侯赛因宣读了一份忏悔书，称自己密谋反对萨达姆·侯赛因。随后又有68名“国家的敌人”被认定为共谋者。他们挨个被逐出大会，其中的22人被行刑队宣判死刑并由复兴党党员动手处决。复兴党每个派系都被要求派一名代表拿枪参加行刑。接下来几天又有数百人被处决。萨达姆·侯赛因的传记作者问他为什么要除掉这些在他的支持下才在党内爬升的人，他回答：“答案就是，哪里有革命，哪里就有反革命。”[2] 正如我们前面说到的，帮助领导人上台的人

[1] 参见贝·芳：《萨达姆生存的秘密》，网页为http://www.militaryphotos.net/forums/showthreat.php?17319-Saddams-secret-to-survival-kill-your-foes-real-or-imagined。

[2] 参见爱德华·莫蒂默：《巴格达之贼》，载于《纽约书评》，网址为http://www.nybooks.com/articles/archives/1990/sep/27/the-thief-of-baghdad/?page=2；另见福阿德·马塔尔：《萨达姆·侯赛因，其人，其事业及其未来》，伦敦：第三世界中心，1981。

也能让他倒台。因此最好清除掉那些有威胁的人，让那些最受器重的人保持忠诚。

在萨达姆集权化过程中被处决的这450名左右复兴党领导人有多能干？从这次清洗行动中很难判定，但我们知道他们当中有教授、军官、律师、法官、商业领袖、记者、宗教领袖以及其他许多受过良好教育和有成就的人。除此之外，萨达姆还清洗掉其他政党的领导人，毕竟这些人有可能密谋推翻他。

幸存者当中包括萨达姆的表弟“化学阿里”阿里·哈桑·马吉德这样的人。化学阿里在1988年最为显著地展现了他的忠诚。在萨达姆的命令下，他发起了针对不安分的库尔德人的种族清洗。不过在这之前很久马吉德就已经对萨达姆·侯赛因忠心耿耿。在我们前面提到的录像带里可以看见马吉德在和萨达姆说话，他对萨达姆说：“你过去所作所为很好，你将来要做的也会很好。但有一个小缺点。你太温柔，太仁慈了。”[1] 与众多在1979年7月22日党内大会后被处决的人不同的是，马吉德早年只是一名骑摩托车送货的小弟，没受过多少正式教育。尽管他身居伊拉克国防部长、内政部长、情报机构领导人等要职，他的主要能干之处在于谋杀。

萨达姆·侯赛因的用人模式相当有代表性。他的继任者努

[1] 帕特里克·寇本：《化学阿里：霸王的终结》，载于英国《独立报》，2007年6月25日，网络存档地址为 http://www.webcitation.org/5n4hnapFg。萨达姆的仁慈部分表现在他允许贝克尔辞职而没有处死他，很可能因此被化学阿里认为是软弱的表现。

里·马利基将安全机构里的所有逊尼派清洗掉，换成了什叶派的人马，虽然手段比前任萨达姆温和一些。[1] 这些换上来的人并不具备原安全机构人员的经验和训练。前后两任领导人都认为，与其拥有一批能干的对手，还不如找一批忠心的无能者。

当然，有些时候拥有一些能干的顾问是必不可少的。拜占庭、莫卧儿、中国、伊斯兰王国以及许多其他国家的君主想出了一种很有创意的方法来防止这些顾问成为敌手：他们全都在不同时期仰赖宦官。在9世纪和10世纪的拜占庭帝国，皇帝之下的三个最高级职位全部由宦官担任。其中最高级的执事长官一职由早期的圣宫大总管一职演变而来，其职责包括部署阉人卫队，保护就寝的皇帝。米凯尔三世破例将这个职位交给了宠臣巴希尔而非宦官。这个决定让他付出了生命的代价。当巴希尔发觉米凯尔开始宠信另一名廷臣，便一举谋杀掉皇帝并篡位。[2]

就算到了现代，选择无法登顶的亲密顾问这一原则仍然有效。萨达姆·侯赛因作为伊斯兰国家伊拉克的总统，却挑选了一名基督徒塔里克·阿齐兹作为二号人物，这不是偶然的。

---

[1] 见 http://www.theatlantic.com/international/archive/2010/12/iraqs-security-and-intelligence-gutted-in-political-purges-new-cables-show/67431/。

[2] 萨缪尔·爱德华·芬纳：《政府的历史》，牛津：牛津大学出版社，1997，第643页。

让关键者保持失衡状态

我们现在可以理解，无论一名专制统治者将他的联盟打造得如何好，重要的是要让联盟本身失衡。熟悉会产生蔑视。如前说述，牢固掌权的最佳方式是保持很小的联盟规模，并且至关重要的是，让联盟里的每个人都意识到有大把人可以取代他。这就是为什么我们经常看到专制国家里也搞定期选举。所有人都知道这些选举根本不算数，然而人们还是要随大流。操纵下的选举与挑选领导人无关，也与获取合法性无关。假如一场选举的结果在投票前就一清二楚，这样的选举何来合法性？操纵下的选举是对有能力的政治家们的警告：如果他们不紧跟领袖的步伐，他们是可抛弃的。

在萨缪尔·多伊夺权之前，利比里亚一直受“真正独立党”的统治。当年，一些美国自由派组织惊骇于奴隶制的罪恶，花钱遣送大量获得自由的黑人返回西非，利比里亚这个国家因而诞生。尽管国家起源于慈善理念，但那些前黑奴从以前的经历中学到的最重要教训似乎却是：奴隶制和强迫劳动对主人的影响比对奴隶的影响大得多。这些黑人移民在1904年确立起成年普选权，但却加入了财产限制条件，实际上将本地黑人排除在了权力核心之外，结果就是利比里亚的选举人集团规模很大，但有影响者集团规模相对很小。于是，他们建立起一个为圈内小集团服务的体制，尽管表面上人民有普选权。这种结构使在位者获得了极高的忠诚度，使其能镇压任何强迫劳动政策的反对者。这一体制下的政策与苏联不同，但掌权的安稳度是一样的。[1]

事实上，世界上任何公开上市的公司采取的都是极易被操纵的选举体制，理由也大致相似。这种体制再加上一个人员紧凑的董事会，是确保表现糟糕的首席执行官几乎从来不会被解雇的主要原因之一。很不幸的是，卡莉·菲奥莉娜领导的惠普公司表面上看像是这样一个操纵选举的专制国家，但实质上更接近君主制。尽管理论上有千百万股东能对惠普的政策产生影响，但大量股份却集中在少数人手上，这导致惠普更具有如下特征：一个很小的联盟从一个很小的有影响者集团里产生，这个集团本身又来自于一个很小的集中化的可相互替代者集团，也就是休利特和帕卡德家族成员。

让联盟成员处于失衡状态的要义是，确保他们的忠诚收买可得，并让他们知道一旦他们的可靠度存疑，他们会被人取代。苏联的米哈伊尔·戈尔巴乔夫尽管被西方政治圈认为是一个好人，却显然明白收买忠诚和清除不忠分子的必要性。在他上台的头两年里，他就对政治局进行了大改组，从苏共内（真正的选择人集团）挑选最忠于自己的人马。不过事实证明，戈尔巴乔夫远不如他那一代独裁者们那般残酷无情。他确实将政治对手鲍里斯·叶利钦赶出了政治局，但叶利钦显然也知道，如果是在斯大林统治下自己早就被杀掉了。不仅如此，叶利钦和其

[1] 马丁·梅雷迪斯：《非洲的命运》，纽约：公共事务出版社，2005，第546页。

他人也知道，与戈尔巴乔夫这样的理智改革家交锋远远好过挑战扎伊尔的蒙博托·塞塞·塞科这样的同代人物。而我们看到，戈尔巴乔夫尽管在国外使用武力毫不犹豫，在国内却未曾杀害过自己的政治对手。他的下场就是很快丧失权力，首先是因为他被强硬派共产党人发起的政变软禁，其次是因为他允许叶利钦获得政治重生，后者通过瓦解那场政变取代了他。

在大多数独裁者那里，处死敌对者是经久不衰的做法。我们不应该无视戈尔巴乔夫克制行为的道德重要性。阿道夫·希特勒、萨缪尔·多伊以及无数其他人没有这样的克制。一旦他们搞清楚了谁最有可能忠心耿耿而谁不是，他们就将往日的支持者除掉。当一家公司因一位新任首席执行官而发生变动时，无一例外我们会看到类似的行为，尽管版本会好一些。尽管首席执行官名义上要对董事会负责，但新首席执行官上任之后对董事会进行改组是再平常不过的事了；正所谓本末倒置、反客为主。

被从最早的联盟里清洗出去常常是致命的。1933 年 1 月 30 日，希特勒成为德国总理。在他通往权力之路上，一度非常倚重准军事组织“冲锋队”，简写为 SA，或者因其制服颜色也被称为“褐衫队”。希特勒觉察到冲锋队领导人恩斯特·罗姆是个威胁。他成立了另一支准军事组织党卫军，简称为 SS，接下来在被称为“长刀之夜”的行动中他下令杀害了至少 85 人，并在 1934 年 6 月 30 日至 7 月 2 日杀害多达数百人，另将数千人监禁。尽管恩斯特·罗姆是希特勒的长期和主要支持者，希特勒还是没有心慈手软（罗姆曾和希特勒一起发起了啤酒馆暴动）。希特勒还是用他认为更忠诚的党卫军领导人海因里希·希姆莱这样的人取代了罗姆。

在让联盟保持失衡状态方面，罗伯特·穆加贝同样是一位大师。在为结束长期内战举行的谈判之后，他于1980年被选为津巴布韦总统。在反抗前罗德西亚白人种族主义政权的解放运动中，曾有两个主要派别后来形成政党：一是穆加贝领导的津巴布韦非洲民族联盟；一是约舒亚·恩科莫领导的津巴布韦非洲人民联盟。一开始，穆加贝大力宣扬和解精神：

> 如果说过去我将你视作敌人，今天你已经成为朋友和同盟者，和我拥有共同的国家利益、忠诚、权利和职责。如果过去你恨我，你现在无法回避我们彼此之间爱的纽带……让我们将过去一笔勾销……过去的罪行现在应该原谅和忘却。假如我们非要回顾过去，也只是为了从过去吸取教训，那就是压迫和种族主义这样的不平等绝对不能在我们的政治和社会制度里占有一席之地。因为过去白人掌权时压迫我们，所以现在黑人掌权时就应该压迫白人，这点无论如何说不过去。罪行就是罪行，无论是白人对黑人犯下的还是黑人对白人犯下的。[1]

[1] 马丁·梅雷迪斯:《我们的选票我们的枪：罗伯特·穆加贝与津巴布韦的悲剧》，纽约：公共事务出版社，2002。

天真的观察者可能以为穆加贝会将非洲人民联盟的精英人物引入他的致胜联盟。一开始也许是这样的，但一旦非洲民族联盟的权力得到稳固，就没有理由再理会非洲人民联盟的人。而一旦穆加贝本人的权力得到稳固，也同样不再需要非洲民族联盟内的一些老朋友。

穆加贝也接纳了不少白人，特别是前政府领导人和官员，帮他治理国家。许多先前对过渡时期感到恐慌的白人开始称他为“善良的老鲍勃”。穆加贝需要他们的支持。他无法在缺少他们的情况下统治国家，他也需要知道钱在哪里。在这方面，他得到了国际社会的极大帮助。在他上台第一年得到了 9 亿美元的抵押贷款。然而，一旦穆加贝的权力稳固，他的态度就变了。

1981 年他鼓吹一党制国家，开始抓捕白人，声称：“我们将干掉我们当中的奸险之徒，我们将把他们彻底粉碎。”穆加贝对待他从前的同志甚至更严酷。他将恩科莫赶出内阁，并派了一支由朝鲜人训练的准军事组织“第五旅”前去恐吓恩科莫的根据地马塔贝勒兰。正如一名非洲民族联盟部长说的：“恩科莫和他的游击队是这个国家伤口上的细菌，我们必须用碘来消除干净。病人当然会哼哼叫。”行动代号叫做“谷库拉洪迪”，这是一个修纳语词汇，意思是“春雨来临前将谷壳吹走的风”。许多过去反抗过白人统治的老兵发起了抵抗。作为报复，穆加贝对马塔贝勒兰实施封锁，导致 40 万人面临饥荒。正如穆加贝的一名打手、第五旅军官所说的：“一开始你会吃掉鸡，接着吃掉羊、牛、驴，然后你会吃掉自己的孩子，最后你会吃掉对你有意见的人。”[1]

穆加贝需要非洲人民联盟的战士帮他推翻白人统治。他需要白人农民和前官员以及国际社会帮他找到钱以稳固对国家的控制。直到他牢牢掌权之后，“善良的老鲍勃”才露出了真面目。

民主领导人不是天使

众所周知，历史是由胜者书写的。因此，领导人只要能逃脱追究，就不应该放弃使用欺骗手段。为了保住权位，民主人士也许不得不经受真正的、有意义的选举的考验，但任何时候只要有可能，他们都会很乐意向操纵选举的独裁者学习，这一点没什么好大惊小怪的。没有哪种选举会比操纵下的选举更棒了，只要你就是操纵者。

被人运用过的可靠的欺骗手段可以列出长长一串。防止不端行为的选举规则一出台，政客们立刻就能找到其他手段。比如说，领导人可以限定谁有投票资格谁没有。在马来西亚，在一项名为“身份卡计划”的制度下，外来移民被控制来产生对执政党有利的人口特征。在纽约市，臭名昭著的民主党政治机

[1] 马丁·梅雷迪斯：《我们的选票我们的枪：罗伯特·穆加贝与津巴布韦的悲剧》，纽约：公共事务出版社，2002。

器坦慕尼协会在爱尔兰移民一上岸的时候就会见并招募他们，通过许诺给以公民权和工作来收买他们的选票。

当领导人无法限制谁有投票权或者无法收买到足够选票，他们可以使用恐吓暴力手段限制人们前往投票点。在印度北部的一些地方比如比哈尔邦和北方邦，发生过“投票站占领”事件，政党支持者占领投票站后，将所有合格选民的票都投给自己的党。

当然，投票结束之后作弊行为也不会停止。领导人从来不惮于点错或销毁选票。在政治中，上台和维持权位是重中之重。不愿意作弊的候选人通常都会被作弊者击败。由于民主国家一般都想尽办法让作弊行为变得很困难，民主国家里掌权的政客们因而发明了无数完全合法的手段确保选举胜利和持续掌权。

有一个间接的策略就是鼓励额外竞争者。这就是为什么在某些国家存在如此众多的政党，尽管只有一个党是真正的赢家。关于美国两党制的传统智慧告诉我们，边缘政党的存在有助于产生更有活力、更有响应度的政府。但就算在多党制国家也总是有处于领导地位的政党——你必须问问自己，居于领导地位的政党是否允许边缘政党存在，如果它们不符合他们的利益。

坦桑尼亚的议会和总统职位长期被坦桑尼亚革命党把持，尽管该国有多达 17 个政党定期参与自由公平选举。实际上，坦桑尼亚革命党政府直到最近都一直在暗中为小党参加选举提供财政支持，鼓动他们抢夺和瓜分反对票。这让相对中间立场的坦桑尼亚革命党更容易在选举中获胜。尽管坦桑尼亚革命党赢得了多数选票，实际上他们只需要在半数议会选区里比得票数第二的党多得一票就够了。事实上这意味着坦桑尼亚革命党在多数选区需要获得的得票率连 10% 都远远不用。一个政党的支持者的人数会影响该党采取的政策。在坦桑尼亚那些由反对党鼓动的投票人数较多的选区，坦桑尼亚革命党必须吸引众多选民的支持，因此一般会提供较好的医疗保健、教育和其他服务。在那些坦桑尼亚革命党所需票数较少的选区，现金调拨则较为通行，比如提供肥料补贴代金券。[1]

在从博茨瓦纳到日本再到以色列的民主国家，多党民主制为一党或两党把控政府提供了一种相似的手段。代表人民可不仅仅意味着允许人民去投票，尽管也许投票是诚实的。

为未被充分代表的少数族群指定席位，这是领导人所依赖人数的另一种手段。这样的政策通常被标榜为是为了赋予少数族群权利，不管指的是妇女还是某一特定阶层或宗教的成员。实际上，这种政策帮助的是领导人。一名候选人由人口中的一个小的子集选举而来，这可以减少保住权位所需的关键者数量。从基本上来讲，在两党制议会制度下要想获得选举胜利需要得到半数选区里半数选民的支持，也就是总选票的 25%。假设把 10% 的席位拿出来由一个恰好在地理分布上相当集中的特定族群来选举产生（比如本书前面所述哈维 · 米尔克在旧金山卡斯特罗选区的同性恋投票者）。为了保住议会里的半数席位，执

[1] 布鲁斯 · 布尔诺 · 德 · 梅斯奎塔：《坦桑尼亚经济和政治表现报告：帮助坦桑尼亚做得更好》，为世界银行准备的研究报告，2009 年 4 月 20 日。

政党只需要拿下40%的普通单一席位选区的席位，这只要拿到总投票数的22%多一点就可以轻松达到。所以，通过重点着力于那些特许少数族群聚集的选区，一个政党可以将胜选所需的选票减少12%。

通过指派席位也能让形成一个小联盟更容易。我们来看看坦桑尼亚议会邦吉的情形。邦吉里面有232个直选议席、75个由各政党按照直选得票比例推荐的妇女议席、5个由桑给巴尔议会推荐的议席。（桑给巴尔是非洲大陆东部的一个美丽海岛，1964年与大陆的坦噶尼喀组成坦桑尼亚联合共和国）。除了这些席位之外，总统提名十个内阁指定议员和一名总检察长。这样，议会的总议席为323席，总统需要拿下162席才能控制议会。由于他指定了11席，并且坦桑尼亚革命党大本营就在桑给巴尔，这样他已经拿下了16席。只要坦桑尼亚革命党再拿下111个直选议席，他就能控制议会。我们再计算一下：111个直选议席，16个指定议席，以及35个指定妇女议席（$75 \times 111/232$），总数就是162席。坦桑尼亚革命党需要拿下的直选议席明显少于总议席的半数。不仅如此，我们前面说到，通过资助许多反对党，坦桑尼亚革命党不用获得总票数的10%就能拿下很多席位。在实践中，总统控制了几乎所有妇女议席的指定权，他倾向于指定那些缺乏独立支持者基础的妇女。事实上，在坦桑尼亚议会选举中，几乎没有妇女能在直选中获胜。

尽管坦桑尼亚确实有自由和公平的选举，现实是，执政的坦桑尼亚革命党以少至总票数5%的选票就能保住执政地位。

当然，在大部分选区他们获得的支持率比这多得多，因为政客们找到了众多很有创造性的方法来激励选民，其中一种就是建立投票集团。[1]

集团投票

集团投票在很多新生民主国家是普遍现象。过去在政党机器控制下的美国大城市里这也是常态。比如说在纽约市，坦慕尼协会影响下的街区会集体投票给民主党。印度现在的很多选区遵循着与过去坦慕尼协会相似的模式。也就是说，一个由地方名流或乡绅组成的小团体可以统合整个社区投票，为自己换得极大的回报。

1969 年至 1970 年布尔诺·德·梅斯奎塔在印度进行实地考察工作期间，他亲眼目睹人们对权力的追逐以及权势集团的影响是如何侵蚀了所有政治原则，除开“赢”和“获得回报”这两个原则。

印度各邦的乡村、城镇乃至所有各个统治层级里的权势人物会向某个政党承诺给予其麾下人民的支持。作为回报，他们将得到各种利益和特权。总体来说，所有这些“庇护者”的

[1] 阿拉斯泰尔·史密斯与布鲁斯·布尔诺·德·梅斯奎塔：《视情况而定的奖励分配与聚合投票》，载于《英国政治科学期刊》42，第 2 期，2012 年 4 月，第 371—392 页。

“委托人”都会按照“庇护者”的指示将选票投给指定的政党。最有意思的是，投票者和政党之间的关系不需要任何意识形态方面的认同或理由。举例来说，1967 年大选之后，在印度人口最多的北方邦，主张自由市场、反马克思主义的自由党和保守的反马克思主义的印度人民党，以及印度共产党组成了一个三党联合政府。事实就是如此，尽管自由党领导人将印度共产党形容为“印度的头号公敌”。这些政党有什么共同之处吗？只有一个，就是联合起来击败印度国民大会党，享有权力带来的好处。在印度各地，这样奇怪的同盟战略屡见不鲜。[1]

也许称得上最令人瞠目结舌的赤裸裸的机会主义行径发生在比哈尔邦。在那里，意识形态上千差万别的各政党组成了政府，他们必须极力讨好蓝姆迦的拉贾。拉贾拥有比哈尔邦大量矿产，他每几个月就改换支持的政党，导致联合政府垮台。他每次这么做都能为自己和支持者带来巨大好处，包括撤销针对他的各种犯罪指控。1968 年他又改换支持的联盟，导致一个新政府产生之后，《爱国者报》在当年 6 月 26 号报道称：“拉贾过去可以从（比哈尔邦政府前领导人）马哈玛雅·普拉萨德先生那里得到各种好处，现在他认为可以向（比哈尔邦政府现领导人）帕斯万先生提出更高要价，包括为自己谋得内阁次长

[1] 理查德·L·帕克和布鲁斯·布尔诺·德·梅斯奎塔：《印度的政治体系》第二版，恩格尔伍德·克利夫斯，新泽西：普伦蒂斯·霍尔出版社，1979；布鲁斯·布尔诺·德·梅斯奎塔：《联盟政治中的策略、风险与个性：以印度为案例》，纽约：剑桥出版社，1975。

职务和矿产开采权，让比哈尔邦政府撤销针对他和家族成员的无数犯罪指控。”[1]拉贾很清楚自己可以操控他的支持者建立或搞垮政府，这么做可以为他带来大量财富，还能分一点给自己的支持者。这就是集团投票给人的启示，无论它是基于比哈尔邦的个人纽带、美国的教师工会、伊拉克的部族、比利时的语区或北爱尔兰的宗教。集团领导人收获丰厚，成员们收获较少，社会的其余部分人则为此买单。

集团投票表面上采取民主的制度形式，这使它们看上去很像公开上市交易的企业。每个投票者或股东名义上都有投票权，但实际上所有权力集中在少数关键人物手上，他们控制着大量股东选票或村民的选票。集团投票导致名义上具有大联盟的民主制实际上像独裁制那样运行，它使有影响者的数量——也就是那些具有实质影响力的人——大大少于名义选择人的剩余部分。由于这是胜选的非常重要的方面，我们必须探究一下政客们是怎么做的。

传统观点认为新生的民主国家盛行私人庇荫制，在其中，政客们对个人投票者施以小恩小惠。比如说，《纽约时报》2010 年 9 月 17 日一篇以《阿富汗选票廉价 常常可大批量收买》为标题的文章中指出，收买一名阿富汗选民的通常价钱是 5 或 6 美元。不过这篇文章同时指出，由于存在大范围的投票欺诈行为，花钱收买选票可能根本没必要。

[1] 布鲁斯·布尔诺·德·梅斯奎塔：《联盟政治中的策略、风险与个性：以印度为案例》，第 75 页。

用出卖选票换取庇荫来解释选举欺诈结果比较省事，但不完整。首先，政党不可能贿赂到足够多的人，其次，一旦进入了投票站，选民有可能食言。历史上有一些政党曾经自己印制选票。比方说，你的党可能用粉红色的纸张印选票。这样，政党工作人员会盯着那些拿了钱的选民投下粉红色的选票。尽管关于政党曾经如何想方设法监督投票行为我们可以写出一整本书，现实是，当今世界投票一般采取匿名方式，至少在真正的民主国家是这样。

在集团的层次上贿赂选民远远有效得多。假设只有三个村子，有一个政党姑且叫做 A 党，它与村子里的权势人物谈判后给出了条件：如果 A 党胜选，它将为三个村子里最支持它的那个村子修建一座医院（或修一条路、清理垃圾、派遣警察巡逻、铲雪，诸如此类），一旦有一名村里长老宣布支持 A 党，村里的选民除了也支持这个党别无更好选择，就算他们不喜欢这个党。现实情况是，由于选民人数众多，任何单个选民的投票能够产生影响的机会微乎其微。然而，比起谁能赢得选举这个问题，选民们在有关哪里能建起医院或谁的街道能得到清扫的问题上，影响力要大得多。为了弄明白这一点，我们假设有两个或三个村子的长老宣布支持 A 党，并且这些村里的多数选民附和他们。

考虑这种情况下单个选民面对的诱因。既然至少已经有两个村子宣布支持 A 党，那么其他的党就不可能获得选举胜利，因此某个选民的投票影响不了选举结果。将选票投给 B 党完全是浪费时间。但这个选民却能通过将票投给A党而影响到医院建在哪里。如果其他所有人都投票支持了A党而她不，她所在的这个村子就比其他村子少了一张支持A党的票，从而失去了得到医院的机会。如果她投给了A党，她这个村子还有机会。在极端的情形下，即所有选民都绝对支持A党，如果她不投，她将断送三分之一在本村建医院的机会。除了追随村里长老的意愿之外，选民面临的诱因极少。

通过奖赏支持度最高的群体，能够激励单个选民遵循她所在群体的领导人的选择，无论是村里长老、选区组织者、教会领袖还是工会主席。真正的决定是由能够掌控集团投票的领导人做出的。他们是真正的有影响者。因此毫不奇怪的是，奖赏通常是在他们之中流动，这样他们可以分肥，而不是直接给到人民身上。弥尔顿·拉科夫这样描绘二十世纪七十年代早期在芝加哥市长理查德·戴利的政党机器控制下，奖赏分发给不同族群的流程："政党机器拉拢了黑人和西班牙语社区里那些涌现出来的愿意合作的领导人；将利益和特权拨给这些黑人和讲西班牙语的人，而从其他族群那里拿走，比如犹太人和日耳曼人，他们并不像父辈那样忠诚于政党机器……"[1]

当然，领导人除了使用胡萝卜之外，也可以使用大棒。李光耀从1959年一直到1990年都在统治新加坡，我们认为他是全球在位时间最久的总理。他的人民行动党控制着选举，这种

[1] 弥尔顿·拉科夫：《别兴风作浪，别支持输家：一名知情人对戴利政党机器的分析》，布鲁明顿，印第安纳：印第安纳大学出版社，1975，第16页。

控制又因大部分新加坡人依赖的公屋分配制度而得到强化。每到选举，不投票支持人民行动党的街区会被削减公屋分配和维护。[1] 在津巴布韦，罗伯特·穆加贝更过分。在一场名为“驱逐垃圾”的行动中，他动用推土机将2005年选举中不支持他的街区的房屋和市场铲平。

一家上市公司的所有权运作方式和集团投票一样。我们可以持有股票并在股东大会上投票，然而，除开一些非常有钱的极少数人之外，我们的投票无足轻重，我们的到场多此一举。因此我们通过互惠基金和养老基金来持有股票（也有一些税收和管理方面的原因需要这么做，但想想谁有动机去游说制定这些规定呢）。这些机构投资者，正如村里的长老一样，具有足够的影响力使得CEO们要巴结他们。但比起通过优异的股市表现使一名机构投资者代表的广大小股民也能受惠，通过私人好处来收买该机构投资者的成本要小得多，比如董事会薪酬。

那么，如果选举是公平的，并且败选的风险在升高时，一名政客会怎么做呢？当一名在位者面临败选的风险时，他可以通过重新划定选民范围来排除敌对选民，从而减少败选风险。也就是说，选区是可以被人为改划的，尽管这种机会并非年年有，也许对这位不受欢迎的在位者来说远水救不了近火。通过操控选区改划使得一名国会议员落选的几率是极小的。另外，选区改划一方面基本上确保了再次当选，一方面也使得该国会

---

[1] 谭伟强：《新加坡的庇护主义政治：作为一种选举动员策略的选择性住房保障》，芝加哥大学，2003，打印稿。

选区里的选民高兴。毕竟，选区改划意味着候选人获得区内多数选民的支持。假如选区改划行不通，还可以进行其他的规则改变，比如说禁止集会——当然，是以公共安全的名义。

我们来看看表 3.1 美国马里兰州第三国会选区的地图。在许多选区某个党永远会胜选，原因还需要多说吗？

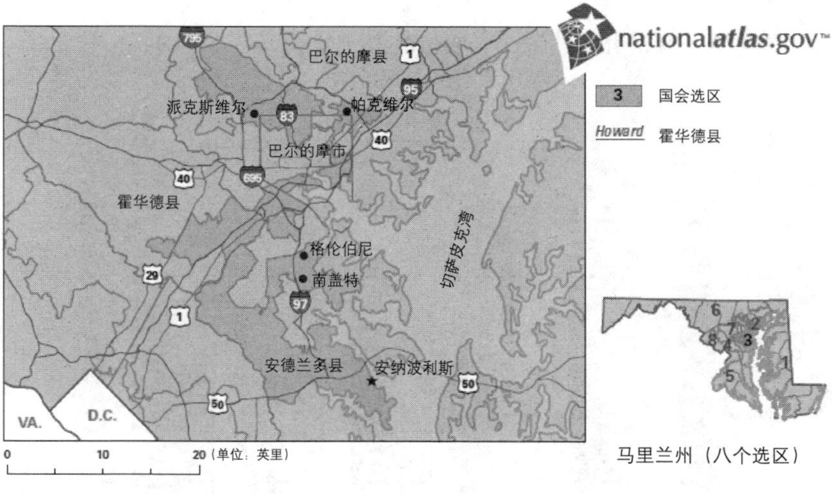

表 3.1 美国马里兰州第三国会选区

领导人的生存

建立一个小的联盟是生存的关键。需要她打理的人数越少，她越容易保住位子。独裁者和民主领导人一样，都力图精简支持者。精确地估量联盟的规模当然非常困难。但是，如果我们把政治体系大致划分为独裁制和民主制两大类，我们可以比较不同政治领导人的生存法则。

表3.2给出了独裁领导人和民主领导人根据在位长短所面临的下台风险。比如说一般来讲，挺过头6个月的民主领导人在任期第二年末有43%的下台可能性；而在相同的时间里，独裁者只有29%的下台可能性。[1] 如果在位10年以上，民主领导人下台的几率达到小联盟独裁者的三倍。

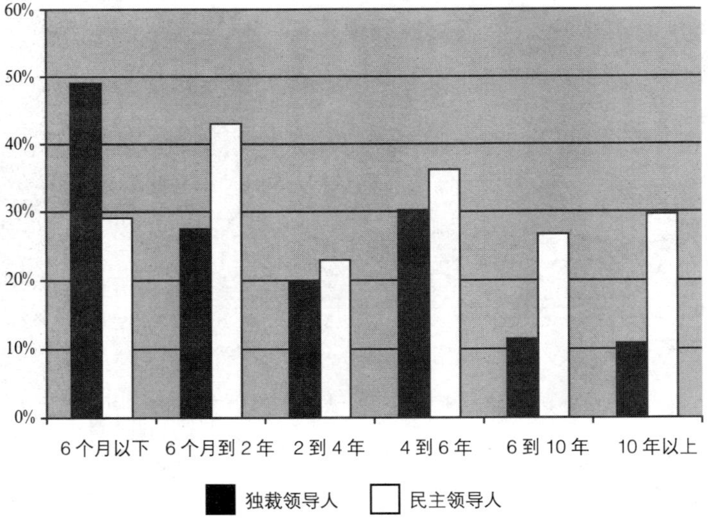

表3.2 根据政府类型划分的下台风险

[1] 本表基于Archigos数据库有关领导人在位时间的数据（译注：Archigos希腊语中意为“统治者”，该数据库由来自美国和英国三所大学的三位学者建立，网址为http://www.rochester.edu/college/faculty/hgoemans/data.htm）。

不过，这些简单的对比忽略了一个有意思并且很重要的细节。尽管独裁者生存的时间更久，但他们在掌权初期要生存下来特别困难。在他们掌权的前半年，他们被废黜的几率几乎达到民主领导人的两倍。然而，一旦他们熬过了这段动荡期，他们保住权位的机会就大大超过民主领导人。掌权的最初几个月之所以特别困难，是因为他们还没搞清钱在哪里，在他们的联盟眼里，他们是财富的不可靠来源。另外，他们还没搞清真正需要哪些人的支持，又可以抛弃过渡联盟里的哪些人。一旦独裁者对支持者完成了重整和清洗，生存就变得简单多了。形成对照的是，民主领导人始终要推出最好的施政理念让巨大的选民群体满意。结果就是，民主领导人在上台头几个月生存比较容易（他们有一个蜜月期），然而对于好政策的不间断的要求终于使他们撑不住，只有 4% 的民主领导人能在位 10 年以上。达到这一目标的独裁者则接近三倍，比例为 11%。

刚刚上台要保住权位很困难，但一名成功的领导人能够攫取权力、对助他上台的联盟重新洗牌从而大大加强自身力量。一名聪明的领导人会将一些早先的支持者炒鱿鱼，替换成更可靠和更便宜的人。但不管他如何将朋友亲信塞满联盟，除非他回报他们，否则他们不会保持忠诚。我们在下一章将看到，回报可不便宜。

THE DICTATOR'S HANDBOOK

第四章

窃贫济富

不管你是掌管奥斯曼帝国、一家企业还是利比里亚，控制现金流对收买支持都是至关重要的。然而，一旦你为了收买关键支持者和他们的替代者而将政府或公司掏空之后，如果需要，你将面对全新的挑战：将钱袋子重新填满。如果一名领导人找不到可靠的收入来源，别人向他的支持者提出更高回报只是个时间问题。

对于掌管任何组织的任何人来说，钱都是至关重要的。从政府的奖赏里没法分一杯羹的话，几乎没有人会长久地忠于在位者。利比里亚的约翰逊王子在折磨萨缪尔·多伊、逼问银行账号时对这一点再清楚不过了。得不到答案的话，约翰逊的权力得不到稳固。实际上在多伊被推翻后，约翰逊和对手查尔斯·泰勒都无法立即获得足够的国家财富来控制利比里亚政府。结局就是：萨缪尔·多伊在约翰逊的严刑拷问之下到死都没有吐露答案，利比里亚陷入内战。每个派别都能获得足够资源在很小的区域内收买支持者，但没有谁有能力控制整个国家。

奥斯曼帝国的帝位继承过程是另一个例子。父皇一死，皇子们从各自的领地飞涌而至，抢夺国库以收买军队支持，将潜在对手（也就是兄弟）勒死。谁最先抢到钱，谁最有可能胜出。如果没有哪个皇子能干净利落地从兄弟们那里抢到国库，就没有人有足够的财源收买支持者。通常的结果就是内战，正如利比里亚那样。

"知道钱在哪里"在独裁国家尤其重要——也特别困难。独裁体制处于保密状态。支持者必须获得报偿，但关于财富在哪里储藏和流动又没有详细准确的记录。当然，这种不透明是有意为之的。[1] 因此，混乱的簿记成为一种保险策略：对手承诺回报支持者将变得极其困难，因为他不知道如何匹配现有的贿赂水平，要么就是他根本摸不到钱。实际上，保密不仅为防备敌手提供了保障，也让支持者对其他人获得什么回报茫然无知。任何阅读上市公司年报的人会很快意识到，这种形式是基于对很小的致胜联盟的依赖。在公司的背景下，尽管必须满足严格的监管和会计准则，不透明性依旧存在。保密状态确保每个联盟成员得偿所愿，但对于替换掉他们得花多少钱一无所知。这样的话，每个人的价码就被压得尽可能低，并且对于任何被发现串通其他联盟成员提高要价的人来说，下场会很可悲。

---

[1] 不少学者研究过制度对透明度和数据可获取度的影响。比如可参见詹姆斯·R. 霍利尔、彼得·罗森多夫和詹姆斯·雷蒙德·弗里兰德合著的《民主与透明度》，工作论文，2010年；另见布鲁斯·布尔诺·德·梅斯奎塔、阿拉斯泰尔·史密斯、兰多夫·席弗森和詹姆斯·莫罗：《政治生存的逻辑》，剑桥，马萨诸塞州：麻省理工学院出版社，2003。

正如我们在上一章末看到的，独裁领导人要熬过掌权的头几个月非常困难。在他们还急于四处找钱的时候，得心应手的统治对他们来说就是件奢侈的事情。因此毫不奇怪，我们经常看到在政治过渡期充斥着洗劫、没收、压榨和资产贱卖等行为，或者反过来，也许很有讽刺意味，未来的独裁者会推行暂时的自由化改革，因为他们知道一名创造公共品的民主领导人比一名独裁者更容易挺过上台后的头几个月。因此我们看到在领导人更迭之后有少数新领导人会装作在乎人民，而大量新领导人则抓紧对人民财富的巧取豪夺。这样的掠夺也许会损害长远的收入，但如果一名领导人无法在短期内找到钱，那么“长远”就是别人的问题了。

民主领导人一般来说足够幸运地知道大部分钱在哪里。当戴维·卡梅伦当上英国首相或巴拉克·奥巴马当上美国总统，他们都无须通过折磨前任来找到钱。因为民主国家具有条理井然和相对透明的国家财政，领导人更迭不会干扰到资金流动。这种透明度有两个原因：第一，正如我们接下来要探讨的，民主领导人确保生存的最好方式是通过实施开放政府的政策。第二，比起在独裁国家，民主国家更大一部分收入来自于向工作的人们征税。这些税必须以清晰和透明的方式征收，因为正如领导人肯定需要钱一样，他们的选民试图逃税。

征　税

我们都讨厌纳税，并且千方百计想办法逃税。然而领导人喜欢征税——只要他们自己不纳税。做一名独裁者非常美妙，但同时也可能压力沉重，特别是当钱快花光的时候。对政府首脑们来说，征税是缓解焦虑的良药之一。毕竟，征税带来了急需的收入，可以用来报偿支持者。作为一个普遍法则，领导人们总是想提高税收。这给他们带来更多的资源去奖赏支持者——别忘了，还有奖赏他们自己。尽管如此，他们会发现想提高税收而不受惩罚是很困难的。

领导人在从臣民那里能搜刮多少钱方面面临三个限制。第一，征税会削弱人们工作的热情。第二，一些税收方面的负担不可避免地会落到领导人的关键支持者身上。（一般来讲，第一点限制了独裁国家的税收，第二点限制了民主国家的税收。）第三，收税需要专业知识和资源。收税的成本限制了领导人能够榨取什么并影响到征税方法的制定。

关于税收的第一个并且是最普遍的抱怨就是，它会阻碍辛勤工作、创业精神和投资。这是对的。比起把钱放在自己口袋里，人们不可能愿意同样辛勤工作却把钱丢进了政府的金库里。经济学家们经常用“饼”来比喻税收和经济活动——他们说，当税收水平低时，人们辛勤工作把饼做大，但政府只拿到薄薄的一小片。当政府提高税收，它分到的饼加大，但人们开始不那么辛勤工作，于是整张饼变小。当政府把税率定在极低或极高的水平，它分到的饼趋向于零。在前一种情况下，政府拿到一张大饼里极小的部分；在后一种情况下则几乎没有饼，因为几乎没人工作。在这两种极端情况的中间存在着一个理想的税率，使政府能从征税行为中获得最大的收入。这个理想税率是什么，取决于致胜联盟的确切规模。实际上，根据一个组织依赖多少关键支持者来谈论问题比起使用独裁制或民主制这样不精确的概念更有用，刚才的那一点正是原因之一。一般的规则是，关键支持者集团的规模越大，税率越低。这一点清楚之后，我们可以返回到独裁制和民主制这样不那么精确的词汇，但永远要记住它们只是意味着比较小或比较大的致胜联盟。

独裁者希望制定出将收入最大化的税率。他们想为自己和党羽拿到尽可能多的钱。形成对照的是，好的统治形式要求税收只能被用于解决市场无法提供的东西，比如国防和大型公共基础设施建设。征收相对少的税会鼓励人们过一种更富生产性的生活，创造更大的饼。民主领导人比独裁者更接近这种善政理想，但其实他们也征税过度。美国前总统罗纳德·里根（1981—1989 年在位）的经济计划，即所谓里根经济学的中心思想就是，当时的美国税收水平实际上超过了能够产生收入最大化的水平。里根认为，通过减税，人们会做更多的工作，政府收入实际上会因此增加。换句话说，从一张更大的饼里分到小一点的份额，也比从一张小一点的饼里分到的大一点的份额大。实践证明这种双赢政策很受欢迎，这就是为什么相似的主张现在又流行起来。当然，实际上它并没那么事遂人愿。

在某种程度上里根是对的：低税率鼓励人们工作因此将饼做大。然而，关键的一点是，致胜联盟承担税负的意愿才是民主国家税收水平的真正限制因素。因为当时美国的税率本来就没有高到扼杀人们创业热情的地步，里根减税的后果并没有发生什么太大的变化。饼大了一点点，但没有增大到使政府收入增加的地步。

今天，共和党的茶党一派寻求推动与里根计划相似的减税政策。和他一样，茶党认为减税能够刺激经济增长。茶党运动在 2010 年选举中的成功告诉我们，人们不喜欢纳税。那些主张提高或哪怕维持现有税收水平的政客在政治上不受欢迎，而那些未能提出令致胜联盟中意的政策的政客们同样如此。困难就在这个地方。有可能是这种情况，虽然一方面减税增大了经济大饼，但又没有大到足够产生更多财富和更多有效率的政府政策。问题是且永远是，私人部门财富的有效但不平等分配在多大程度上凌驾于政府较为平等、效率较低但却受欢迎的经济计划之上。

统治与善政无关，与留在权位上有关。为了达到这一目的，领导人通过奖赏关键者来收买支持。在制造这种忠诚方面，征税扮演了双重角色。首先它为领导人提供资源以使最关键支持者发财致富。其次，它降低了联盟以外的人的福利。特别是在小联盟的情况下，征税从联盟以外的人（穷人）那里向联盟以内的人（富人）进行财富再分配。小联盟体制充分展现了这一法则，富人之所以致富恰恰因为他们身在致胜联盟之内，其他人之所以穷正是因为他们不在联盟内。津巴布韦总统罗伯特·穆加贝的一名门徒菲利普·齐昂瓦赤裸裸地宣称："我之所以富有，是因为我属于津巴布韦非洲民族联盟—爱国阵线（穆加贝的执政党）。"[1] 当联盟发生变化，谁富谁穷也会发生变化。

津巴布韦绝非孤例。一位哈佛大学政府学的教授罗伯特·贝茨这样描述在肯尼亚财富与政治支持之间的关系：

> 我记得在丹尼尔·阿拉普·莫伊接替乔莫·肯雅塔担任肯尼亚总统之后不久，我在西肯尼亚工作。随着权力更迭，精英政客们的政治命运发生了变化。当我开车穿行在高原上，我看见农场门口挂着显眼的标牌，写着拍卖牲口、农场机具、房舍和土地。当政客们不再受赏识，他们的贷款被取消或收回，他们的补贴被撤销，或者曾经受政府庇佑的生意开始面临竞争。我曾经在内罗毕的宾馆里见过的某些光鲜满足的人，如今混迹于乡村酒吧，看上去瘦弱而焦虑，咀嚼着命运的颠倒无常。[2]

无须多言，人们想要光鲜满足，不想瘦弱焦虑。这就是为什么他们保持忠诚。沉重的税负强化了富裕与贫穷——在联

[1] 引语出自马丁·梅雷迪斯：《我们的选票我们的枪：罗伯特·穆加贝与津巴布韦的悲剧》，纽约：公共事务出版社，2002，第 17 页。

[2] 罗伯特·H. 贝茨：《繁荣与暴力：发展的政治经济学》，纽约：W. W. 诺顿出版公司，2001，第 74 页。

盟内或在联盟外——之间的差别。与此同时，得来的收入养肥了幸运的极少数人，几乎没给此外的任何人留下什么。不仅如此，重税给一般大众造成的痛苦使得加入联盟变得更有价值。由于害怕换一个领导人自己会被排除在外受穷，支持者们对现领导人格外忠诚。为了保住他们所拥有的并能继续吃香喝辣，他们愿意做任何事。伦敦经济学院的杰拉德·帕德罗·艾·米盖尔指出，很多非洲国家的领导人课税“太”重（也就是超过了收入最大化的那个点位），然后转身给选定的团体提供补助。这也许是经济上的疯狂行为，但何尝不是政治上的“天才之举”。[1]

民主领导人也征重税，原因和独裁者一样：他们要给选举时支持他们的团体提供补助，以损害那些反对他们的人的利益为代价。我们将看到，比如说，只要能够的话，民主党人和共和党人都通过征税把财富从反对者向支持者进行再分配。民主政府也有征税的嗜好，不过它们不能将这一嗜好发挥到独裁政府那种地步。因为独裁者的关键支持者人数很少，他很容易补偿落到他们身上的税负。这对民主领导人来说行不通，因为他的支持者的数量很大。税率因此被限制在一个需要的水平，就是让联盟成员不指望在别的领导人统治下能获得更好的待遇。在竞选巡回演讲中，老布什对美国人民说：“听清楚了，没有新的税。”然而，预算不足的他被迫想方设法找钱。结果就是

---

[1] 杰拉德·帕德罗·米盖尔：《分裂社会中对政治家的控制：恐惧的政治》，载于《经济学研究评论》74（2007），第1259—1274页。

更多的税。在第一次海湾战争之后，也就是仅仅 18 个月之前，老布什的支持率高达 90% 以上。但持续下滑的经济和在税收方面的食言让他在 1992 年的大选中出局。尽管所有的领导人都要寻找收入来奖赏支持者，民主政府在位者受到限制，将税收水平定在一个相对较低的水平。民主领导人征税高于维持良好统治的最低限度，但他不能将税提高到独裁者那种收入最大化的点位。

政权类型与税收之间的关系可以从最近墨西哥的历史中看到。墨西哥在 1994 年举行了第一次自由选举，2000 年执政党革命制度党第一次在全国范围内败选。我们从表 4.1 可以看到，从墨西哥举行竞争性选举（以及民主化）开始，政府收入占国民生产总值（GDP）的比重呈下降的趋势。随着致胜联盟的规

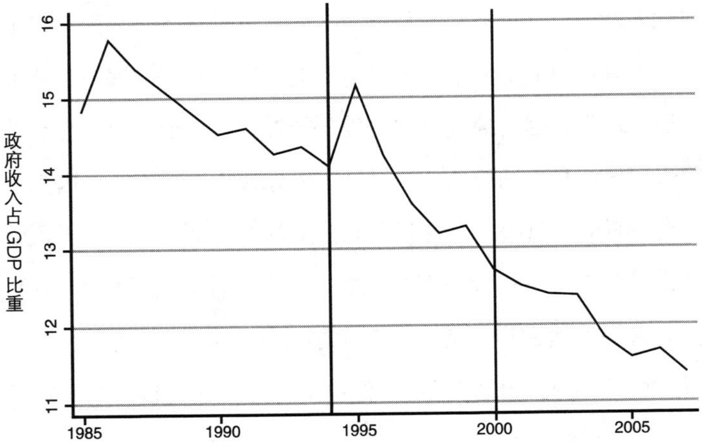

表 4.1 墨西哥的税收与民主化

模扩大，墨西哥的税率随之下降，这是必然的，因为政客们必须取悦多数人而不再是极少数人。举例来说，墨西哥 1979 年的边际税率最高达 55%，当时革命制度党牢牢掌握着政权。随着革命制度党一党统治日渐削弱，税率随之下降。到了 2000 年举行第一次真正自由和竞争性的总统大选时，墨西哥的最高税率是 40%。[1]

任何独裁者的小联盟成员也讨厌纳税，但他们很乐意支持高税率，只要这些税能汇集成巨额财富返回到他们身上。这正是加利福尼亚州贝尔市的情况。市政经理罗伯特·里佐提高了财产税，市议会本来可以阻止他，但如果他们这么做了，市政府将无法支付给他们丰厚的顾问费。为简单起见，我们假设里佐的联盟人数只占贝尔市 36600 名居民的 1%。每个居民增加 1 美元的税，里佐就能给每名联盟成员多转移 100 美元。如果他的联盟由一半的贝尔市居民构成，每个居民多缴 1 美元的税，他只能多给每个联盟成员 2 美元。很容易就明白为什么在第一种情况下，联盟迫不及待地要支持高税率。

话说回来，对于生活在民主国家的我们大多数人，认为我们缴纳的税确实比其他制度下的人们缴得少的观点可能是很荒唐的。如果你像本书作者一样生活在纽约市，你要缴纳联邦税、州税和地方税（以及社会保险金、医疗保险金和营业税）。如

[1] 本表基于 Penn World Table 版本 6.3 当中的 kg 变量构建（译注：Penn World Table 是美国宾夕法尼亚大学生产、收入和价格国际比较研究中心推出的在线数据库，2014 年最新版本为 8.0）。参见网址 https://pwt.sas.upenn.edu/。

果你收入可观，所得税将拿走你40%的收入。一旦再把营业税、财产税以及其他各项税收算进去，一位相当富裕的纽约人超过一半的收入将用于缴税，这数字可不低。欧洲的民主国家拥有广泛的社会保障体系和全民健康保险，税率更高。相比之下，一些独裁国家甚至不存在所得税。不过，比较平均税率会产生误导。

在世界上多数贫穷独裁国家进行征税的收入水平上，欧洲和美国的税率为零。我们必须在给定的收入水平上比较税率，而不能跨界，因为大多数所得税体系被设计为累进制，收入越高征税越多。考察在不同国家的同一个给定收入水平上征税多少，这才有可比性。举例来说，在美国，拥有一个孩子的一对夫妇，年收入在大约32400美元以下无须缴纳所得税。假如他们的年收入只有20000美元，他们将从联邦政府那里获得1000美元补助金以抚养孩子。

2004年的时候，米哈伊尔·霍多尔科夫斯基是俄罗斯的首富，也是世界上第16名最富的人。他通过经营尤科斯石油公司大发横财，这家公司成立于俄罗斯私有化浪潮时期的1993年。尤科斯曾经是世界上最大的非国有石油公司，石油产量占俄罗斯石油总产量的大约20%。霍多尔科夫斯基曾经和政府关系密切，后来开始批评普京的独裁统治，并资助不少反对党。2003年，他因商业诈骗被捕，随后被定罪。俄罗斯政府指控尤科斯公司逃税。尤科斯方面则声称，俄罗斯政府从该公司征的税远远高于其他石油公司，在某些年份甚至超过了收入总额。

沉重的税收负担将尤科斯逼向破产。在霍多尔科夫斯基行将服完第一个 8 年刑期时，俄罗斯政府显然仍将他视为眼中钉，最近他又以盗用公款和洗钱的罪名被追加了第二个 8 年刑期。

在独裁国家，做个富人是很不明智的，除非是政府让你致富。而如果是政府让你致富，没有什么比忠于政府更重要。正如我们提到的，霍多尔科夫斯基可能确实犯有欺诈和行贿罪。这是他这类人各自所在国家的商业本质。就算是这样，很多犯下同样罪行的人却能逍遥法外。他之所以成为靶子是因为他不支持政府并且拥有巨额财富。津巴布韦的白人农场主遭遇到相似命运。罗伯特·穆加贝的政府没收了他们的土地，理由是将土地重新分配给贫穷的黑人，他们在前殖民统治和少数白人统治下一无所有。实际情况与此大相径庭。土地终究还是聚集到了穆加贝的党羽们手上，他们当中没有哪个是农民。当这些土地的新主人们放任土地荒废，农民丧失了投资，农场工人被赶出农舍，而曾经一度是农业输出大国的津巴布韦变得更加贫瘠。但在另一方面，罗伯特·穆加贝依然稳坐权力宝座。

民主主义者较不愿意改变规则和夺取财富。尽管额外收入相当诱人，它只能以损害大众生产率为代价获得。在莎士比亚的《威尼斯商人》中，女主人公鲍西娅假扮律师，代为裁决安东尼奥和夏洛克之间的契约纠纷案：安东尼奥以身上一磅肉为担保向夏洛克借了一笔贷款，在他逾期无法还债后，夏洛克坚持要履行合约从安东尼奥身上割下一磅肉。[1] 安东尼奥的好友（同时也是鲍西娅的丈夫）巴萨尼奥愿意数倍偿还贷款但遭到夏洛克的拒绝，他恳求法庭的仁慈："请堂上运用权力，把法律稍为变通一下，犯一次小小的错误，积一件大大的功德……"。

但鲍西娅认识到法律的神圣性："那可不行，在威尼斯谁也没有权力变更既成的法律；要是开了这一个恶例，以后谁都可以借口有例可援，什么坏事情都可以干了。这是不行的。"

《威尼斯商人》中很多段落具有复杂性和争议性。但上述引用的段落传递的信息（而不是剧中稍后发生的有关履行合约的剧情反转）提醒我们，法治对于成功的商业至为关键。正如有学者在研究《威尼斯商人》体现出的商业要求时指出的："契约并不要求友谊，但它的确要求一定程度的信任，即市场有章可循，或确保执行契约的机构适当地强大。"[2]

收税者

民主领导人需要资源来回报他们的联盟，但又不能拿太多，

[1] 威廉·莎士比亚：《威尼斯商人》，芭芭拉·A. 莫瓦特和保罗·沃斯汀编辑。福尔杰莎士比亚图书馆，纽约：华盛顿广场出版社，2009，第四幕第一场，第157页。（译注：本节《威尼斯商人》中译文采用朱生豪先生译文。）

[2] 安妮塔·L. 艾伦和迈克尔·R. 赛德尔：《莎士比亚〈威尼斯商人〉中的跨文化商业》，载于《美利坚大学国际法与政治期刊》10（1995），第843页。

否则会疏远同一批支持者。相似的顾虑也影响到了征税的方式。领导人想以一种“公平”或至少透明的方式征税。极少美国公民会认为美国国家税务局是一个透明的税务机构，但至少它按规则办事（尽管大量规则很糟糕），并有独立的司法制度监督执行。至于将美国税法搞得无比复杂的所有那些规则和例外条款，无可避免地源自于政治家们无可避免要做的事：以牺牲其他人为代价来回报他们的支持者。这就是为什么美国税法中有大量篇幅献给了农民：对一些政客来说，农民是关键联盟，如果他们选出的参议员和众议员要保住权位，就得给他们回报。

独裁者不那么透明。正如我们在不走运的霍多尔科夫斯基先生的案例里看到的，当机会来临，独裁者将夺走能夺走的一切。然而，就算他们的行为可以无视人民的感受，独裁者在如何收税上面临着真正的问题。高税率将不可避免地迫使人们隐瞒工作和收益，这使监控他们的收入很困难。除此之外，要维持一个全面性的税收体系需要一个大型的官僚机构，其成本高得吓人，正如美国的情况。让数字来说话：美国国税局从每一个纳税者那里平均征收到 7614 美元，[1] 但需要在每一个征税者身上花掉大约 38 美元，占到收税额的 0.5%。这在一个人均国民收入 46000 美元的国家不算什么，但在那些人均年收入只有 1000 美元的国家，这样的收税成本就占到税收收入的 23%。不仅如此，设立一个大型的官僚机构会让一名独裁者受制于那

[1] 计算依据为美国国税局 2009 财年数据年鉴当中表 29 所载税收、成本、美国人口等数据。

些管理这家机构的人。而掌权的第一条铁律就是要尽可能减少支持者的数量。为了避免成为自己手下收税者的奴隶，独裁者们往往转而采用间接征税。通过间接税收，成本可以转嫁给实际纳税者以外的其他人。比如说，销售商向市政府缴纳营业税，但销售商将成本转嫁给了消费者，这就将营业税间接化。

在独裁国家，农业经销机构是向农民征税的一种间接工具。这些机构的功能和欧盟共同农业政策差不多。欧盟共同农业政策对农产品提供了最低价格保障，给农民带来了一些利益。在许多民主国家，比如在美国，农村地区在选举中被过分代表。由于民主领导人都希望把核心支持者人数降到最低，因此毫不奇怪他们通常将农业团体纳入致胜联盟，并提供相应回报。[1]

相比之下，独裁国家的农民几乎成不了核心支持者。农业经销机构被设立来剥削农民而不是帮助他们。来考察一下加纳的可可经销局。可可是加纳的主要农业输出品。加纳可可经销局为可可设定了一个固定价格——一种隐性的税——坚持让农民按这个价格将可可卖给经销局，也就是间接征税。然后可可经销局以更高的价格在全球市场卖出可可，从差价中获利："榨取可可种植农辛苦劳动的一长串吸血鬼的最顶端就是可可经销局。"[2] 这些钱一直是加纳政府收入的主要来源。

---

[1] 达龙·阿西莫格鲁和詹姆斯·A. 罗宾逊:《低效的再分配》，载于《美国政治科学评论》95，第 3 期，2001 年 9 月，第 649—661 页。

[2] 引语出自伊丽莎白·奥西恩:《言语、行为与可可》，载于《西非》31（1982 年 8 月），第 2104 页；杰弗里·赫伯斯特《加纳改革政治学，1982—1991》，伯克利：加州大学出版社，1993，第 111 页。

向穷人征税以向富人输送利益会产生大量糟糕的经济后果，不过这是“长期来讲”——换句话说，那是以后的领导人的事了。比如说在加纳，对农民征收重税长期来说降低了产量。加纳农民干脆停止种植和照料可可树。到了二十世纪八十年代，加纳的可可生产崩溃，农民想方设法把少量生产的一些可可走私去邻国科特迪瓦。各种各样的事例都证明了一点：当税收太高，人民要么停止工作，要么想办法逃避正规的经济活动。

私人化征税

当发现连间接征税都太麻烦时，独裁领导人有时候会向外界寻求帮助，以便从人民那里榨取资金。对于独裁者和他们的收税者来说，这种方式有利有弊。那些被雇佣来为政府收税的人有权截留一部分钱归自己所有，他们有很强烈的动机想拿走大量的钱。这对他们和领导人来说都不错，因为后者也可以拿到本分的收税者没有私吞的那部分可观收入。但被雇佣者有可能因为那些钱而成为领导人的一大威胁，这样一来，局势对他们和对领导人来说都相当危险。

632 年先知穆罕默德死后，阿拉伯人通过军事扩张建立起阿拉伯帝国，统治了中东和北非大部和欧洲部分地区，一直到 1258 年。历朝哈里发沿袭了以前罗马人的传统，为了逃避征税的技术性难题，他们将征税任务外包。一名包税人在向国库缴纳一笔钱后可以获得在某一地区的征税权。很显然，既然他们为此特权付了钱，必然在包税区内横征暴敛。他们的残暴臭名昭著，永远在绞尽脑汁如何搜刮更多。比方说，他们要求以银币支付税款而不要农作物，然后串通商人锁定价格。那些缴不起税的人要么被惩罚要么被处死。

很自然地，人民必然要反抗。包税人持续面对的一个问题就是人民宁愿背井离乡也不愿缴税。为了阻止这一情况，包税人设立巡逻队查验每个人的身份。非穆斯林常常要被文身，或被强制戴上“狗牌”，上面注明姓名和地址，防止他们逃离。[1]一开始，某些税种曾经只向非穆斯林征收，这被证明是鼓励人们改信伊斯兰教的一种可能并非有意为之但非常成功的方法。许多非穆斯林意识到，通过成为穆斯林他们可以减少被征的税，因而纷纷放弃了原先的宗教信仰，改信了伊斯兰教。只要改教者占人口的比例不大，包税人通过压榨非教徒就能赚得盆满钵满。而随着改教越来越普遍，包税人调整了政策，不再将穆斯林排除在某些税种的征收范围之外。从哈里发的角度来看，包税人确保了稳定的收入来源。他们对人民的恐吓威逼并没有什么政治上的重要性：被剥夺财产和遭迫害的农民并不是致胜联盟的组成部分。

独裁统治者避免征敛财富和再分配的技术难题还有一种方

[1] 萨缪尔·爱德华·芬纳：《政府的历史》，牛津：牛津大学出版社，1997，第663—727页。

式，就是允许支持者直接自我回报。对很多领导人来说，腐败并不是什么需要根除的坏事，反而是一种很关键的政治工具。领导人默许甚至公然纵容腐败。他们实际上授权支持者收受贿赂。这避免了管理上令人头疼的难题，也就是如何组织征税并将钱转给支持者。在伊拉克遭受制裁的二十世纪九十年代，萨达姆·侯赛因的儿子们因走私活动而臭名昭著。原本是要削弱萨达姆政权的制裁却让他的儿子们大发横财。

开采资源

“石油是魔鬼的粪便”，至少委内瑞拉人胡安·巴勃罗·佩雷斯·阿方索是这么说的，他是石油输出国组织（欧佩克）的创始人之一，欧佩克是由产油国组成的联合组织。“十年之后，二十年之后，你将看到：石油将带给我们毁灭”。他说的没错。

很多领导人都意识到通过征税来获取收入有一个问题，就是它要求人们工作。征税太凶或者未能提供有助于经济活动的环境，人民将干脆不工作。实际上，从土地本身榨取财富是一种很方便的替代方式，根本不用考虑人民的问题。

以石油为例。无论税率是零还是100%，石油都会从地底涌出。人力成本只占石油开采价值的很小一部分。这让石油成为领导人的美梦和人民的噩梦。这是一种经常被称为“资源诅咒”的现象，拥有丰富可开采自然资源的国家系统性地落后于资源稀缺的国家。[1] 资源丰富的国家经济增长较差，容易发生内战，比资源稀缺国家更具有独裁性。

非洲人口最多的国家尼日利亚1960年摆脱英国的殖民统治而独立。独立时它是一个很贫穷的国家，但人们的期待很高。随着石油的发现，这些期待愈加高涨。尼日利亚据称拥有世界第十大的石油储备。在二十世纪七十年代早期和末期，随着石油价格在石油危机期间上升，尼日利亚赚得盆满钵满。然而到了二十世纪八十年代早期，这个国家却深陷债务和贫困的泥潭。从1970年到2000年，尼日利亚累计获得3500亿美元的石油收入。[2] 但对人民毫无助益。尽管拥有巨大的石油财富，在这段时间内，尼日利亚的人均年收入从1970年的1113美元降至2000年的1084美元，该国成为世界上最穷的国家之一。贫困问题持续恶化。通常用每天1美元生活费来作为评估贫困的标准：1970年，有36%的尼日利亚人生活在这个标准之下；到了2000年，比例飙升到接近70%。2000年至今的情况很难说有什么改善。即使考虑到现在美元通货膨胀，绝大部分尼日利

[1] 布鲁斯·布尔诺·德·梅斯奎塔和阿拉斯泰尔·史密斯：《政治生存与内生制度变革》，载于《比较政治研究》42，第2期（2009），第167—197页；A·H.杰尔布：《意外之财：祝福还是诅咒？》，纽约：牛津大学出版社，1988；迈克尔·罗斯：《资源诅咒的政治经济学》，载于《世界政治》51（1999），第297—322页；杰弗里·D.萨克斯和安德鲁·M.华纳：《自然资源丰富性与经济增长》，工作论文5398，1995年。

[2] 泽维尔·萨拉·伊·马丁和阿文·苏伯拉曼尼恩：《应对自然资源诅咒：尼日利亚的例子》，工作论文9804，美国国家经济研究局工作论文系列，剑桥，马萨诸塞：国家经济研究局，2003。网络版参见 http://www.nber.org/papers/w9804。

亚人还是一天挣不到 1 美元，人均国民收入持续下降。经通胀调整后，收入低于尼日利亚独立时的水平。

尼日利亚并不是个特例。表 4.2 反映的正是这一点。横轴表示的是 1970 年时自然资源出口占 GDP 的比重，纵轴表示的是 1970 年到 1990 年间经济增长的平均水平。趋势非常明显。那些拥有丰富的石油、铜、黄金、钻石或其他矿产资源的国家经济增长更慢。

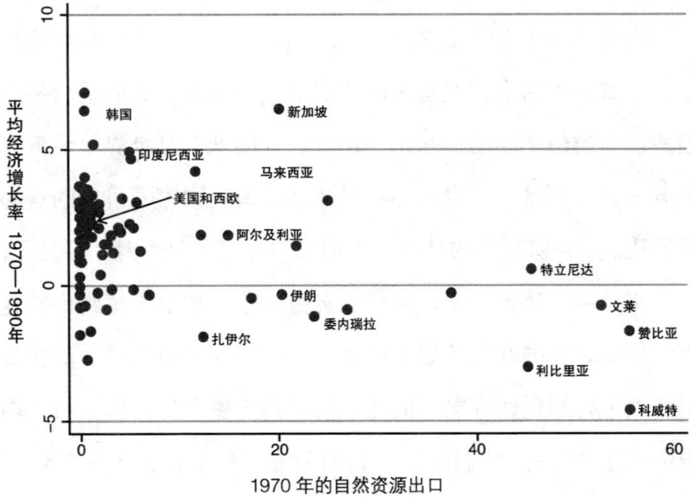

表 4.2 经济增长与自然资源丰富度 1970—1990 年

话说回来，对领导人来说，自然资源当然妙极了。领导人不必鼓动自然资源去工作，不像得驱使臣民去工作那样。尽管矿产需要开采，但大体而言独裁者无须仰赖当地人口。比如说在尼日利亚，石油集中在尼日尔河三角洲地区。外国公司的外国工人承担了大部分开采工作。极少尼日利亚人参与开采。石油公司建立起保安机构，实际上就是小型的私人军队，防止当地人破坏生意或者抱怨环境恶化。英国石油公司以及其他外国公司能够不受约束地自由行动，只要能向政府缴纳特许经营费就行。与其说这是这些公司的错，不如说是在那些领导人仰赖少数朋党支持的国家，商业运作必须以这种方式进行。一家守规矩的公司交给政府的钱必然较少，而这就足以导致它被其他更愿意“合作”的公司取代。

在资源丰富国家，有一个反映贫富差距的很有意思的现象，那就是生活在这些国家的侨民的生活成本。我们很容易想当然以为类似奥斯陆、东京或伦敦这样的城市是世界上最贵的地方，其实不是。最贵的地方是非洲西南部国家安哥拉的首都罗安达。住在像样点的社区的生活成本超过了每个月 1 万美元，而且水电供应还不稳定。周遭的贫穷使这一切令人感到格外震惊。根据联合国开发计划署统计，68% 的安哥拉人口生活在贫困线以下，超过四分之一的儿童活不到 5 岁生日，男性的平均寿命低于 45 岁。我们能够拿到的最近年份的收入不平等数据是 2000 年的。这些数据显示，最穷的 20% 人口只占有 2% 的财富。就平均人类发展总体水平来说，安哥拉在 182 个国家中排名第 143 位。安哥拉的物价与许多其他西非国家一样，是被石油拱起来的。

资源诅咒使独裁统治者有能力大规模地回报支持者并聚集起庞大的财富。这使得罗安达的物价直冲云霄，而外国侨民和幸运的联盟成员却能享用到每天从法国进口的鹅肝酱。为了确保人民无法协同造反、夺取国家控制权，领导人竭力让联盟以外的人保持贫困、无知和散漫状态。具有讽刺意味的是，原本可以用来解决各种社会问题的石油反倒给领导人提供了将这些问题故意变得更糟的政治动机。

这种效应的危害性在民主国家要远远小得多。问题就在于，一旦某个国家从矿产财富中获利，它就不可能民主化。鼓励领导人采取自由化政策的最简单方式是迫使他依赖税收来获得收入。一旦做到这一点，在位者将无法再压迫人民，否则人民就拒绝工作。

结论就是，资源诅咒是可以被破解的。如果各类援助组织想要帮助产油国的人民，那么我们基于生存的论证逻辑建议，把他们的捐款花在游说民主国家政府对汽油增税会收到更多成效，而不是到海外去提供援助。通过提高石油和天然气的价格，这样的增税会减少全球对石油的需求。接下来会减少石油收入，使领导人更依赖税收。

有效的税收要求人民有工作积极性，但如果人们被剥夺了诸如与同伴一起集会的自由和言论的自由就将无法有效地生产——言论自由使得人们可以谈论思考很多事，包括如何建设更有效率的工作环境，以及如何减轻政府管制对工人造成的压力。

借 钱

借钱对领导人来说是件美妙的事。今天他们必须花钱使支持者开心，并且如果他们够精明的话，还能将一些钱收入自己囊中。除非他们幸运到真的能够长期待在权位上，否则偿还今天的贷款就是下一位领导人的问题了。独裁领导人尽可能多地借钱，而民主领导人的借钱热情也不遑多让。

我们每个人都至少有些不够耐心。当精打细算之下本应该存钱的时候，我们却喜欢今天就买东西，这是我们的本性。政治使得财政政策的制定变得更加可疑。为了理解这其中的逻辑以及看清为什么政治家都是肆意借债者，我们假设现在在某个国家每个人每年挣 100 美元，并且这一情况未来不会改变。我们今天花的越多，明天要偿还的利息和本金就越多。举例来说，假设今天额外多花 100 美元，未来每年必须还 10 美元作为利息。人们很自然对这种做法是否明智意见不一，但显然政治使它变得更有吸引力。我们把这个问题大大简化一下，假设领导人只是把借来的钱平均分给联盟成员。这会鼓励领导人借更多的钱。假如领导人的联盟由半数人民构成，他借到的钱相当于全体人民每人 100 美元，那么以后每年每个人都得失掉 10 美元（作为偿还利息的税）。然而，由于联盟只由半数人民构成，每个联盟成员从借款中得到的直接好处就是 200 美元。尽管对某些联盟成员来说这也许仍然算不了什么，但显然总比为了 100 美元背上相同的债好。无论哪种类型的政府，比起它们统治的人民来说，都是更加肆意的花钱者和借钱者。而在小联盟的政权，这种肆无忌惮的程度更是变本加厉。

联盟的规模越小，它从借债中获得的利益就越大。比如说，假如每一百个人当中有一个人是联盟成员，偿债义务不变，每个联盟成员现在可以拿到 10000 美元，而不仅仅是前面那个例子里的 200 美元。这当然是一笔我们大多数人恨不能有份的交易。随着联盟规模越来越小，借钱的欲望就越来越高。

当然，今天借的越多就意味着债台高筑，并且将来借钱的能力就越小。但这样的考虑对于一个领导人来说没有什么说服力。如果他在财政上采取谨慎合理的立场，拒绝借债，他用于回报联盟成员的钱就少了。对他的挑战者来说不存在这种问题，挑战者可以通过许诺借这样的债来换取现任领导人联盟成员的支持。这样一来，现任领导人就危险了。现在借债之所以很有诱惑力，是因为毕竟这笔债务是由下一任领导人继承。如此一来，现在借债也能绑住任何未来挑战者的手脚。

在得到联盟支持和市场能够提供的前提下，领导人应该借尽可能多的债。外面总是会有挑战者愿意借这么多钱，并用这些钱来从现任领导人手里夺权。于是，不借钱就会危及现任领导人的权位。举重债是小联盟政权的一个特征。它不是某些经济学家认为的是第三世界领导人无视基本经济学原理的结果。

在一个独裁国家，联盟的规模很小意味着它的领导人几乎总是想多借债。独裁领导人们到底能借多少钱的唯一实际限度就是，人们愿意借多少钱给他们。我们前面看到了尼日利亚石油收入增长的同时债务也在攀升这一悖论式的局面。并不是说石油本身会助长借债——独裁领导人总是想多借债。而是说，石油收入意味着尼日利亚有能力负担更多的债务，因此人们就更愿意借钱给它。

而在一个民主国家，尽管很大的联盟规模会对借债水平施加若干限制，民主领导人仍然同样很喜欢在财政上不负责任。别忘了，虽然债务是由每个人来承担，但好处却不按比例地流向了联盟成员。在过去 10 年，许多西方国家的经济快速增长。这本来是一个削减债务的绝佳时机，但很多情况下并没有发生。1990 年美国的债务是 2.41 万亿美元，相当于 GDP 的 42%。到了 2000 年，按名义价值计算的债务增加到了 3.41 万亿美元，尽管按相对价值计算占 GDP 的比重降到了 35.1%。然而，随着 2000 年以来经济的繁荣，债务仍在继续缓慢攀升而不是减少。在金融危机发生前的 2007 年，美国的债务高达 5.04 万亿美元，占 GDP 的 36.9%。更大的经济总量意味着更大的偿债能力和借更多债的能力。

我们可能喜欢用掌权者的政党政治来解释债务的扩张。然而，意识形态解释不了这些趋势。二战之后美国主要的债务增长期都是在共和党执政时期：罗纳德 · 里根（1981—1989）和乔治 · W. 布什（2001—2009）。这一债务在 2007 年至 2010 年的三年经济衰退期间惊人地增长，当时美国政府为深陷麻烦的银行纾困并开始采取凯恩斯主义的财政刺激政策。到了 2010 年的第三季度，美国的债务高达 9.13 万亿美元，即 GDP 的

62%。英国的债务增长经历了相似模式。2002 年英国的债务占 GDP 的 29%，到了 2007 年攀升到 37%，紧随着 2008 年金融危机时飙涨到了 GDP 的 71%。

从凯恩斯主义的角度来看，许多政府在经济衰退期间试图削减开支而不是刺激需求的做法是大逆不道的。其实这并不反映政治家们想少借钱。实际情况是，冰岛、希腊和爱尔兰的债务危机让很多投资者怀疑这些国家的偿债能力。这就推升了借贷成本，并使举新债变得困难得多。是供给在萎缩，而不是需求。

市场限定了一个国家到底能借多少钱。如果是个人借太多钱并且无力或不愿偿还，那么银行和其他债权人可以通过没收其资产来抵消其债务。然而，如果是借给国家的主权债务，债权人可没办法夺回资产。历史上曾经有债权人试图这么做。比如说法国曾在 1862 年入侵墨西哥，要求其偿还贷款。法国还曾在 1923 年入侵德国的鲁尔工业区，收取到期未付的第一次世界大战的战争赔款。这两次行动都失败了。在实践中，贷款方相对于国家只有一个筹码，就是未来不再借钱给这些国家。话说回来，这件事具有深远的影响，在金融市场上能够借到钱的能力是非常宝贵的，由于这个原因，一般情况下国家都会还钱。

然而，一旦“有能力借钱”的重要性赶不上偿债的成本，领导人就应该违约。如果他不这么做，总会有挑战者出现，提出来愿意这么做。这是二十世纪三十年代阿道夫·希特勒对德国人民具有吸引力的原因之一。德国面临巨额债务，其中部分是偿还一战的战争赔款。希特勒在这项债务上违约。这个决定大受德国人民欢迎，因为偿债的成本很高。

随着债务水平达到了“有能力借钱”的重要性等于偿债成本的平衡点，贷款人拒绝提高债务规模。这个时候，如果领导人想借更多的钱，他们必须提高政府收入以对这部分新增债务偿本付息。在尼日利亚的例子里，可开采自然资源的发现提供了一种方式来增加偿债能力并因此借到更多钱。然而，如果没有这样的发现，增加借贷规模的唯一办法只有提高税收收入。对独裁统治者来说这意味着必须采取自由化政策，鼓励人民更加努力工作，因为他们已经以非常高的（隐性）税率对人民征税。只有在面临财政困局时领导人才有可能愿意考虑这种政治上有风险的松绑政策。他们可不会经常或开心地这么干。只有在他们无路可走、舍此之外无法挽救自己下台的命运之时，他们才会实施自由化，向一个更具民主性、代表性和负责任的政府演变。

债务减免

债务减免是一项很受欢迎的政策，但却经常受错误观念引导。那些赞成减免高负债穷国债务的人认为，沉重的债务负担落在了穷国人民的身上，他们并没有从借来的资金中得到应有的好处。这当然没错。正如我们已经解释过的，好处都被领导人和联盟拿走了，债务却要由每个人负担。但主张减免债务的人的想法是基于他们认为世界应该如何运作，而不是实际上如何运作。

二十世纪八十年代末期有许多穷国为偿还债务而挣扎，债权国协调对债务进行重新安排或减免。法国经济、金融与工业部成为协商的重要中心，确保债权国共担损失。这些商讨形成了所谓的巴黎俱乐部。1996 年国际货币基金组织和世界银行发起了“重债穷国计划”。与先前的个案处理方式不同，这一计划通过债务减免对穷国提供系统性的帮助。然而，穷国必须达到缓解贫困和预算改革方面的明确标准、或朝着这些标准取得实质性进展的前提下才能获得债务减免。在“联合国千年发展目标”下，计划得到了强力推进。2006 年以来，不少重债穷国大幅减少了债务。这些计划的后果如何我们拭目以待。不过，我们有必要回头看一看 2000 年以前的一些大规模减债工作。考察一下政府形式的重要性特别能说明问题。尽管债权国谨慎选择了它们认为会理智行事的穷国，不少穷国在获得债务减免之后不久，债务就开始重新攀升。

就减免债务的比例而言，2000 年以前获得最大减债好处的国家分别是 1999 年的埃塞俄比亚（减免了 42% 债务），1997 年的也门（34%），1996 年的白俄罗斯（33%），1996 年的安哥拉（33%），1996 年的尼加拉瓜（30%）和 1990 年的莫桑比克（27%）。[1] 除了安哥拉和尼加拉瓜之外，这些国家又立即开始累积新的债务。比如，在经过一系列小规模减债之后，埃塞俄比亚在 1999 年一下子被免债 44 亿美元，债务总额只剩下 57 亿美元，但到了 2003 年债务又回升到 69 亿美元。1996 年白俄罗斯被免债 5 亿 8900 万美元，但它的债务总额从 1995 年的 18 亿美元稳步上升到了 2005 年的超过 41 亿美元。尽管减债计划都会精心挑选候选国家，这些例子还是说明在很多情况下，没有进行制度改革，减债只会让领导人重新开始借债。

民主领导人也喜欢借债，但他们不像独裁领导人那般肆意妄为。他们相对来说倾向于较低的债务水平。民主化成功推进了债务削减，正如莫桑比克和尼加拉瓜的例子显示的。1990 年，莫桑比克 27% 的债务被减免，结果却是债务重新开始累积。到了莫桑比克实施民主化的 1994 年，债务总额超过了 80 亿美元。然而如表 4.3 所示，这笔债务开始逐年下降，部分得益于进一步的债务减免。

重债穷国计划招致很多批评，认为它在减免穷国债务方面步伐太慢。我们对它的批评恰恰相反。实际上这些计划太急于免除债务。债务减免只会让领导人重新开始借债。我们稍后将会看到，金融危机是迫使领导人实施民主化的重要原因之一。然而债务减免却缓解了财政压力，使独裁领导人无须改革仍能坐在位子上，继续让人民生活在水深火热之中。

---

[1] 数据来自世界银行汇编的世界发展指标，网址为 http://data.worldbank.org/data-catalog/world-development-indicators。金额按 2000 年美元不变价格统计。

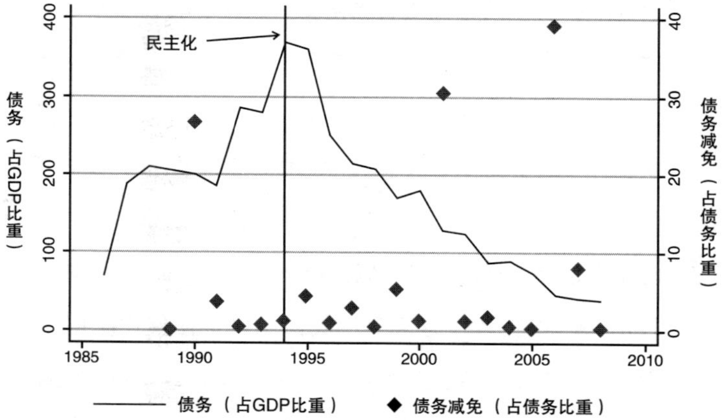

表 4.3 莫桑比克的债务和减免

毫不奇怪独裁领导人欢迎债务减免。但在那些愿意改善治理以及像我们这样试图客观理解领导人如何行事的人眼中，债务减免又是什么样子的呢？让我们暂且离开领导人看待治理的视点，转而看看如何才能改变一个独裁者的视野。也就是说，我们来思考一下如何能够利用独裁规则的逻辑，给独裁领导人正确的诱因以改善他们的政府。我们考虑的是，能不能让至少某一些独裁者意识到，为人民的利益而统治是确保政治生存的最佳方式？

债务减免在民主国家可能有效。因为这些国家无论如何都希望削减过多的债务，债务减免显然会加速这一过程。但正如我们在表 4.3 看到的，莫桑比克在 2001 年和 2006 年两次获得大规模债务减免之前已经在有效解决债务问题。因此，我们提倡将提供很少债务减免或不减免作为一种保守方法来改善可恶的压迫性政权的统治，并改善当前生活在这些政权统治之下的人民的生活质量。我们认为债务减免反而会巩固独裁统治者的权位。独裁者的民主化承诺从来不靠谱。一名独裁者为了换取资金，也许诚心愿意举行有意义的选举，然而一旦他克服了金融危机，能够借债安抚他的联盟，任何他承诺的选举都是骗人的。对民主领导人来说，债务减免虽然有帮助，但不是必要的。通过取消给予独裁者债务减免，我们可以帮助催生类似 2011 年发生在中东的那种人民反叛行动，稍后我们将看到，这样的反抗行动可能为将来出现更好的政府打开了大门。

税收、资源开采和借债是喂饱致胜联盟的最主要方式。人们对于税收的其他解释，要么是为了使其变得较易让人接受所做的粉饰美化，要么就是基于人们希望世界如何运作。领导人征税是因为他们必须在联盟身上花钱。成功的领导人尽其所能地筹措收入。税收的限度是：(1) 被征税的人们工作的意愿；(2) 联盟愿意负担什么；以及 (3) 收税的成本。

政府财源充足之后，领导人以三种方式花钱：第一，他们提供公共产品，也就是推出惠及所有人的政策。第二，他们为联盟成员提供私人好处。不同政治体制下，公共利益和私人利益的混合方式也不相同。有必要指出的是，在回报联盟之后剩下的任何资源都可以由领导人自由裁量。于是领导人就有了第三种花钱方式。他们可以把这些自由裁量的钱花在钟意的项目上，或者，正如我们将看到的，他们往往将其藏入应急储备基金。

THE DICTATOR'S
HANDBOOK

第五章

获取与花费

终于，一名新的统治者对当初助他上台的联盟完成了重组，现在他拥有了各就各位的合适的支持者。征税使得财源滚滚。现在他面临统治的真正任务：分配钱财让联盟开心——但不能太开心——以及为确保可相互替代者不起来造反而提供刚好足够的钱。正如我们看到过去几年发生在北非和中东的事，以及二十世纪八十年代和九十年代发生在东欧的事，这个任务对任何领导人来说都是一根踩上去险象环生的钢丝。过去数十年的历史显示，很多独裁统治者从钢丝上栽了下来，这让我们深受鼓舞。要在给予联盟的利益和给予可相互替代的大众的利益之间搞好平衡，真的非常困难。

任何新上台的领导人想要长期掌权必须精心拿捏花钱的艺术。当然，他可以对联盟或人民十分慷慨——前提是只能花打理好联盟之后剩下的那部分可供他自由裁量的钱。他最好不要亏待任何有可能发起政变或革命的人。亏待了不该亏待的人，任何领导人的下场将印证威廉·华兹华斯的著名诗句：“无论获取与花费，我们损耗了力量。”

因此我们转向所有民主国家的核心问题：如何分配资源以推行惠及社会中所有人的政策。这些公共物品以多种形式出现，取决于那些有能力要求得到这些政策的人的喜好。当然，那些有能力的人正是在位者的核心支持者。不同的核心支持者集团属意的以公共物品为导向的政策组合也各不相同。一些集团想要在某项社会福利保障方面有更多开支；其他集团希望花更多钱在教育事业上；再或者有的集团希望多花钱照顾老年人或年轻人，扶持艺术，如此等等。尽管所有这些都值得关注，我们也会简单涉及，不过我们特别关注那些核心的公共利益，比如教育、健康以及出版自由、言论自由、集会自由等自由权利。

抵御外部侵略的安全保障毫无疑问是一项核心的公共物品，不过我们将在稍后的章节再讨论有关外部威胁的话题，这里先聚焦于国内的政策选择。当下，让我们来了解一下公共物品如何有助于作为整体的社会以及如何帮助领导人稳固权力。

有效的政策无须着眼公益

为了在有利于大众的开支政策和有利于关键支持者的开支政策之间搞好平衡，领导人仔细琢磨一下霍布斯政府哲学中的相关部分是大有裨益的，我们在导言部分曾简单涉及。霍布斯的理论有很多对的地方，但他关于政府的理念并非始终正确。

尽管他认识到任何想要社会富足的人都会避免类似他在英国经历到的革命，但他未能分清楚使人民安分守己的必要条件和避免核心支持者背叛其领导人的必要条件——无论这里的领导人指的是霍布斯的利维坦还是柏拉图的哲学王，或是卢梭的公共意志，再或是麦迪逊的派系林立的人民代表。霍布斯确信他的利维坦必须是一位仁慈的统治者。霍布斯似乎认为这才能避免发生类似他经历过的革命。霍布斯担心，如果没有一位使人们安居乐业的统治者，许多人——按他精妙的用语——将过孤独、肮脏、贫穷、粗野和短寿的生活。

霍布斯只对了一半。确实如霍布斯相信的，快乐的、得到良好照料的人民不太可能造反。让民众富裕和愉快，他们就不太可能起而反对你。然而似乎同样正确的是，病怏怏的、忍饥挨饿和无知的人民也不太可能造反。有些国家的民众似乎就完全安顺，他们将敬爱的领袖奉若神明，将他视作任何他们拥有的粗劣生活资料的唯一来源。谁会进行革命？是了不起的中间派，是那些既不穷困潦倒也未被娇纵的人。前者太弱，畏惧造反；后者心满意足，没理由造反。确实，只有广大的中间派才对政权稳定及其领导人真正构成威胁。于是，精明的领导人要搞资源平衡，一方面让联盟成员满意，另一方面让人民刚好愿意去生产所需财富以养肥核心支持者和在位领导人。那些其政府依赖于少数支持者的国家——即那些最不民主的国家——正是最可能用霍布斯的自然状态来恰当描绘其民众生活的地方，对这一点我们无须感到意外。我们前面看到了，它们也正是领导人最可能长年累月掌权的地方。

依赖大型联盟的领导人必须努力工作才能确保公民们的生活不会孤独、肮脏、贫困、粗野。这并不意味着民主领导人必须事事从公益出发，他们也不需要对公民们心怀温厚慈爱之情。他们所需的一切就是确保有丰裕的公共利益来提供高质量生活。他们只需要遵循成功领导人进行统治的法则，使其适应任何民主领导人都会面临的困难局面：无可避免地依赖于大量难以驾驭的核心支持者以保住权位。

正如民主领导人无须成为满怀公益心的理想主义者，独裁领导人也并非一定会制造悲惨生活。情况常常是，他们这样做对自己有好处，但也有例外，这些例外恰恰重申了遵循政治规则的重要性。我们前面注意到了，领导人动用他能自由裁量的钱去改善人民的生活，这并没有什么不对。根据定义，所谓自由裁量的钱无须用来保持联盟的忠诚；因为在任何资源可以由他自由裁量之前，联盟已经获得了回报。举例来说，新加坡通过仁慈专制为其公民提供了高质量的物质生活，尽管缺乏其他人觉得宝贵的诸多自由。也许新加坡长期的恩主李光耀正是霍布斯的化身。但类似新加坡这样的仁慈独裁者很少见。

对普通人民来说，制度激励是确保获得良好生活的最可靠保障，这个制度在形式上就是政府依赖大型联盟，迫使追逐权力的政客们为人民的利益而统治。在民主国家，特别是在那些很少或几乎不存在集团投票的民主国家，制度激励使得政客们谋取自身利益特别是保住权力的最佳方式就是去提升较广大人民的福利。我们认为，这就是多数民主国家比较繁荣、稳定和安全的原因。

也许你会质疑通往良好生活之路是由于大型联盟的存在才得以确保的。与你有相似想法的人大有人在。许多著名经济学家，甚至不少诺贝尔经济学奖得主，都认为提升民主的最好方法是提升经济繁荣度。这就是为什么他们一看到经济危机的征兆，比如说政府债台高筑，濒临债务违约和破产，他们就呼吁提供债务减免，增加新的贷款，寻求大量外国援助以及采取其他经济修补手段。他们抗拒像我们这样的人的呼吁，即任何纾困资金拿去拯救独裁国家深陷麻烦的经济之前，必须以该国改善治理为前提。这些经济学家坚信，财富——而不是政治——才是逃脱霍布斯自然状态的更佳路径。简单回顾一下上一章我们讲到的历史上的经济援助，很明显在一个依赖大型联盟的国家发生金融危机时，极少寻求类似第三世界发生金融危机时渴望的那种没有伴随政治变革的单纯经济救援。

纾困与联盟规模

根据联盟规模的大小，经济纾困大为不同。纾困有很多方式：国内税收和开支调整；来自国内外银行的贷款；债务减免；或外国援助。任何纾困都伴随着经济改革的要求，无论资金是来源于国际货币基金组织、德国中央银行或纳税人。接受纾困的依赖大型联盟的国家和依赖小联盟的国家之间有一个重大区别，前者几乎总是会进行改革，而后者很少这么做。

正如债务减免一样，对于面临经济重压的独裁者来说，纾困是解决迫在眉睫政治危机的一种方法。当他们的经济虚弱到不足以提供足够的金钱收买政治忠诚时，独裁者面临着要么被对手要么被革命推翻的险境。这就是 2011 年类似突尼斯和埃及等地发生的政治经济危机的情况。无论是通过内部或外部贷款和援助，纾困可以买通反对派，遏阻对领导人权力的威胁。正因如此，在经济危机期间，独裁者以缓解国家经济灾难的名义四处寻求纾困资金，实则是为了挽救自己。

对于依赖大型联盟的国家的领导人来说，纾困是一个诅咒，或至少是一件必然的恶事。糟糕的经济表现可能被选民理解为领导人的政策失败，结果就是一有机会领导人就被选民赶下台。2008 年美国共和党在总统大选中失利有很大部分就是这个原因。当经济没有足够快速好转到让选民满意，2010 年民主党在众议院选举中就遭到失败。对于经济纾困的需要本身就向选民发出了一个强烈信号——应该换换有新政策理念的新领导人了。外国援助极少前来拯救民主国家领导人，原因我们稍后解释。于是，金融危机和对纾困的需要对民主领导人来说几乎永远是坏消息。

世界上一些富裕国家在 2008 年和 2009 年遭遇到严重的经济危机。布什政权和奥巴马政权阻止发生最坏情况的方式都是通过提供大规模财政纾困来挽救银行业和其他大行业，以恢复市场流动性，将美国经济带回到持续增长的轨道上来。欧洲采取了相似的策略。这些纾困措施伴随着监管方面的变革。奥巴马 2010 年签署的《多德—弗兰克华尔街改革与消费者保护法案》正是其中之一。在严重的经济衰退面前，美国国会通过了这项自富兰克林·罗斯福总统以来最大的改革法案。

形成对照的是，在依赖小联盟的国家，纾困一而再再而三地成为保持原有商业运行模式的手段。独裁国家的经济纾困极少触发对经济或商业政策的严肃评估。它们几乎从未伴随监管改革。后果就是，经济危机比在民主国家发生得更频繁，而且只要富裕国家仍然愿意为其提供贷款、债务减免或援助，社会就几乎不会改善，当然，卑鄙的领导人们倒是安全了。

民主是奢侈品吗?

独裁者和经济学家认为经济偿付能力必须先于政治变革，这是对的吗？难道享受民主必须以物质上的丰裕为前提吗？我们不这么认为。有许多富裕国家遭受压迫性政府的统治，其人民过着孤独、肮脏、贫困、粗野而短寿的生活，恰如穷国里的人民一样。看一看几乎任何一个非民主制的产油国或产钻国就知道了。

是的，这个世界产生过一些智慧的、善意的领导人，甚至是在那些依赖少数核心支持者的国家。但这样的领导人并不多，也不敢保证他们就懂得如何改善他人的生活。事实上，那些依赖小联盟的国家领导人们有一种普遍的说辞是，能够促进政府改善人民福利的那些自由权利太奢侈——比如言论自由、新闻自由，特别是集会自由——只可能在获得经济繁荣之后才能让民众享有，而不是之前。这看上去正是那些让人民受穷受迫的领导人们的自私主张。

许多经济学家得出了与独裁者们相同的结论，尽管是从完全不同的角度。不少经济学家持有的国家应该先富裕再自由的观点来源于他们对于政治的思考方式。他们觉得政治充满太多矛盾与摩擦，恨不能将其一笔勾销，而不是去认真对待。

毫无疑问，富裕是好事，世界上不少富裕国家是民主国家。但依赖大型联盟才是这些国家拥有高质量生活的强有力解释，即便现在不富裕，它也预示着将来的富裕。相形之下，经济增长和成功看来并不能确保国家治理的改善，实际上反倒有可能产生阻碍。[1] 这是一个需要进一步深挖的问题，不过目前我们关心的是核心支持者集团和可相互替代者集团的规模大小如何决定了资源在公共利益和私人利益之间进行分配，使领导人在恰当回报自己的联盟的同时，又足以防止大众制造麻烦。

---

[1] 参见布鲁斯·布尔诺·德·梅斯奎塔和乔治·W. 道恩斯：《可持续独裁制的崛起》，载于《外交事务》84，第5期（2005年9月、10月），第77—86页；相反的观点参见罗伯特·J. 巴罗：《经济增长的决定因素：跨国别经验研究》，剑桥，马萨诸塞：麻省理工学院出版社，1997；以及亚当·普沃斯基、迈克尔·阿尔瓦雷斯、何塞·安东尼奥·柴巴布与费尔南多·利蒙吉合著的《民主与发展：世界的政治制度与物质福利，1950—1990》，纽约：剑桥大学出版社，2000。

并非为了公共利益的公共物品

从一个领导人的角度来说，人民最重要的功能就是缴税。任何政权都需要钱。结果就是，即使最自私的独裁者都必须提供一些基本的公共物品，除非他能从类似石油或外国援助这样的资源获得重要收入，这种收入不依赖纳税者。他必须提供诸如必要的基础设施、教育、医疗这样的公共福利，以确保劳动者有足够的生产力去纳税，填满统治者及其核心支持者们的腰包。这些政策不是为了改善大众生活而制定的，尽管如此，当然，大众当中的某些人，特别是工人，会从中受益。

作为在生活中出人头地的手段，教育对任何国家的公民来说都是头等大事。实际上，不乏许多思想开明的人高度赞扬压迫政权下的教育质量，他们说的有根有据。像现代的某些独裁制国家拥有令人印象深刻的初等教育。举例来说，联合国教科文组织 1997 年的一项调查显示，有些独裁制国家的三年级和四年级学生的表现大大超过其他拉丁美洲国家的同年级学生。有些更是拥有 100% 的识字率。相比之下，民主国家印度只有 81% 的人具有读写能力。[1] 但这些事实可能具有欺骗性，甚至完全有问题。基础教育在这些国家是强制性和广泛的，这一点

[1] 参加联合国有关各国识字率的数据，网址为 http://unstats.un.org/unsd/mdg/SeriesDetail.aspx?srid=656。

经常被人用来证明独裁制度也没那么糟糕。

我们当中的任何人几乎不可能不深究在这些现象的背后，为什么独裁者要付钱培养三年级生，却不将那种教育质量延伸到高等教育当中。政治生存背后的逻辑告诉我们要保持怀疑态度。我们实在是认为这些公共物品并非为了帮助不幸生活在这些国家的人民。正如我们了解的，政治的规则教导统治者们，除了做防止人民造反的绝对必要的事之外，不要为人民做更多的事。领导人以牺牲关键支持者的利益为代价，花钱在公共福利上，无疑会招灾惹祸。

不论是独裁者还是民主领导人都面临相似的问题：什么范围的教育才是适量的？对于那些依赖极少数支持者的领导人来说，答案显而易见。教育机会不能太广泛，以至于普通人，也就是可相互替代者因受到教育而质疑政府的权威。天真的人也许会在观察许多糟糕的政权之后得出结论：这些政权对待自己的人民比民主国家对待自己的人民更好，因为它们提供了诸如国家包办的医疗保健或坚实的基础教育这样的公共福利。这是无稽之谈，当然，在绝大多数情况下，独裁者会让农民保持足够健康以工作，让他们受足够的教育以干好活。无论怎样，不管识字还是文盲，他们仍然是农民，而且永远都将是农民。

考察领导人对教育的兴趣，有一个更好的衡量办法，就是看顶尖大学在世界上的分布情况。除了几个特例之外，没有任何一个非民主国家拥有排名世界200强的大学。独裁历史悠久的俄罗斯在世界上排名最高的大学仅排在第210名。相比之下，那些人口较少、依赖大量核心支持者的国家，比如以色列、芬兰、挪威、荷兰、比利时、加拿大，无一不拥有多所大学进入世界 200 强。[1] 顶尖大学集中在拥有大型联盟的国家，这种不均衡的分布情况并不是偶然的。

受教育程度高的人对独裁者来说是潜在的威胁，因此独裁者要限制教育机会。独裁者们希望工人具有基本的劳动技能，比如识字，而他们希望自己的孩子——最可能的继承人——受到真正良好的教育，把他们送到诸如瑞士这样的地方上学。独裁者们也喜欢把孩子送到美国的顶尖大学读书，有的特别中意英国的牛津大学。实际上，人们几乎认为牛津大学是独裁主义者的温床。该大学是很多独裁者的母校，包括津巴布韦的罗伯特·穆加贝，巴基斯坦的布托家族，约旦、不丹、马来西亚乃至小国汤加的国王们。英国的大联盟体制为高等教育广开方便之门。

当领导人依赖少数核心支持者，高等教育只提供给有权阶层的孩子；当支持者规模巨大，高等教育是为了让每个人更好。可以举个例子，鲍里斯·叶利钦最想改变的老苏联的特征之一就是苏共领导人的子女享有进入最好大学的特权，无论能力如何。忠诚家庭的孩子得到帮助而进步，而潜在不安分家庭的有

[1] 参见《美国新闻与世界报道》所做排名，网址为 http://www.usnews.com/articles/education/worlds-best-universities/2010/09/21/worlds-best-universities-top-400-.html。

能力的孩子则被排除了进入最好学校的机会。[1]

独裁国家和民主国家有一个共同之处就是，内部人士在进入顶尖大学方面具有独特优势。即使在依赖大量核心支持者的国家情况也是如此，不过这种特权是由大学们自己给予的，而非政府要求它们这么做。美国总统不会告诉哈佛大学应该录取谁。对于这种体制的进一步观察会发现，哈佛和其他许多名牌大学青睐“遗产”，也就是校友的子女，因为这些学生有可能为大学带来更多来自富裕校友的捐赠。在其他方面很公开的大型联盟体制下，这种进入大学的特权实际上反映了大学本身的内部机制。

我们不应该忽视，大学机构本身是一种小联盟政治体制，拥有相当大规模的可相互替代者。因此不奇怪，大学就像独裁国家一样运行，青睐富裕、有关系的人，低看缺乏政治影响力的人。如果你质疑这一点，你可以看看大学校长们喜欢聘请多少行政管理人员，再比比教职员工的数量。行政管理配角们的工作取决于高层人物是否开心，这些人不可能太多。另一方面，教职员工则无须依赖“老板们”的开心，他们靠的是让同事们一直开心以获得教职，因此他们拥有相当大的做任何想做的事的自由——不然你以为笔者怎么能写下这一段话。不可否认，这里有一种相当微妙的平衡，因此成功的大学领导人特别善于

[1] 参见基伦·斯金纳、谢尔盖·库德里亚、布鲁斯·布尔诺·德·梅斯奎塔和康多莉扎·赖斯合著的《斗争策略》，安阿伯，密歇根：密歇根大学出版社，2007。

对那些可能构成威胁的人施以私人好处。那些为学校筹来资金的人经常会得到其中的一部分钱作为奖励。愿意合作的教师多半更容易得到公休假期、研究经费、挑选所教班级（通常是小班）的权利，如此等等。我们无须为大学里这种扭曲的价值感到惊讶，大学真的就是小联盟体制。

在中等教育方面，在那些依赖极少数不可或缺者的国家，我们也许指望能看到美好一点的局面。所有政治领导人为什么都不赞成开放的中等学校入学权利呢，在这里学生们不是能够学到高一级的数学、科学、语言、文学、历史和社会思想吗？答案很简单。这些都是危险的公共物品，必须小心地给予。没有必要那么多拥有技能、但为独裁政权贡献收入又非绝对必需的人。举例来说，渴望长久掌权的独裁者干吗要为那些不大可能为联盟的财富和安全做出贡献的人开放中等学校？数学和科学在独裁国家是很棒的学科，而社会学和政治科学则是民主国家的学科。

谁不爱乖宝宝?

提供医疗保健的动机与提供基本教育的动机没什么不同。对于小联盟国家的领导人来说，让劳动力大军保持活力是头等大事——除此之外的任何事和任何人都是次要的。把大量的钱花在那些不是劳动者以及不是长期劳动者的健康上面毫无意义。看清这个问题有一个更令人沮丧的方法，就是考察一下婴幼儿医疗体系的表现与政府致胜联盟的规模之间的关系。

貌似为数不少的非民主制国家的领导人和他们的不可或缺支持者不爱宝宝。无论我们想到的是恶魔般的萨达姆·侯赛因还是其他同行们，这一点都是对的。

萨达姆·侯赛因在人民因经济制裁饱受苦难之时还大建奢华宫殿。联合国为了减轻孩子们受到的影响，为伊拉克提供婴幼儿配方奶粉——然而，萨达姆默许他的党羽进行窃取。这些奶粉被拿到中东各地的市场上出售，为萨达姆带来收入，即便奶粉短缺造成伊拉克婴儿死亡率翻番。毫无疑问萨达姆是一个卑劣的人——一种情况可能是，他的纪录并不比任何其他无情暴徒更好或更坏；另一种可能的情况是，由于他依赖一个很小的党羽集团，他不得不像一个暴徒那样行事。也许换一种地方和环境，他说不定会到处亲吻宝宝以获取政治支持。说不定化学阿里说的是对的，萨达姆太仁慈。[1] 实际上，在那些据说具有良好医疗体系的独裁国家，婴儿死亡率也居高不下。这也许是因为，帮助小朋友对于领导人的权力生存提供不了什么特别的帮助。这倒不是说他们就像憎恨竞争对手一样憎恨可爱的宝宝，而是说他们认识到，帮助宝宝帮不了自己。

[1] 对于同一个人既在小联盟体制也在大联盟体制当过领导人，二者的对比可参看布鲁斯·布尔诺·德·梅斯奎塔：《利奥波德二世与选择人集团：一个与种族主义解释形成对照的解释》，载于《历史社会研究》32，4 期（2007 年），第 203—221 页。

在拉丁美洲，古巴拥有最低的婴儿死亡率，这当然是一个值得称赞的成就。然而真正的问题是，这应该归功于二十世纪六十年代之后古巴建立高质量医疗体系的善行，还是应该归功于从富尔亨西奥·巴蒂斯塔治下的古巴继承了良好的医疗体系。

巴蒂斯塔最早因参与1933年古巴政变而崭露头角。虽然有一系列人物随后担任古巴总统，作为陆军参谋长的巴蒂斯塔却是整个过渡时期“王位”背后的真正操控者。在1940年的自由民主选举中，他击败了政变政权时期的前总统拉蒙·格劳·圣马丁。巴蒂斯塔于是从1940年开始担任民主选举产生的总统，直至1944年任期结束。值得关注的是，这一时期由于巴蒂斯塔坚定推行亲劳工和工会的政策，因而获得古巴共产党的支持。实际上，在他根据1940年古巴宪法担任民主领导人期间，巴蒂斯塔证明了自己是一个高效的社会改革家，他同时也推行了成功的经济政策。[1] 简而言之，他的统治方式正是我们认为的大联盟体制下领导人该有的方式。

在任期结束后巴蒂斯塔前往美国。他属意的继承人在1944年古巴总统大选中输给了拉蒙·格劳·圣马丁。1948年，身在美国的巴蒂斯塔被选为古巴参议员。他回国就职，并于1952年再次参加总统大选，但在民意测验中落后于罗伯特·阿

[1] 豪尔赫·多明格斯:《古巴：秩序与革命》，剑桥，马萨诸塞：哈佛大学出版社旗下贝尔克纳普出版社，1878；豪尔赫·多明格斯:《古巴巴蒂斯塔政权》，收录于H·E.切哈比和胡安·J.林兹编辑的《苏丹化政权》(巴尔的摩：约翰霍普金斯大学出版社，1998)，第113—131页。

格拉蒙蒂和卡洛斯·赫维亚，仅居第三。亲美的巴蒂斯塔看到自己当选无望，又有美国政府的支持，于是在选举前发动政变。在军队的支持下，巴蒂斯塔这回当上了小联盟的独裁总统，而不再是一位民选的大联盟领导人。当然这是权力凌驾于政治原则之上的又一个例子。

古巴经济严重依赖农业，特别是劳动密集型的甘蔗种植业。结果就是，巴蒂斯塔由于缺乏自然资源，必须依赖劳动者创造收入。他从大量外国援助那里获得额外收入。除此之外，为了维持生存，他还必须保持一支健康且受过适当教育的劳动力大军。于是，巴蒂斯塔需要良好的医保体系和基础教育。

尽管一个醒目的事实是古巴拥有拉丁美洲最低的婴儿死亡率，但细节显示，婴儿保健的相对质量在下降。在巴蒂斯塔统治下，古巴同样拥有拉丁美洲最低的婴儿死亡率。一般来说，小联盟国家的经济会每况愈下，因为它效率低下，并会牺牲长期生产力来满足领导人和核心支持者的短期利益。福利丧失的速度部分取决于能获得什么样的外国援助来弥补小联盟统治方式造成的困境。相比在巴蒂斯塔统治下，我们应该看到后来古巴的医疗质量呈现出下降趋势，这并不是说前者比后者更具公益心，而是因为在大多数可悲的独裁国家，时间会渐渐无情地削弱普通人的生活质量。

在巴蒂斯塔被推翻后，古巴的婴儿死亡率发生了显著的好转，但婴儿保健的相对质量却没有跟上世界其他地方的步伐。二战之后，医疗技术大幅度提升了卫生保健的质量，特别是从二十世纪六十年代开始。古巴在婴儿死亡率方面的改善尽管很可观，但落后于其他很多国家的改善幅度。1957 年，就在巴蒂斯塔下台前不久，古巴的婴儿死亡率是每 1000 名新生儿当中有 32 例。这个死亡率之低在当时的世界上能排在第 13 名。拿这个可观的纪录来做比较，当时古巴的表现比奥地利、比利时、法国、以色列、日本、西班牙、葡萄牙和联邦德国都要好。而今天，所有这些国家在婴儿死亡率方面的表现都超过了古巴。然而，直到苏联解体前，古巴的经济增长率在拉丁美洲都是名列前茅。而古特马赫研究所的研究表明，它的堕胎率——旨在终止困难的高风险妊娠过程——高达 58.6%。[1]

在非民主制的国家当中，古巴婴儿死亡率的案例已经算是不错的了。事实上，在预防孩子过早夭折方面，有钱都不是好办法。拥有一个大型联盟才是最好的疫苗。与所有的药一样，它并不完美，但它会产生极其重大的影响。

在世界上，政府所依赖的关键支持者集团规模最大的 36 个国家，比起规模最小的 44 个国家，在婴儿死亡率方面每 1000 个婴儿少 31 例。再从人均国民收入来比较这 80 个国家，最穷的国家婴儿死亡率每 1000 个婴儿比最富国家多 15 例。成为富裕国家确实有助于挽救孩子的生命，但效果不如成为民主国家！

[1] 见 http://www.guttmacher.org/pubs/journals/25s3099.html。

清洁的饮用水

对于独裁者来说，把钱花在无法为经济做贡献的婴儿和儿童身上完全是浪费。资源必须用在那些现在有助于统治者维持权力的人身上，而不是那些在遥远的未来或许可能有用的人身上。当我们看看从危机国家流出来的照片和图像，很明显独裁国家人民的生命遭受磨难是很常见的。并不是说这些恶劣的生存条件不可逆转，而是独裁者仅仅出于成本的考虑就必定选择不去扭转。因为所需的资金必须从独裁者和联盟自己的口袋里掏出来。

考察一下清洁饮用水这一最基本和必须的公共物品。与水有关的疾病如霍乱、痢疾和腹泻夺走了这个世界上千百万年幼和年老的非劳动者的生命。这本来是可以很容易预防的，清洁的水就是巨大的救星。问题在于，独裁者似乎认为这些生命不足珍惜。

毫无疑问，在民主国家饮用水比小联盟国家更清洁、人民更广泛拥有，这与各自的人均国民收入的重要影响无关。举例来说，洪都拉斯是一个相当穷的国家，它的人均国民所得只有 4100 美元。然而，90% 的洪都拉斯人口能喝到清洁的饮用水。赤道几内亚的人均国民所得高达 37000 美元，是洪都拉斯的 9 倍。[1] 然而只有 44% 的赤道几内亚人拥有干净的饮用水。

[1] 2009 年按购买力平价计算的人均国民收入对比，参见 https://www.cia.gov/library/publications/the-world-factbook/rankorder/2004rank.html。

这两个国家都属于热带气候，都曾是西班牙的殖民地，而且都是基督教占主导地位的社会。最大的差异在于，比起赤道几内亚，洪都拉斯相当大程度上更民主化，具有更大的不可或缺者集团。这个对比很不同寻常吗？一点都不！诚然，收入更高的国家一般来说比穷国享有更高质量的饮用水。然而，拿人均收入水平相当的国家来对比，那些依赖大型联盟的国家基本上100% 人民都能喝到高质量的饮用水，而依赖较小联盟的国家要落后 20 个百分点或以上。清洁水资源和技术并不偏爱民主国家，而是民主国家偏爱确保其饮用水是清洁的。

基础设施建设

我们已经证明了，即便再恶劣的独裁者也得为人民提供基础教育和基本医疗保健，这样人民才能工作以养肥独裁者。要把劳动力转换为独裁者的财富，还得有一个必要的公共物品——劳动者生产的任何东西都必须送到市场上去卖，这就意味着必须要有公路将产品运输到市场上。

尽管如此，在基础设施建设方面仍然也有一个平衡点。因为公路通向两头，独裁者必须很谨慎，不能修建太多路，特别是不能把路修往错误的地方。修路的成本很高，而且很容易掩瞒真正的成本。这使得修路成为营私舞弊的好源头，相应地又使得修路非常具有诱惑力。但是把国家建设成交通太良好会导致产生新的地区权力中心——政治的，经济的，或其他方面——这将削弱独裁者的统治。如果局势升温到足以刺激叛乱的地步，独裁者修建的这些道路反过来将是他的梦魇。许多国家的基础设施之所以质量低劣，往往是统治者故意为之的，并不是什么被迫忍受的灾祸。

扎伊尔（即今天的民主刚果共和国）的蒙博托·塞塞·塞科曾经对卢旺达总统朱韦纳尔·哈比亚利马纳说："我在扎伊尔已经掌权 30 年，而我没修过任何公路。"为什么？他对哈比亚利马纳解释道："他们现在正沿路过来抓你呢。"[1] 事实上，1965 年蒙博托上台时，扎伊尔有大约 9 万英里的公路。32 年之后当他最终垮台时，只剩下 6000 英里，刚好仅够用来卖产品，不够别人轻易来抓他。于是，修建通往市场的路：可以。能把你带出国的路：可以。其他用途的路：没门。

我们再来考察一下各国首都通往各自最大机场的公路的直弯问题。当然，路应该修得多直取决于一系列因素。包括地形、首都延展的形状、修路的技术以及国家的财力。还有一个就是致胜联盟的规模。

财富并不是随机分布的。那些政府权力须依赖广泛支持者的国家通常也比较富裕。这可能会让我们以为在富裕的、文化程度高且依赖大型联盟的国家，机场高速路特别直，因为富裕国家的政府比较容易为修路提供拆迁补偿。然而事实并非如此。

[1] 引语出自詹姆斯·A·罗宾逊：《一个国家什么时候掠夺成性？》，工作论文，加州大学，伯克利，1999 年。

与财富不同，地形不受政治左右。水道分布广泛且多山地形可能会导致一国首都通往机场的道路非常曲折，无论该国掌权的是什么类型的政府。要笔直穿过这样的地形，意味着要修建很多隧道和桥梁。这些成本很高。穿过村庄的成本同样很高，因为当政府征用土地要拆人房子时，人们必须得到妥当赔偿。而在这种情况下要求赔偿的人有可能恰恰是有影响力的人和关键支持者。如果房屋的主人不是什么有影响者或关键支持者，那么笔直修路当然比逢村必绕便宜。

如果路线的选择仅仅只是一个经济问题，有人可能就会觉得富裕国家的首都通往机场的道路普遍比较直。但如果政治凌驾于经济之上，那么笔直的路在独裁国家比在代议制的民主国家更普遍。驾驶距离与直线距离之间的差异与政治有关，特别是与领导人需要多少核心支持者有关——这一点相当有意思，也许很让人意外，但确实有关。

我们将 158 个国家的首都到其主要机场的驾驶距离除以直线距离，得出比值。[1] 比值越小说明道路较直，比值越大说明道路较弯。30 个最低的比值（即驾驶距离几乎等于直线距离）当中只有两个出自民主国家，我们考虑进了过去 30 年（1981—2010）政府致胜联盟的平均规模。在政府领导人须依赖大量关键支持者的国家当中，葡萄牙和加拿大拥有最直的首都机场公路。葡萄牙的比值在世界上排倒数第 13，而加拿大的比值排

[1] 只要条件允许，我们都亲自测量过这些距离。如果读者想自己测量，可以使用谷歌地图和相关联的工具。

倒数第 28。那么比值最低的 10 个国家是哪些呢？答案是：几内亚、古巴、多米尼加、哥伦比亚、阿富汗、巴基斯坦、也门、厄瓜多尔、埃塞俄比亚和赤道几内亚。这显然不是一个民主国家名单。在这些国家当中只有厄瓜多尔和哥伦比亚的政府朝着依赖大型联盟迈出了实质步伐。根据我们的估算方法，这 10 个国家的致胜联盟平均规模是 42 分，满分为 100 分。[1] 世界平均水平为 62 分，比它们高出 50%！[2]

结论就是，当独裁者需要一条通往机场的公路（逃跑的好路线），他可以征用人民的财产，把路修得尽可能直，跑起来尽可能快。正如美国总统奥巴马于 2011 年 1 月 5 日发表国情咨文讲话针对修建铁路这一相似问题时说的，“如果中央政府想要一条铁路，他们就能得到一条铁路——不管有多少人的房子要被铲平。”他比较的是独裁者能做的事与他这位民主国家领导人不能做的事。

民主领导人认识到，动用征地权在政治上要付出代价，他们更愿意绕开村庄或房屋而不是将其铲平。一旦哪个民主领导人无视财产权，很可能出现的情况是，人民将诉诸法律或走上街头去矫正任何他们认为不公义的行为，这就是民主领导人所

[1] 布鲁斯·布尔诺·德·梅斯奎塔、阿拉斯泰尔·史密斯、兰多夫·席弗森和詹姆斯·莫罗：《政治生存的逻辑》，剑桥，马萨诸塞州：麻省理工学院出版社，2003。

[2] 对于财产权保护方面的最新一项研究表明，依赖大联盟的政府比小联盟政府更注重保护财产权。见摩根斯·K. 加斯特森：《建立和破坏财产权：联盟、否决者与市场的制度基础》，即将载于《政治学期刊》。

必须提供的各种自由权利的最高表现。一个聪明的民主领导人当然要尽量避免出现这种麻烦，他只有在有利于多数人特别是他的选民（也就是有影响者）的前提下才能动用征地权。当关键支持者只有极少数人，大概任何东西都保不住了。

公路并不是唯一的一种在独裁国家具有私人利益属性而在民主国家强调其公共福利属性的基础设施。独裁者和民主领导人都需要电网。举例来说，最近的一项调查表明，当政府扩大其对大型联盟的依赖程度，它们会将电价和电力可获性方面的政策从偏袒企业向有利于消费者的方向调整，也就是照顾大众而不是社会上最富裕的人群。[1] 然而世界上还有像蒙博托·塞塞·塞科这样的人，却是想尽办法利用电力来保护他们的政治生存。

蒙博托的一个著名做法是用一个远在千里之外的水电站取代扎伊尔国内铜矿附近的发电站。切断电力的按钮掌握在他手中，这确保了是他本人而不是某些地方企业家控制扎伊尔的铜矿财富。值得注意的是，整条电力输送线路避开了所有沿途居民。这正是那些利用公共政策维护自身权位的人才干得出来的基础设施建设。

类似埃及阿斯旺水坝这样的大规模建设项目很像蒙博托的

[1] 见戴维·S. 布朗和艾哈迈德·穆什非格·穆巴拉克:《民主的转化能力：政权类型与电力分布》，载于《美国政治科学评论》103（2009 年），第 193—213 页；以及布莱恩·敏:《谁获得公共物品？效率、公平与电气化政治》，向 2008 年 2 月 8 日至 9 日在加州大学洛杉矶分校举行的“后工业时代的财富和权力”工作小组会议提交的论文。

电网。这种工程对独裁者们来说太有利可图了。尽管这种工程必须搬迁走数量庞大的库区居民，它们也创造了巨大的贪腐机会，在成为基本公共基础设施提供者的同时成为私人报偿的绝佳来源。值得注意的是，它们的建造成本远远高于美国或其他西方国家的类似水坝，而这些国家的水坝主要是用来造福大众而不是个人。

为了让人民工作纳税，所有领导人都必须提供某些公共物品。在其他组织类型里同样如此。大企业的老板们不希望员工在与世隔绝中进行生产。交流、培训以及团队建设将促进生产力，尽管这些也可能有助于员工们协同反抗老板。出于这个原因，并非所有企业的电话都能随便接通到任何地方。

甚至黑帮家族的首脑都必须提供某些公共物品来帮助帮众谋生，其中最重要的也许就是声望。如果人们不相信他们背后有强力靠山，歹徒们将很难收取到保护费。黑手党同样要有威信和威慑力以保护其成员。谁要是杀了一个黑手党分子不会被轻易放过。黑帮也提供律师。上述种种都是很有价值的奖赏。更重要的是它们能让黑手党保持盈利。正如独裁者一样，黑帮老大们提供这些公共物品，以使帮众生产老大们掌权所需的财富。

为了公共利益的公共物品

在小联盟国家，公共物品主要服务于小范围的领导层利益，只间接服务于人民的利益。在大联盟国家情况则几乎完全不同。对这些国家的领导人来说，为了满足自己持续掌权的欲望，他们必须满足大型联盟的欲望，包括在各个层面获得高质量教育；在各个层面获得高质量健保；以及最重要的，在各个层面获得使联盟的愿望很容易被政府知晓的手段。当今世界人均国民所得最高的 25 个国家，除了新加坡之外，全部都是自由民主国家，这绝对不是偶然的。这些国家依法治国，具有透明和负责任的政府、自由的媒体以及集会自由。这些国家鼓励而不是压制或阻碍政治竞争。它们的领导人鼓励这样的竞争并非源自公心，更多是出于聚集起一个大型支持者联盟的必要性。

世界上最富裕的人当中，有一些生活在人口很少的小国家，比如冰岛和卢森堡。有些生活在人口众多的大国，比如美国或日本；还有一些生活在人口相对适中而幅员辽阔的国家，比如加拿大或澳大利亚。最富的一些人生活在宗教单一的国家，比如丹麦或意大利；还有人生活在宗教成分复杂的国家，如英国和美国。不少最富裕的国家在欧洲，但也有一些在亚洲、北美洲或大洋洲。一些国家曾是传统帝国，如英国和法国；而一些国家曾是殖民地，如加拿大或新西兰。

那么，这些国家有什么共同之处呢？不是它们的地理位置、文化、宗教、历史或版图大小。它们的共同点在于都是民主国家，因此都依赖一个大型的支持者联盟，尽管结构和规模各不相同。由于都依赖大量关键支持者，所有这些政权都提供便宜却极具价值的公共物品：自由。

尽管诸如言论自由、集会自由、新闻自由这样至关重要的自由权利很便宜就能提供，独裁者们却视之为瘟疫，避之唯恐不及。毫无疑问，民主领导人也巴不得避开这些自由权利，因为正是这些公共物品使得竞争对手组织起来推翻他们变得容易。但依赖大型联盟的领导人无法规避这些自由，因为如果他们无法保证很大数量的人们拥有自由言说、阅读、书写的权利、能够聚到一起自由探讨和辩论，他们将不可能聚集起一个致胜联盟。民主领导人必须倾听选民的声音，回应选民的期望，不然就有别人会上台来做。

而当领导人依赖的是一个很小的党羽联盟，联盟成员通过贪腐和营私舞弊而发财，很容易得到满足。他们不会冒着失去这些财富的危险要求领导人把钱从他们的口袋挪走，投到有效的公共政策上。在这种情况下，领导人很乐意限制公共物品的提供，特别是自由。于是，民主国家逃脱了霍布斯的自然状态，而独裁国家一般来说不能。实际上，我们只要看看在大自然发威造成巨大灾难时发生了什么，就能明白两类国家在逃脱自然状态方面的巨大差别。我们想想诸如地震、飓风、海啸、干旱这类自然灾害的后果。这些当然不是政治事件，但它们的后续结果却反映了统治者如何分配资源以及人民的集会自由如何影响分配决策。

地震与统治形式

一场里氏 7 级地震比一场 6 级地震猛烈 10 倍，而里氏 8 级地震又比 7 级地震猛烈 10 倍，比 6 级地震猛烈 100 倍。2003 年 12 月 26 日，伊朗的巴姆城遭受了一场可怕的地震，震级在里氏 6.5 和 6.6 级之间。全市大约 97000 名居民当中，有 26271 人死亡。2005 年 6 月 14 日，与伊朗人均国民所得相当的智利发生了一场里氏 7.9 级的地震。这次地震比伊朗巴姆地震猛烈 25 倍，而且发生在人口更多的地区。智利的这场地震袭击了人口有 238000 人的伊基克城，引人瞩目的是，只有 11 人死于震灾。起作用的是好运气还是好政策呢？

智利和伊朗都经常发生重大的地震活动。我们应该期待它们的政府都很关注地震的风险以及可能对人民造成的灾难。但迄今为止我们讨论的一切都促使我们，要对这种有关统治方式的乐观看法保持谨慎态度。

回头看看过去 50 年的历史，伊朗一直是一个依赖小联盟的国家。伊朗国王政府依赖的关键支持者集团也许比现在的政权的支持者集团更小，但这两种政权实际上差别并不大。根据我们的标准，不可能指望伊朗会促进那些政治自由，使人民很容易表达自己的意愿，使政府严肃认真地去满足这些愿望。

智利在过去半个世纪的情况稍微有点复杂。从 1960 年到 1973 年，该国是一个还算相当民主的国家，然后突变为一个小联盟政权，直到二十世纪八十年代末期。到 1989 年，智利开始渐渐回到其政府依赖相对大型联盟的道路上来。也就是说至少在整个二十世纪六十年代以及九十年代以后，我们能期待智利比伊朗在对待地震方面采取更注重公共物品的政策。

1960年，智利遭受了一场罕见的里氏9.5级大地震。它夺走了1655名智利人的生命（后续海啸夺走了远在千里之外的夏威夷61条生命），使200万人无家可归。当时还算相当民主的智利政府立即着手制定一部新的严格的建筑防震法规，以保护人民将来免遭类似的灾难。在长期的军事独裁统治期间，这部法规基本上没变动过，1993年已恢复民主的智利根据技术进步对这部法规进行了修订升级。智利这部防震法规不仅看上去非常严格，而且得到了很好的贯彻落实，大大提升了在面对地震灾害时人民的安全度。

不像智利，伊朗在过去半个世纪没有经历过民主统治。结果就是，政府没有动力采取有力政策保护公众免受自然灾难的伤害。在巴姆地震发生之后，麻省理工学院的伊朗研究小组表示，“鉴于伊朗地震活动高度频繁，一个全面的减灾项目于1991年启动，*但措施的有效性因缺乏足够资金和制度性协调而受限……该地区脆弱性的主要根源包括……无效率的公共政策以及基础设施建设落后和投资的盲目性*。（斜体为笔者所加）”[1]说白了就是：小联盟的伊朗国王和阿亚图拉政权把资金

[1] 见《伊朗的地震管理》，麻省理工学院伊朗研究小组，2004年1月6日。网址为 http://www.vojoudi.com/earthquake/management/management_eq_mit_eng.htm。

挪做满足私人利益，而不是用于提高公共安全度以抵抗可预见的地震灾害。他们没有为人民提供清晰表达愿望的途径，他们在人民遭受可预见地震灾害带来的死亡毁灭威胁时坐视不管。

智利和伊朗之间的这种对比远不是特例。与智利一样，值得指出的是，2009 年 5 月民主国家洪都拉斯发生里氏 7.1 级地震，仅 6 人死亡；2009 年 4 月意大利发生 6.3 级地震，207 人死亡。即使 2011 年日本发生的可怕的 8.9 级地震及其引发的海啸造成的死亡人数，毫无疑问会比同等规模灾难发生在小联盟国家造成的死亡人数低。日本不遗余力地重视建筑质量以抵抗地震，但几乎没有哪个国家能够抵挡住日本遭受的这种强度的地震和海啸。大型联盟能够拯救生命，因为大型联盟的领导人明白如果他们不能保护自己的普通国民，他们将被能够做到的其他人取代。

地震和海啸很难预测。但它们的后果不难预测。当政府依赖很多关键支持者，救灾行动就迅速，重建工作也快速高效。如果不如人民期待中的快速高效的话——在大联盟体制下人民的期待非常高——那么政治领导人很快就得卷铺盖走人。这就是随后我们将看到的卡特里娜飓风之后美国发生的事。我们也将看到，在关键支持者很少的国家，糟糕的救灾工作表现并不会导致领导人下台。相反地，独裁者更喜欢夸大灾害的严重程度以吸引更多的救灾资金。一旦资金到位就会被挪进政治精英们的私人账户，而不是被用于灾后重建。看看 2004 年海啸之后斯里兰卡的救灾行动就知道了。

这样的差别在一个国家的内部也能看到。2004 年海啸之后，爱德华·鲁斯前往印度南部东海岸的泰米尔纳德邦，探访那里的难民营。[1] 尽管灾害导致 15000 人至 20000 人死亡并造成大范围毁坏，在一年之内几乎所有灾民都得到重新安置，政府还对灾民的生命财产损失进行赔偿。灾民尽管相对贫穷，但对整个过程非常了解。原因就在于：泰米尔纳德邦的选举非常激烈，仍然盛行于印度北方的庇护式集团投票在这里已经崩溃。当 2006 年鲁斯前往更靠北的奥里萨邦，他发现人们仍然挤在 10 个村子里，但他们根本不是 2004 年海啸的灾民，他们承受的是 1999 年一场飓风灾难的后果。

有关自然灾害的所有这些例子讲述的是同一个故事的不同变奏。当政府依赖大量关键支持者，它们必须分配政府资源，提供有价值的公共物品，比如可靠的建筑规范、自然灾害之后的救援行动以及如果可能的话，预防灾害的堤坝、沟渠等。为了了解人民的需要，政府必须让公众能够很容易表达他们想要什么样的公共物品。做到这点的最佳方法就是提供所有公共物品当中最便宜但最有价值的那个：自由。

公共物品能够服务公共利益。然而它们也可能成为压榨公众的手段。在大型联盟的环境下，公共物品普遍提升公众的福利。在小联盟的体制下，情况则否。

---

[1] 见爱德华·鲁斯：《不顾众神：现代印度的崛起》，纽约：船锚书局，2006，第 139—140 页。

民主国家并非运气好。它们不是靠运气来吸引富有公益心的领导人。倒不如说，它们吸引的是以生存为念的领导人，他们明白，由于自己依赖的是大量关键支持者，他们只有搞清楚应该提供什么样的公共物品才有可能上台和持续掌权。小联盟国家的领导人也是在解答这完全一样的生存问题。只不过由于他们所依赖的联盟很小，他们提供的公共物品缺斤少两。在这两种情形下，公共物品都被用来达到政治生存的目的。

我们无须诉诸公益精神来解释为什么民主国家人民生活远胜独裁国家。当联盟较大，每个人都能接受更高层次的教育；当联盟较小，只有基础教育。而当联盟较小，医疗保健只为那些有生产能力的人提供；当联盟较大，宝宝和老人不会被排除在医保体系之外。联盟较大，每个人都能享用高质量饮用水；否则只有特权阶级才能享用。最重要的是，在大联盟体制下，表达愿望的自由以及当要求未获满足而表达不满的自由十分充分；在小联盟体制下，这种自由极其匮乏。

在探讨了生活在大联盟体制下的种种好处之后，下一章我们将考察民主制度的阴暗面——大联盟政权并不能杜绝为特定国民提供私人好处。我们也将看到，贪腐是小联盟领导人的好帮手，实际上，为党羽们提供贪污、贿赂机会和其他私人好处，有助于领导人维持权位。提供相似的好处会让民主领导人丢掉乌纱帽。这就是为什么世界上最腐败的国家总是由小联盟领导。

第六章

腐败使人有权　绝对的腐败绝对使人有权

我们已经看到领导人是如何上台，如何掌握金钱，以及如何提供公共物品，有时甚至是致力于全社会的福祉。然而，极少成功领导人是主要受到为人民做好事的愿望所激励。任何人都喜欢被别人喜欢，我们没有理由认为权势人物就不希望被人民爱戴和尊敬。实际上，确实有可能很多追逐权力、寻求高位的人是为了成为善良的领导人，但问题在于，为人民的利益做事可能极其不利于保持权位。

政治生存的逻辑告诉我们，无论是掌管国家、企业还是哪个委员会的领导人，首先且最重要的目标是得到和保持权力。第二，他们希望最大限度地掌握收入的开支权。在他们可以随心所欲花可自由裁量的钱做好事之前，为了上台，为了留在位子上，领导人必须聚精会神于建立并保持一个足够忠诚的联盟，帮助他击退任何对手的进攻。为了达到这一目标，领导人在回报大众甚至回报自己之前，必须先回报核心支持者联盟。

我们已经看到，给联盟的回报可以以公共物品的形式出现，特别是当不可或缺者集团的规模很大。然而随着核心集团的规模变小，任何领导人该做的最有效的事就是日益强调以私人好处的形式来分配他掌握的资源，回报联盟成员。为什么？因为给少数人提供私人好处总的来说比给多数人提供公共物品便宜，即使这少数人得到的好处非常丰厚。如果联盟不仅很小、而且是从一个非常大的可相互替代者的候选池里精选出来的，领导人更应该这么做，因为候选池里的每个人都渴望能成为致胜联盟的一员，从而获得各式各样的私人利益。

成功的领导人必须把做好事的愿望放在第三位，置于自己的政治生存和掌控大局的程度之后。私人物品最能帮助领导人保持联盟忠诚度。把不可或缺者与大众区别开来的正是私人利益。

由于这个原因，我们接下来必须探究领导人如何利用私人回报作为政治生存的手段。还应该考察统治者如何花无须用来收买联盟忠诚的那部分钱，也就是领导人可以自由裁量的那些钱。随着我们对这些收入使用情况的探讨，我们将看到阿克顿勋爵的名言“权力往往会腐化，绝对的权力绝对会腐化”一般来说是正确的——然而，它未能抓准因果关系。这里的因果链条应该是双向的：权力导致腐败，而腐败导致权力。正如本章的标题告诉我们的，腐败使领导人大权在握，绝对的腐败绝对会使领导人大权在握——基本上如此。别忘了我们讲过的路易十四的事例，从来没有哪个领导人拥有绝对的权力。这就是为什么领导人需要有支持他的联盟成员，以及为什么联盟成员需要得到致富的机会——当他们对领导人保持忠诚、帮领导人巩固权力、让他为大家谋财花钱。

权力与腐败

对于那些愿意当支持者的人来说，腐败的政客很讨人喜欢；而渴望权力的政客发现最容易吸引腐败的支持者加入阵营。领导人都想待在位子上，必须采取一切必要手段达到这一目标。成功的领导人不会不屑于使用遏制、镇压、压迫手段，甚至是杀掉真实或想象中的对手。任何不愿意去做脏活的人最好断了当领导人的念头。很显然，任何不愿做暴徒的人都不可能长久，当每个人都知道他没准备做出那些也许对政治生存至关重要的邪恶举动。如果一个有抱负的领导人不愿做可怕的事，可以肯定的是有大把别的人愿意做。如果他们不肯花钱让支持者去做可怕的事，他们得明白那些党羽会被别人收买，用恶行换取财富和权力。

成吉思汗（1162—1227）了解这一原则。他攻打到一个城池，如果那个城池没有立即投降，他就杀掉城里所有人，然后让下一个城池的人知晓他这么做了。通过这种方式，总的算起来其实他并不需要真的杀掉那么多人。他们明白最好还是投降，将财物乖乖送上，好让成吉思汗过去，剩下幸存者自生自灭。成吉思汗统治了很大部分的已知世界，65 岁时死于睡梦中。没错，他在西方世界名誉不佳（尽管他在故乡蒙古广受尊敬），但他毫无疑问是一位成功的领导人。

可以很公平地说，英格兰亨利五世的名声比成吉思汗好。[1] 在莎士比亚的剧作《亨利五世》中，他的圣克里斯宾节演讲即使今天的读者读来都会抱着感动钦佩之情。我们有时候会忘记，亨利五世也是可以非常残暴的。虽然英国人非常崇敬他，他在法国可不怎么受待见。在围困哈弗娄之时，莎士比亚让他以一个残暴领导人的口吻宣布，如果哈弗娄总督拒绝投降，将会发生什么：

一旦我又发动了攻城
不到把这毁灭殆半的哈弗娄城
埋葬在灰烬底下，就决不罢休
那时，一切慈悲之门都将闭紧
那些士兵尝过了战争的甜头
就只有一颗又狠又硬的心
只有一双毫无顾忌、到处劫掠的血手
他们的良心，容纳罪恶
就像敞开大门的地狱
你们那些鲜艳娇嫩的姑娘，茁壮的婴儿……

[1] 亨利（1387—1422）因百年战争中的阿金库尔战役之胜而备受尊崇。不过与成吉思汗不同的是，亨利英年早逝。他只享年35岁，不过他并非死于政治对手之手，而且在法国作战时因患痢疾而死。

你们怎么回答？你们愿意投降、避免这场惨剧呢

还是执迷不悟、自取杀身之祸？[1]（译注：此处采用方平先生译文）

对哈弗娄来说幸运的是，总督在听了亨利五世的话之后投降了。

历史上最有权力的领袖，比如成吉思汗、亨利五世或俄国的凯瑟琳大帝，往往成为只依赖一个很小联盟的独裁统治者。那些最成功的领导人，特别在现代，也拥有获得巨额收入的可靠手段，比如矿产财富。只要他们保持身体健康，这样的领导人是无懈可击的。也就是说，他们无限接近于成为一名绝对领袖。

那么，独裁者一旦开始掌权应该做什么？他们应该大肆征税——据说成吉思汗每攻占一个地方之后就横征暴敛。作为游牧民族，他不需要被他攻占的地方下一年为他生产，因为届时他和他的大军已经到了别处。独裁者们还应该起劲地压迫人民——约瑟夫·斯大林明白宁可错杀一千，不放过一个“人民的敌人”是值得的。他很清楚地告诉他的人民委员们，在处决潜在的人民敌人时产生离谱的错误率是完全可以接受的。独裁者还应该给核心支持者们送上巨额奖赏——凯瑟琳大帝通过授

[1] 威廉·莎士比亚：《亨利五世》，福尔杰莎士比亚图书馆，纽约：华盛顿广场出版社，2009，第三幕第三场，第97页。

予大片土地、成百上千的农奴以及伴生的收入，确保她的前情夫们都会对她保持忠诚。最后，独裁者们应该为自己的个人运途存钱，一旦遭遇困境能帮自己摆脱麻烦，或者确保在运气耗尽被人推翻后能软着陆——海地的让·克洛德·杜瓦利埃（绰号“医生宝贝”）就是这么干的，流亡法国期间他过着花天酒地的生活，直到在一场丑陋的离婚中被前妻卷走大部分钱。[1]

近乎绝对独裁者的领导人应该如何行事？一句话：腐败。

正如金钱使地球转动一样，金钱也使联盟转动。维持一个忠诚联盟的关键确实就是钱。如果一个领导人要遏制、镇压、压迫人民，甚至杀掉对手，他需要能为他干脏活的人。这种暴行可能很贵。这就是为什么成功的领导人为了这些目的花的钱最多，而且无须多言，一分钱都不会再多给。

独裁国家的领导人、不可或缺者和有影响者的富有程度令人咋舌，特别是对比他们的人民生活在水深火热之中，忍饥挨饿，甚至处于死亡边缘。但不管怎样，他们对权势的垄断压制住了人民，同时金钱使得挑选出来的少数人很乐意执行政权的意志，保护领导人的权力。

为了防止有人草率得出结论认为这仅仅是对独裁者的描述，有必要考察一下民主国家的私人物品。民主领导人需要得

[1] 失去财富之后，他一直渴望回到海地，觉得自己说不定能再次掌权敛财。他最终于2011年1月咬着牙回到了海地，但立即被控腐败和其他罪名。权力的诱惑实在太强烈了——甚至强烈到诱使“医生宝贝”做出了最轻率的决定。时间会证明一切。

到很多人的帮助，他们不用像独裁者那样花那么多钱，但是，即使民主领导人的支持者也必须得到回报。

民主国家的私人物品

我们这个版本的政治逻辑告诉我们，当不可或缺者较少时，私人物品会占据政府支出的较大比例。出于这个原因，我们很清楚独裁国家的总体腐败情况比民主国家严重得多，情况就是这样。透明国际每年都对各国政府的腐败程度进行排名，数据证明我们对独裁国家和独裁体制的直觉判断是对的。根据透明国际 2010 年的腐败指数，25 个世界上最腐败的国家没有一个是成熟的民主国家。只有一两个——比如说俄罗斯和委内瑞拉——也许会被某些人认为是准民主国家，至少在它们看上去拥有多党选举这一意义上。我们说“看上去”，是因为很明显这两个国家的反对党被严格限制利用媒体发声，甚至它们举行公开集会的能力都被限制。毫无疑问，最高程度的腐败的确属于非自由的、依赖小联盟的政权。但这并不等于说依赖大型联盟就能使政府免于腐败。它甚至并不表明依赖大型联盟的政权花在腐败方面的钱绝对比独裁国家少。

由于民主的环境促使政府征较少的税、花更多的钱在提升生产力的公共物品上，对大量不可或缺者的依赖倾向于与成功的经济表现联系在一起。结果就是，比独裁国家更有可能做大收入蛋糕，正如我们早先讨论过的。整个收入蛋糕当中较少份额被大联盟政府割走，但由于政府拿走的是一块更大的蛋糕中的较少部分，他们可以获得更多可支配的收入。尽管在小联盟国家私人 / 公共物品的比例偏向于私人物品，但在大联盟环境下，私人回报的总额仍可能更高。

伊朗和土耳其是两个穆斯林占主导地位的国家（一个什叶派，一个逊尼派），都坐落在中东。伊朗有丰富的石油资源，有人也许认为它本该减轻人民的税负。土耳其没有石油或其他实质性的自然资源财富，需要通过征税来维持政府。两个国家都拥有独裁统治史，但土耳其现在是一个成熟的（尽管仍在转型期）民主国家，而伊朗虽然有点民主制的门面却仍然是个专制主义国家。在伊朗，人民的选票和议会通过的法律全部都可以被最高领袖推翻。在土耳其，总统只有有限的否决权，跟在美国一样，因此土耳其总统必须采取类似政变的非法行动才能推翻人民的意志。

伊朗人口有 7300 万，土耳其有 7500 万，两国的规模相当。2010 年伊朗的腐败严重程度排在全球第 32 位（也就是说，在商业往来的诚实度方面，在 178 个国家中它排在第 146 位），这使该国成为世界上最腐败的国家之一。土耳其的清廉度排在第 56 位，在反腐方面跻身于全球较好的三分之一国家之列。也就是说，有 122 个国家比土耳其更腐败。尽管谈不上表现如何耀眼，但对于一个转型期的民主国家来说，表现已经相当不错。土耳其的人均国民所得大概为 13730 美元，伊朗则为

4530 美元。[1] 尽管伊朗拥有巨大的石油财富，伊朗人的平均收入只有土耳其人的三分之一。伊朗的税率也比土耳其高，即使有石油，伊朗征收的所得税也比土耳其多。两个国家都实行累进所得税制，但伊朗有个叫做“退伍伤残军人慈善基金会”的小集团，不仅免税，还能免于腐败指控。基金会为高级宗教领袖和军方领导人理财。基金会据称控制了每年伊朗国民所得的 20% 至 25%——对于私人好处来说，真的不赖。

为了合理比较两国，可以来看看一名伊朗人和一名土耳其人要缴纳多少税。以年收入 4530 美元来算，一名伊朗人要缴纳 762 美元的个人所得税，一名土耳其人只要缴纳 680 美元（基于 2010 年 12 月 2 日土耳其里拉兑美元以及伊朗里亚尔兑美元的汇率折算）。[2] 如果以土耳其的年人均收入 13730 美元计算，一名土耳其人只要缴纳 2450 美元个人所得税，而一名伊朗人却要缴纳 2809 美元。不出所料，伊朗政府从一块较小的国民收入蛋糕中切走了较大的一部分。事实上，世界银行的报告显示，2008 年（世行报告的最近年份）土耳其政府的收入占到 GDP 的 22.5%；而同一年伊朗政府的收入则占其 GDP 的 32%。根据土耳其的 GDP，2009 年（世行报告的最近年份）土耳其政府的收入为 1388 亿美元。根据伊朗的 GDP，2009 年伊朗政府的收入为 1059 亿美元。尽管伊朗税率更高，土耳其

[1] 见世界银行的数据 http://data.worldbank.org/country for Iran and Turkey。

[2] 此处有关税率和收入水平的关系，见 http://www.taxrates.cc/html/turkey-tax-rates.html。

政府的收入蛋糕却更大。

伊朗政府征更多的税，收入蛋糕却只有土耳其政府的76%。于是，假如伊朗政府花掉岁入的25%用于向相对较小的核心支持者联盟提供私人物品，土耳其政府只需要拿出19%的岁入就能提供以美元计价的相同数额的私人物品。很有可能的是，土耳其政府所花的钱占收入蛋糕的比例以及绝对总金额都比伊朗花在腐败和其他私人物品上的钱少得多。但正如我们先前看到的，完全有可能一个大联盟国家花在腐败方面的绝对金额与小联盟国家花的钱相当。在小联盟的环境下，腐败会被认为更严重，这是因为毕竟这些钱占其政府收入蛋糕或GDP的比重较大。

我们要记住的很重要的一点是，民主国家千百万个人支持者所得到的个人利益在价值上很小。而在独裁国家，即使私人物品总金额与民主国家相同，每个核心个人支持者所获得的私人利益却非常可观。举例来说，土耳其的致胜联盟人数随便算算大概就有2000万人左右。在2007年的土耳其大选中，实际投票人数为堪堪3600万人，而登记选民有4250万人，所有合格选民则有4840万人。既然有3600万张选票，根据土耳其的简单多数选举制，该国的致胜联盟人数有可能超过1800万人。伊朗的致胜联盟人数大概只有区区数千人。我们不妨夸张一点，假定伊朗的致胜联盟人数为10万人，包括宗教领导人、地方和国家政治精英、重要的公务员、关键的军官以及执行镇压示威任务的政府打手。假设伊朗只花50亿美元在私人报偿上（我们不可能掌握确切的数目），那么每个联盟成员平均能得到5万美元，超过年人均国民所得的十倍。假设土耳其也花50亿美元用于个人好处（我们当然也不可能知道确切金额），每个联盟成员平均只能拿到250美元，还不到年人均所得的2%。当然，这两个国家大多数联盟成员拿到的钱远远达不到平均水平，而少数人则会拿得多得多。但很显然，在土耳其不会有多少联盟成员会为了区区250美元干出殴打甚至杀害同胞的勾当。同样明显的是，在相对较穷的伊朗，政府奖赏每个支持者5万美元，应该很容易鼓动他们四处镇压人民。

私人物品构成了世界上每个政府开支的一部分，每家企业的情况也是如此。但即使花在私人物品上的总金额相同，在大联盟环境下指使支持者去做真正肮脏的勾当要比在小联盟环境下困难得多。历史上出现过的依赖大联盟的领导人，没有哪个能残暴如独裁者成吉思汗。同样地，我们也必须认识到在更为民主化的制度下，私人回报更可能以扭曲的公共政策的形式出现，而不是通过诸如赤裸裸的贿赂、黑市交易或极端的徇私舞弊等形式表现出来。

那么，民主国家提供的私人报偿到底是什么东西？公共政策是如何被扭曲来为某些人创造利益却损害其他人的利益的？

人们很时髦用诸如意识形态或左右阵营这样的概念来谈论政治。关于左右两个阵营的标准表述大概是这样的：自由主义者关心穷人，愿为减轻他们的痛苦而奋斗。自由主义者经常受到富人和权力阶层的阻扰。那些非常富有和有权势的人往往是保守主义者。保守主义者关心富人的利益，为了保护富人免受税收和自由主义开支政策的侵害而斗争。不奇怪的是，自由主义的支持者相比保守主义的支持者来说往往是相对较穷的人。作为对政治的简单化处理，这样的表述没问题。我们除了提出一个思考政治的迥然不同的思路之外，不想挑战这一表述。

决定统治者如何统治的那些规则不可避免地将政客内心真正属意的政策与其嘴上说的、手上做的区别开来。这并不是说我们怀疑政客对于公共政策的好坏没有真诚的看法——而是说这些看法并不重要，不仅如此，很少有办法能辨别基于机会主义政治权宜之计所宣称的东西与基于真实信念而宣称的东西。

从本书的角度出发，所谓的自由主义者和所谓的保守主义者只不过是在各自建立能帮助他们赢得权位的利基。美国的民主党人喜欢提供针对富人的税收，改善穷人的福利，并寻求给予中产阶级摇摆选民大量好处。美国共和党人喜欢减少对富人征税，削减穷人的福利，提倡重返工作岗位计划，相似地，他们也寻求给摇摆中间选民提供大量利益。许多税收和开支政策以及分肥项目等，无非是把私人物品分发给相关党派的核心支持者联盟。两党都特别关注中产阶级，因为中产阶级选民人数众多且左右摇摆。在中产阶级眼中，任何比他们收入高的人都叫富人——这些人被要求缴纳更多的税。他们认为福利开支充满了欺诈，必须被曝光。如果政府政策特别关照他们，他们会很开心——毫不奇怪——比如降低按揭贷款利息，扩大医疗保健福利，为他们的孩子上大学提供学费补助，以及提高社会保障金，即使在没有出现通胀的情况下。

赤贫的人不大可能去投票，但有工作的穷人会，而且当然他们最可能将选票投给那些能给他们带来利益的候选人。收入一般的人喜欢累进税制，痛恨消费税。那些希望扩大和加强职业培训、医疗补助、长期失业保险以及低税或免税的人，倾向于将选票投给能满足他们愿望的候选人。这些愿望毫无疑问是公共政策，但这些公共政策主要有利于特定集团，他们的选票对于民主党候选人获胜至关重要。他们不可能将票投给共和党，因为现实就是获胜的共和党人不可能支持我们刚刚提到的那些计划，至少在规模上不会与民主党人相同。所以说这些政策就是为了收买政治支持，与任何其他形式的私人报酬毫无二致。

富人也喜欢补助。围绕相对小康的人群建立支持者联盟的共和党候选人最有可能提供这些补助。比方说，富裕人群和共和党候选人总的来说赞成政府对癌症、阿尔茨海默症以及其他老年病的医学研究提供支持，这些老人恰好构成了美国最富有的年龄层。不仅如此，小康人群更有可能活得够久以至于患上这些老年病。他们喜欢较低的资本利得税，因为他们有足够的钱去追逐股票投资收益；他们讨厌遗产税，因为他们想把可观的钱留给后代。穷人几乎无缘享受这些福利，但他们却得为此缴税帮助富人——假如他们缴税的话。但随着民主党在联邦和各州比共和党更经常控制立法机关，值得注意的是，超过40% 的美国人——大部分是低收入阶层——根本不用缴纳个人所得税。[1] 归根结底，这就是这部分美国人渴望的私人报偿的一种，正如在小联盟国家富人缴纳极少的税、渴望私人利益一样。无论在大联盟还是小联盟环境下，私人利益正是以我们应该预料到的自私自利的方式扭曲了经济。即使在世界上最民主的国家，这些私人利益无须诉诸冠冕堂皇的公平、效率或意识形态原则也完全解释得通。哪个领导人的政策特别有利于他们，他们就支持谁。这就是为什么特殊拨款——在口语中被称为“猪肉”——通常情况下会被大众口诛笔伐，然而一旦钱拨给了某个选区，则该选区的人就会欢呼雀跃。

在美国之外，情况也是如此。随着政府离民主化的距离远近或领导人在不同地区依赖的联盟大小程度的差异，他们会相应调整私人物品的提供。就这一点，我们可以来比较两个转型民主国家：坦桑尼亚和俄罗斯。前者貌似正在扩大其致胜联盟规模，而后者似乎正在萎缩。

本书早前曾谈到坦桑尼亚的议会“邦吉”如何从表面上反映出一个大联盟政府的结构。我们知道，在民主的表象之下，它其实是一个转型期的政权，保留了很多小联盟政府的特征。也就是说，它的选择人集团的扩张速度比致胜联盟快，这使它与操纵型体制很像。这种转型国家出现的典型局面是由一系列

[1] 参见戴维·莱昂哈特：《是的，47% 的家庭不用纳税。看仔细了。》，载于《纽约时报》商业版，2010 年 4 月 13 日。网络版地址为 http://www.nytimes.com/2010/04/14/business/economy/14leonhardt.html。

能够限制联盟规模大小的方法促成的，即使该国已经实现了普选权。坦桑尼亚人为维持小规模致胜联盟的方法之一是，议会中设置了很多妇女席位，她们是由议会各政党非直接选出的；另外，总统有权指定多名邦吉议员。结果就是，所需的致胜联盟的真实规模远远小于议会多数。我们再来看坦桑尼亚地区层级的选举，我们知道正如加州贝尔城的多候选人选举一样，在坦桑尼亚各个议会选区的多党竞争中，致胜联盟只需要比得票数第二的政党多一票就够。这相当于连10%得票率都不用，甚至经常远远低于10%。为了获得关键性的得票率，政府派发了各种私人好处。

坦桑尼亚的主要农作物是玉米。于是政府有选择地提供购买玉米种子的补助代金券。派发给不同地区的代金券的价值不同，这给我们考察代金券如何发挥作用提供了两种角度。第一种角度是看看谁能获得代金券，以及代金券的价值如何根据各个地区致胜联盟规模不同而变动。毕竟，代金券计划也许只是中央政府对忠诚的、小联盟选区的回报。而大联盟选区则很可能得不到代金券或只获得价值很小的代金券，即便该地区严重依赖玉米生产并十分贫瘠。[1]

[1] 我们汇集了世界银行有关代金券、每个地区经济生产力以及贫穷度的数据，看看到底代金券是给了有需要的玉米种植农还是作为政治报酬给了拥有最小联盟的选区。从坦桑尼亚的实际出发，我们把长短雨季的玉米平均产量作为生产力指标。贫穷度指标则是世界银行认定的处于贫困线以下的人口占该地区总人口的比例。坦桑尼亚政府声称代金券计划是为了消除贫困；我们的统治法则则认为代金券计划是送给小联盟选区忠诚支持者的私人回报。

通过提供代金券，坦桑尼亚中央政府有机会平衡或扰乱经济社会状况。它可以单纯从实际需要出发做决策（贫穷和低生产力）；它也可以基于政治生存的需要做决策来分派资源，也就是奖赏政治上忠诚的人，而不给经济上有需要的人。你觉得他们会怎么做呢？我们这里不想拿对于数据的烦琐统计分析细节来烦大家，直接给出坦桑尼亚玉米代金券的关键事实就好。

正如我们不幸猜中的，联盟的规模大小产生了重大影响，如果一个选区的致胜联盟规模翻倍，它获得代金券的可能性会锐减 69%。而比起获得代金券的可能性，代金券的价值更受到联盟规模的影响。我们只考察那些确实收到了代金券的选区（别忘了它们就是因为联盟规模比较小才获得代金券的），我们发现将选区中不可或缺者的人数翻倍，他们获得的代金券的价值将缩减大约三分之一。这就是说，即使同样都是小联盟选区——它们最可能收到代金券——坦桑尼亚中央政府也会严格区分那些最看重私人物品的选区（联盟规模最小的选区）和那些不那么看重私人物品的选区（联盟规模稍大一点的小联盟选区）。

如果是基于实际需要而分发代金券，情况又会如何呢？事实表明生产力与获得代金券的可能性和它们的价值有关——但却是生产力高的地区更受照顾，而不是那些需要帮助提高生产力的地区。至于贫困与代金券的关系，情况显示实际需求对于政府如何使用代金券以刺激农业经济产生不了作用，而这本来是政府代金券计划应该要达到的目的。领导人的自私再一次压倒了对人民有利的决策，除了那些致胜联盟比较大的选区。在致胜联盟较大的地区，正如我们可想而知的，有比较有效的公共政策。居住在大联盟地区的人民相比小联盟地区的人民更容易得到医疗保健，具有较低的婴儿死亡率以及更充分的住宅电气化，等等。

毫无疑问，在小联盟国家腐败就像传染病一样。在从独裁制向民主制转型过程中，政府会逐渐减少腐败。比方说，坦桑尼亚就在缓慢地改善其国家治理。2010 年透明国际的政府清廉度排行榜中，坦桑尼亚排在所有 178 个国家的第 116 名，明显好于（比如说）俄罗斯。正如我们能预料到的，类似俄罗斯这样的政府，正在相反的方向上进行转型，逐渐放弃了朝民主制迈进，取而代之的是小联盟的独裁制，把腐败当做领导层政治生存的至关重要手段。

我们已经注意到，俄罗斯是世界上最腐败的国家之一。正因如此，私人物品的政治逻辑在该国的腐败运作方式当中得到了生动体现。

在小联盟国家，警察工资很低是一个普遍现象，俄罗斯也不例外。粗略想想，这似乎很令人意外。警察对于一个政权的生存非常重要。警官被赋予了维持社会秩序的重要责任——经常表现为镇压反政府示威，打击反政府活动分子头目。要鼓励这种行为的话需要警察要么对政府高度忠诚，要么必须得到很好的报偿。但与其他地方一样，腐败的逻辑发挥了更复杂的作用。

尽管私人报偿可以直接由政府财政拨给警察，补偿警察忠诚表现——包括愿意镇压同胞——的最简单方式就是给予他们自由腐败的空间。工资这么少，他们必定会意识到腐败不仅可以接受也是必须的。然后他们会加倍效忠于政权：首先，他们会感谢政权给他们敛财的机会；其次，他们会明白，如果他们三心二意，将很可能失去特权并被检控。还记得米哈伊尔·霍多尔科夫斯基吗？他曾经是俄罗斯首富。我们不知道他是否腐败，但我们知道他不忠于普京政府，然后就很快以腐败罪名被起诉。警察面临着相似的威胁。

来看看少校警官、自揭家丑的阿里克谢·迪莫夫斯基的案例。[1] 迪莫夫斯基先生自己承认是新罗西斯克的一名腐败的警察，这座城市有 22.5 万人口。他说，那里刚参加工作的警察月薪只有 413 美元（约合 12000 卢布），这无法满足生活需求，因此必须腐败。迪莫夫斯基宣称他个人只贪污了很少的钱。我们不知道他说的是不是真的，但我们知道接下来发生了什么。

在他制作并寄给弗拉基米尔·普京总统的一个视频中（该视频随后在 Youtube 上变得非常有名），“迪莫夫斯基先生还描述了俄罗斯警界很普遍的一种现象：当警察们每天值完班，他们每人必须将受贿所得的一小部分上交给所谓的出纳员，其实就是一名警察局里的高级官员。一般每天上交 25 美元到 100

[1] 所有有关迪莫夫斯基事件的引语出自克利福德·J. 列维：《视频激起俄罗斯人对警察的愤怒》，载于《纽约时报》，2010 年 7 月 28 日，第 A1 页。

美元。如果有人不交就会受到处分。”根据迪莫夫斯基自己的说法，他渐渐对腐败感到厌烦，感觉是被强迫腐败。《纽约时报》报道称，他质问普京，“警察怎么能够收受贿赂？……您明白我们的社会正走向哪里吗？您谈论要减少腐败，”他接着说，“您说腐败不仅是一种罪行，也是不道德的。但情况并非如此，我向上级报告说警察很腐败，他对我说，这种事没法消除。”

迪莫夫斯基在俄罗斯差不多成了民族英雄。他自揭家丑得到了很多普通俄罗斯人的高度赞许。然而官方的回应却大相径庭。人们有意回避他，他被解职、被骚扰、被起诉，还遭到监禁。公众的强烈不满才使得他被释放。不再是警察的他当起了导游，带人游览他的一些前同事们的豪宅。这些豪宅当中最引人注目的一幢是属于警察局长切尔诺斯托夫的。局长的年薪大概在 25000 美元——却拥有一幢估价 80 万美元的海边豪宅。局长从未解释过他如何能买得起这样的房子，然而依然稳坐局长宝座。他显然没有因为明显的腐败而锒铛入狱，不像米哈伊尔·霍多尔科夫斯基或阿里克谢·迪莫夫斯基，这位新罗西斯克的警界老大一直对俄罗斯政府忠心耿耿。至于迪莫夫斯基的自揭家丑行为，倒确实促使克里姆林宫采取了一项行动。俄罗斯中央政府通过一项法令，对于那些敢于批评上级的警察将施以严厉惩罚。正如《纽约时报》指出的，这项法令随后被人称为“迪莫夫斯基法”。

腐败是私人物品的一种选择形式，原因就是迪莫夫斯基所揭发的那些事。它确保政权获得忠诚，又不用支付高额的薪水，它还保证检察机关能将那些不再忠诚的受惠者抓出来。从领导人的角度来说，还有什么比这更棒的吗？

小联盟体制下的私人物品

就“头脑清醒”的小联盟领导人而言，我们已经非常熟悉的利比里亚的多伊军士明白私人物品对其党羽的重要性。美国政府一份有关他如何使用美国援助的报告指出：“这位总统最关心的是政治和肉体安全。他优先考虑的事项有违经济复苏……多伊总统对他的部落人民和核心圈子非常眷顾。他支持地方群体的糟糕政策破坏了更大的社会目标。”[1] 一言以蔽之，这正是私人报偿——肉体和政治生存，而非更大的社会目标。多伊军士对政府资金的“错用”所具有的最重大意义是，这让他掌权了十年。多伊的故事并非特例，在非洲毫不稀奇，甚至对任何政府来说都不稀奇。任何组织都这样，特别是当它们依赖一个很小的不可或缺者集团。在考察世界上更多独裁者的案例之前，我们先来看看私人物品如何在某些多数人认为无害甚至值得称道的小联盟组织下发挥作用。我们想到的是两个体育组织：国际奥林匹克委员会和国际足球联合会（掌管足球事务

[1] 马丁·梅雷迪斯：《非洲的命运》，纽约：公共事务出版社，2005，第556页。

的国际性组织）。归根结底，对于国际奥委会来说，还有什么能比促进国际体育竞赛的质量（或许数量）、不受政治和个人干扰更重要的呢？答案是：奢侈的招待以及金钱。

2002 年的盐湖城冬季奥运会因舞弊与贿赂丑闻而被人记住的程度恐怕与赛场上取得的体育成就差不多。盐湖城冬奥会申办委员会花了数百万美元用于招待和贿赂，包括现金、奢侈的娱乐项目和旅行开支、为国际奥委会委员的亲戚提供奖学金和工作、房地产交易，甚至整形手术。事件曝光后，有 10 名国际奥委会委员被解职或主动辞职，另有 10 人遭到惩戒，而盐湖城申奥委员会的负责人汤姆·韦尔奇和戴夫·约翰逊因欺诈和贿赂遭到起诉。

然而这并不是孤立的个案。实际上，盐湖城申奥委员会认为他们在申办 1998 年冬奥会时遭到了不公平的忽视。获得那届冬奥会主办权的日本长野市花了 440 万美元用于款待国际奥委会官员。实际上几乎任何申办活动背后都充斥着这样的不轨行为。在申办 1996 年夏季奥运会的过程中，澳大利亚墨尔本市为墨尔本交响乐团安排了一场特别的音乐会，目的就在于让一位来自韩国的国际奥委会委员的女儿进行钢琴演奏。很显然，任何想要获得主办权的城市都必须提供豪华旅游和款待。

腐败和私人交易并不仅限于大规模的贿赂；几乎在每个层面上都存在把钱转入支持者私人口袋的事。事实上，1996 年的亚特兰大夏季奥运会表明，任何有可能威胁到国际奥委会将钱转给党羽和核心支持者的行为，无论多小，都会引起他们的注意。英国的《独立报》曾在商业版进行过报道（1995年3月26日）：

> 甚至连小企业主——从T恤供应商到希腊餐馆主人——都得当心！根据一项1978年的美国法律——业余体育法案——美国奥林匹克委员会对于任何与奥林匹克相关的符号和文字拥有“超级商标权”……
>
> 法律的严格规定对于亚特兰大奥运组委会吸引官方赞助商至关重要。部分赞助商甚至需要支付高达4000万美元以获得特许权。已经签约的公司包括总部就在亚特兰大的可口可乐和IBM、柯达、施乐，以及汽车制造商通用和宝马公司……
>
> 然而，人们开始质疑奥林匹克商标受到的保护措施。一位亚特兰大艺术家希望用“USAtlanta”作为她作品的商标，遭到亚特兰大奥组委的拒绝，理由是该商标牵涉到1996年奥运会。
>
> “我认为这有点过分了，我觉得很难相信任何人会认为她设计这个商标是用来从奥运会中获利，”亚特兰大的一位体育赞助顾问约翰·贝维尔拉瓜说，不过他仍然对组委会的做法表示理解。
>
> 也许最奇怪的案例就是泰奥多勒斯·瓦扎卡斯的遭遇。他1983年就在亚特兰大开了一家希腊餐馆——远远早于亚特兰大获得1996年奥运会主办权——取名叫做“奥

林匹克”。1991 年他被亚特兰大奥组委告知侵犯了 1978 年的法案，必须将餐馆改名。最终他花了 1000 美元，将名字改为“奥林匹亚餐馆和披萨”。

“对此我非常恼火，”他抱怨说，“但我没有钱和这帮家伙抗争，只能改名。真的，我觉得这事实在太疯狂了。”[1]

甚至本书作者之一的布鲁斯·德·梅斯奎塔都亲身领教过奥委会对于控制金钱和获得私人好处的机会是多么饥渴。他的妻子阿琳和两个朋友成立了一家叫做“侧手翻”的公司（最终被他们卖掉了），为体操运动员生产有趣的商品，如 T 恤、首饰、文具和音乐 CD，所有产品都基于某个体操主题。阿琳回想起 1996 年奥运会举办之前“侧手翻”公司遭到的来自国际奥委会和亚特兰大奥组委的干涉：

我们的公司为体操运动员设计 T 恤和其他产品。在亚特兰大奥运会之前，我们想设计一些带有五环、火炬或其他与奥运相关图案的产品，但被告知不得印制，否则将陷入巨大的法律麻烦。他们根本不管我们是否采用了与官方设计完全不同的风格或颜色。我们不得以任何形式使用“奥林匹克”这个字眼，也不得使用五环或火炬图案。我

[1] 见 http://www.independent.co.uk/news/business/olympics-crackdown-on-sponsorship-parasites-1612771.html。

们甚至必须避开官方颜色。为了满足我们的顾客对于奥运商品的需求，我们不得不以高价购买美国奥委会的官方产品，其中一些产品质量极其糟糕，我们都怀疑这些公司是怎么拿到赞助商身份的。

根据我们的思路，答案是显而易见的。就像其他许多公司一样，“侧手翻”公司被迫支付高价，从国际奥委会或美国奥委会挑选的供应商那里购买产品，来为国际奥委会和美国奥委会中饱私囊以及向别人分发巨额私人好处提供资金。毫不奇怪，产品质低价高。

伴随奥运会几乎所有商业层面的丢脸的腐败行为最终在盐湖城达到顶峰。由腐败丑闻引发的公众质疑确实促使国际奥委会承诺进行改革，严格限制委员接受礼品、豪华旅行和申办城市提供的津贴。但政治生存的规则使我们认为这种禁令不可能持续，因为奥林匹克组织全部都是小联盟体制。实际上，英国广播公司的新闻节目《全景》所做的卧底调查表明，贿赂行为仍然很活跃。在 2012 年奥运会主办地即将宣布之前的冲刺阶段，一些被人秘密录音的会议透露，国际奥委会委员每一票的价码大概在 10 万美元至 20 万美元之间。[1] 体育爱好者当然会对此很痛心，但对于任何明白政治生存的人来说，这一点都不令人感到意外。

---

[1] 见 http://news.bbc.co.uk/nol/shared/spl/hi/programmes/panorama/transcripts/buyingthegames.txt。

当我们探究国际奥委会的组织结构时会看到，它受到贿赂和腐败指控毫不稀奇。成立于1894年的国际奥委会掌管着现代奥林匹克运动的所有方面。国际奥委会只有115名委员，包括现役运动员（最多15人）、国际单项体育联合会成员（最多15人）、各国奥委会高级官员（最多15人）以及70位独立个人委员。国际奥委会委员由现任委员提名选举产生。国际奥委会负责挑选高级执行官员和执行委员会，指导协调各个国际单项体育联合会和各国奥委会，挑选奥运会主办地。

要当选国际奥委会主席或获得奥运会主办权，只需要得到58票。毫不奇怪，国际奥委会主席长期在任，并维持巨额开销。自从1896年第一届现代奥运会以来，总共只有7名国际奥委会主席。实际上，甚至经常都不需要58票，因为并不是全部115个国际奥委会委员职务都被占满，而且某些委员有可能由于涉及其母国的动议而丧失投票权。比方说，在申办2012年夏季奥运会时，伦敦只以54票击败了巴黎的50票。《全景》节目估计伦敦为了胜出所花的钱不超过1000万美元。尽管这一数目已经相当可观，不过与国际奥委会的收入（2005年至2008年收入接近50亿美元，涵盖了北京奥运会）和伦敦预计在体育场馆和基础设施建设上的开支93亿英镑（约合150亿美元）相比就不值一提了。[1]通过建设更好的体育场馆、造福整个奥林匹克运动——运动员、官员以及观众——来收买

[1]《地球上最伟大的杂耍节目》，载于《经济学人》，2010年7月22日。

支持比花 1000 万美元私人好处费给少数人要贵得多。

国际奥委会丑闻的核心在于它的制度设计。当只要 58 票就能确保胜利，以及国际奥委会主席可以挑选委员，政治和控制就将永远和腐败贿赂行为共生。只要国际奥委会的组织机构不改变，选票收买和贪腐行为就将一直存在，因为这对任何想要生存的国际奥委会主席来说都是“正确”的策略。严控“礼品”和旅行无法改变通过私人利益、而不是通过为赛事提供更好的组织管理和设施进行竞争的深层动因。

当牵涉到数十亿美元的利益并且只需 58 个人的支持就能胜出，任何单纯依靠体育方面的条件进行申办的国家都会是输家。盐湖城从申办 1998 年冬奥会的失败当中吸取了教训。如果他们在申办 2002 年冬奥会时不这么干将是个错误，尽管后来他们被逮着了。盐湖城很多人也许装出义愤填膺的样子，但有很多人也许在背后开心地偷笑。毕竟，冬奥会并没有因为随之而来的贪腐指控而更换主办城市。

在制造腐败方面国际奥委会并不是唯一的。掌管足球事务的国际组织——国际足球联合会甚至更糟。2010 年 12 月 1 日，国际足联宣布俄罗斯和卡塔尔将分别主办 2018 年和 2022 年世界杯足球赛决赛阶段比赛。俄罗斯击败了其他欧洲申办对手，包括英格兰、联合申办的比利时和荷兰以及联合申办的伊比利亚半岛上的西班牙和葡萄牙。俄罗斯有很多吸引人的申办条件也就罢了，但人们越来越难理解为什么卡塔尔能够击败澳大利亚、日本、韩国和美国获得主办权。

作为波斯湾的一个小国，卡塔尔拥有世界第三大的天然气探明储量，它的人均国民收入可能是世界上最高的。然而要作为一个大型足球赛事的主办地，它的问题多多。伊斯兰教教义是卡塔尔法律的基础，在该国饮酒行为会被严厉惩罚，同性恋被禁止，而国际足联主席塞普·布拉特在这些方面发表的某些不当言论曾饱受谴责。除开这些，卡塔尔主办比赛的最大麻烦是气候。它太热太潮湿了，甚至很多卡塔尔人在夏季都会出国避暑。为了让球员能够比赛，卡塔尔承诺将特别建造被空调完全覆盖的体育场。国际足联现在考虑把世界杯决赛阶段比赛从传统的 6、7 月挪到凉爽的冬天。这将严重影响到世界上众多顶尖球员效力的欧洲各大国内联赛。无须多言，如果国际足联的确爱护足球这项运动的话，我们很难理解他们为什么不在投票之前抛出这个话题，而是在投票之后。

由于国际足联的 24 位执行委员会委员决定着世界杯主办地，赢家最多只需获得 13 票支持就够了。在 2010 年 12 月的投票中，由于有两名执委被指控卖选票而丧失了投票权，赢家只需获得 12 票。由《星期日泰晤士报》策划的“钓鱼取证”报道行动逮到了其中一名叫做阿莫斯·阿达姆的委员索贿 80 万美元。尽管阿达姆声称这笔钱将用来在尼日利亚家乡建设人工草皮的足球场，但要求钱直接支付给他。在投票前三天，热衷于揭露体育领域腐败行为的英国广播公司《全景》节目播出了一个纪录片，名为《国际足联的肮脏秘密》，揭露了多名国际足联高级官员涉及索贿和腐败的细节。外界认为这严重损害到英国对2018年世界杯的申办，因为片中曝光的一群高级官员中，有三人正是拥有投票权的执委会委员。而包括英国首相戴维·卡梅隆在内的英国申办支持者们随后立刻表达对受到指控的国际足联高级官员拥有完全的信心，也许这一事实生动说明了腐败在国际足联司空见惯。毕竟，如果会损害到英国赢得主办权的前景，你们媒体何苦去做这种调查呢?

幸运的是，拨乱反正的改革措施很简单，对比一下这两家体育机构的腐败情况我们就能理解为什么。赢得奥运会主办权所需的票数大约是赢得世界杯主办权所需票数的四倍，也就是58票对13票。假如被揭发出来的腐败细节属实的话，那么赢得奥运会主办权的贿赂金额要比赢得世界杯的金额低得多，也就是每票10至20万美元对每票80万美元。这直接说明了现行制度所起的作用，也让解决方法一目了然。

随着所需的支持票数上升，私人物品的重要性随之降低。直接扩大国际奥委会的规模就可以很容易让贿赂行为成为历史。比如说，所有参加奥运会的选手都有资格投票选举执行委员会官员以及未来的奥运会主办地。北京夏季奥运会有接近11000名参赛运动员，温哥华冬季奥运会也有超过2500名参赛运动员。或者，奖牌获得者（为了避免团体项目产生过多代表，一枚奖牌产生一名代表）可以成为国际奥委会委员。不管哪种方法，不出数年国际奥委会的规模就将扩大，参选的官员和申办城市就不得不在领导力、赛事和设施的质量上展开竞争，而不是比拼奢华的旅行（本书作者之一阿拉斯泰尔哀叹，重振英格兰足球队比这个任务艰难多了）。

华尔街：运作中的小联盟

从任何老板的角度来说，组织一家企业的最佳方式与组织一个政府的最佳方式没两样：依赖一个很小的不可或缺者集团，他们从一个很小的有影响力的选择人集团产生，而这个集团相应地又是从千百万可相互替代的选择人当中产生的。显然，这是对当今大多数公开上市的企业的完美描述。它恰好也是对有组织犯罪家族的很好描述。这是巧合吗？大概不是——理由也许不是你所想的那样。

大公司并不强迫人们消费它们的服务。实际上，它们提供有价值的服务，诱使人们自愿花钱在这些服务上面，并且人们通常能享受到服务带来的好处。但就像黑手党、君主专制国家和卑劣的独裁国家一样，公开上市企业也是由一个小联盟、一个小的有影响者集团以及无数可相互替代者构成的。这意味着它们的领导人——首席执行官、首席财务官以及其他高级管理人员——必须为由核心支持者组成的小联盟提供大量私人物品，才能生存下来。

媒体（其本身的构成和这些公司一样）喜欢用麻木不仁和贪婪来描绘华尔街的公司。我们把视野拓宽一点：大概我们所有人都很贪婪，某些人贪钱，某些人贪虚荣，某些人贪权，总之都贪婪。我们当中的少数人有机会从我们的贪婪中牟利，而大多数人仅限于小打小闹。华尔街的银行家们有机会以大手笔满足他们对于金钱和权力的欲望，对此我们不应该感到意外。

众所周知，世界经济近年来遭遇了剧烈动荡。近乎萧条的经济危机袭击过后数年，失业率依然居高不下，经济增长乏力。然而——这正是媒体指责的基础——尽管银行业早已丢掉了最后一块遮羞布，华尔街的红利仍然高得离谱。2008 年，华尔街的金融机构总共派发了 184 亿美元的奖金，尽管不少华尔街最大的公司向联邦政府乞讨了数十亿美元的纾困资金。当然，这些发给领导人、他们的联盟以及有影响的支持者的奖金，正是帮助高管们保住职位的私人物品。同样值得关注的是，这些奖金的总额比金融危机发生前一年的 2007 年少了 40%。私人物品是从收入当中拿出来的。如果收入减少，私人物品大概也会跟着减少，毕竟，领导人希望尽可能保留能供自己支配的资源。而当钱不够时，那些获得私人物品的人也不可能通过转投他人麾下而轻松获得更好的待遇。

对付做好事的人

我们前面说过一句话：“成功的领导人不会不屑于使用遏制、镇压、压迫手段，甚至是杀掉真实或想象中的对手。”这句话在世界上一些联盟最小的国家一再得到印证。阿里克谢·迪莫夫斯基在俄罗斯的不愉快遭遇与那些联盟规模确实很小的国家发生的反腐败斗争相比，简直不值一提。

非洲提供了不少最糟糕的案例。布鲁金斯研究所的高级研究员丹尼尔·考夫曼估计，每年全球花在贿赂上的资金高达1万亿美元，据推测其中大部分流向了政府官员。涉及到这么多钱，难怪他同时指出，“我们正在目睹一个反腐败斗争遭遇重大挫折的时代。最深切的例子之一来自于少数拥有无畏领导人的反腐败机构的命运。他们要么腹背受敌，要么死掉了。”其中两个案例是布隆迪的欧内斯特·曼尼奴姆瓦之死和刚果共和国的布鲁诺·雅凯·奥赛比之死。曼尼奴姆瓦先生被人刺死前，正在调查布隆迪高层腐败情况。他的个人财物并没有被抢走，但根据《纽约时报》报道，他工作的非盈利组织的负责人表示，“他床上躺着一个沾染血迹的空文件夹。文件和一块电脑硬盘不见了。”这难道是巧合吗？毫无疑问！

奥赛比先生的错误就是不该与透明国际合作发起法律诉讼，讨要据称被刚果总统夺走的财产。奥赛比先生死于家中发生的一场可疑大火。阿里克谢·迪莫夫斯基如果知道这些事情，一定会把自己的好运归结于好歹生活在一个偏离民主制的国家，而不是生活在一个与民主根本沾不上边的国家。

借鉴故事：别将联盟的忠诚视作理所当然

被人揭发并不是唯一会让领导人陷入麻烦的事。领导人如果将联盟的忠诚看做理所当然，将面临极大风险。支配统治者的那些规则教导我们，领导人给联盟的钱绝对不能缺斤少两，无论这么做是为了给自己留下好处还是为普通人民谋福利。想要自己发财的领导人，应该从可以自由裁量的资金里面拿，不能动用给联盟的钱。同样地，那些想为人民谋福利的领导人，必须从自己口袋里掏钱，不能损害到联盟的利益。领导人有时候会错误估算了让联盟开心需要付出什么。当他们犯下这种错误，不仅将丢掉权位，而且常常要付出生命的代价。犯罪头目“巨头”保罗·卡斯特拉诺和罗马皇帝裘里斯·凯撒的故事对于任何不打算足额付钱给联盟的领导人都是值得借鉴的教训。

“巨头”保罗·卡斯特拉诺于1976年继承了甘比诺犯罪家族的掌控权，他就犯了这样的错误。他把犯罪家族的事业重心放在对建筑业的勒索控制上。据称纽约市凡是价值超过200万美元的建筑项目，没有黑手党的许可不得开工。如果从这些新犯罪项目产生的钱能够流进黑手党成员们的口袋，或者他对传统收入来源保持足够重视的话，原本没什么问题。然而，他忽视了传统犯罪勾当，比如敲诈、放高利贷、组织卖淫等，而这些都是他的联盟小弟们的收入来源。随着他的一名核心支持者安尼罗·尼尔·德拉克罗齐的死亡以及面临来自美国联邦检察官鲁迪·朱利亚尼主导的“黑手党委员会大审判”的压力，他的手下看到了机会，背叛了他。绰号“戴珀·唐”的约翰·高蒂、弗兰克·德西科、“公牛”萨米·格拉瓦诺以及其他黑手党头目合谋将保罗·卡斯特拉诺枪杀于纽约 46 街的斯巴克斯牛排馆外。[1]

卡斯特拉诺自己发财，却损害了支持者的利益，这让他丢掉了性命。几千年前，裘里斯·凯撒的错误是不顾支持者的利益而去帮助人民，这同样让他付出了生命的代价。裘里斯·凯撒死在一些他最亲密的支持者手上，这一事件经常被人描绘为“暴君之死”，但事实并不支持这样的描述。

裘里斯·凯撒是一位改革家。他改善了很多重要的公共事务，从改进历法、缓解交通拥堵到稳定粮食供应。他还采取了很多帮助穷人的特别措施。比如，他拨赠土地给退伍的士兵，取消保税制，改为更有规则、可估算的税制。不仅如此，他还免除了人民 25% 的债务。

毫不奇怪，尽管这些政策受到人民的欢迎，却损害到罗马显贵阶层的利益。很显然，保税制对于那些少数幸运者来说是从人民那里搜刮财富的生财之道；高额债权对那些有钱人来说同样是生财之道。这些集团发现凯撒的改革直接打击了他们落伍的钱袋子，当然完全开心不起来。凯撒的改革尽管也许让普

[1] 有关卡斯特拉诺的背景介绍参见塞尔文·拉布：《五大家族》，纽约：托马斯邓恩书局，2005；彼得·马亚斯：《二把手：“公牛”萨米·格拉瓦诺在黑手党的命运故事》，纽约：哈珀火炬丛书，1997。

通人民感到满意，却损害了权势集团的福祉，理所当然这些人要除掉他。[1]

凯撒的错误在于，他动用了给联盟的回报的一部分去帮助人民。领导人帮助人民致富本来没错，但必须从领导人自己的口袋里掏出钱来，而不应该从联盟的口袋里掏钱。凯撒和卡斯特拉诺的故事告诉我们，如果结局是失去联盟的支持，那么做太多好事或太贪婪都会遭到惩罚。

我们已经看到，在给联盟足够的私人物品保持其忠诚和给得太多或太少之间，有一个微妙的平衡点。把本该给联盟的钱花在别的地方，领导人会面临政变的严重风险。而当付给联盟的钱超过了应有的份额，领导人就浪费了本该进自己腰包的钱。

可供自由裁量的钱

对于那些不用拿去收买联盟忠诚的钱，领导人可以用来做什么？有两个答案：藏到秘密账户里，或者拿去帮助人民。那些为自己侵吞财富做得最成功的人打开了进入我们的“收赃名人堂”的大门。那些比较有公心的人拿出可供自由裁量的钱帮助人民，但只有少数人做得好。成功的人加入了我们的“名人堂”，不成功的人——对于如何改善公共福祉的想法很糟糕——

[1] M. 凯瑞和 H · H. 斯加拉德：《罗马史：到君士坦丁统治时期》第三版，波士顿：贝德福德 / 圣马丁，1976，第 20 章和第 27 章。

则进入了我们的“耻辱名人堂”。

根据墨西哥民主化之前一位政治人物汉克·冈萨雷斯的说法，“政治家如果一直很穷的话，说明他不擅于政治”。[1] 就这方面而言，扎伊尔的蒙博托是一个政治天才。据说他侵吞了数十亿美元财产。他的传记作者米盖拉·朗恩写道：“没有任何其他非洲独裁者比得上这位狡猾的生存者。没有哪个总统拥有潜能这么大的国家，却取得如此可怜的成就。没有哪个领导人能像他那样有效地劫掠本国的经济或生活到那种奢侈的地步。”[2] 实际上，“窃国者”这个词——通过偷窃来治国——正是用来形容蒙博托这类统治方式的词。不过，虽然蒙博托让“盗贼统治”名扬世界，他却不是发明者。

所罗门王据说有 700 个老婆。我们不仅好奇她们当中有多少人是心甘情愿的，或者都是所罗门王自己的主意。此外，谁能忘了哈里发对财富的劫掠？根据一份严肃的估算，阿拉伯帝国 918—919 年的收入大概为 1550 万第纳尔，其中 1050 万第纳尔花在了哈里发皇室身上。[3] 为了好理解，假设巴拉克·奥巴马能从美国经济中获得相同比例的个人收入，他和米歇尔将轻松控制 5 万亿美元资产，误差在一两千亿美元左右。事实上，

---

[1] 贝亚特里斯·马加隆尼：《投票支持独裁制》，纽约：剑桥大学出版社，2008，第 47 页。

[2] 米盖拉·朗恩：《沿着库尔茨先生的脚步：生活在处于灾难边缘的蒙博托的刚果》，伦敦：第四权出版社，2000，第 4 页。

[3] 萨缪尔·爱德华·芬纳：《政府的历史》，牛津：牛津大学出版社，1997，第 724 页。

这就是人们甘冒天大风险也要当上哈里发的原因。

小联盟国家的领导人有数不完的可供自由裁量的钱。尽管他们必须充分奖赏核心支持者联盟，但由于需要贿赂的人极少，还是能剩下大量的钱。一些领导人也许会选择把这些钱用在更具公益心的目的上——我们稍后探讨“羞愧堂”和“名人堂”时会讲到他们——但多数领导人想把钱藏起来以备不时之需。秘密银行账户的存在正是为了迎合这些领导人的需要。

在世界领导人当中，“大盗”之多令人震惊。有些人的成功程度相对较低，比如1990年至2000年之间的秘鲁总统阿尔维托·藤森（期间包括一次发生于1992年的所谓自我政变，他终止了自己的国会和宪法）。他大概也就侵吞了数亿美元。随着秘鲁回归民主制，自我流亡海外的藤森被引渡回秘鲁受审，因谋杀、侵犯人权、受贿以及其他多项罪名而被判入狱。他做了任何小联盟国家的领导人都会做的事，不走运的是，他被不满他腐败的人民赶下台，被一个大联盟政府所取代。

一些领导人比藤森成功得多，特别是考虑到其所在国的贫困程度。比如说塞尔维亚的斯洛博丹·米洛舍维奇，据信聚敛了10亿美元财富，而在他统治期间塞尔维亚的年人均收入下降了50%。他遵循最关键的政治原则：他的联盟很小；他征收重税，压榨贫穷的塞尔维亚人民；他想方设法镇压人民的反抗。可靠的调查显示，他针对反对他的塞尔维亚人故意制造食物短缺和大规模失业，让数百万人陷入绝望的境地，却养肥了一万名有权势的支持者。

我们继续按照成功程度往上找，有的领导人把国库当成了私人账户，伊拉克的萨达姆·侯赛因赫然在列。他建造了多处价值以十亿美元计的个人行宫，却让国内的婴儿死于很容易治疗的疾病。基于国家的贫困程度，因其侵吞财富的相对规模而著称的国贼还包括乌干达的伊迪·阿明、海地的“医生老爹”杜瓦利埃及其儿子“医生宝贝”杜瓦利埃等人，这个名单还有很长。他们都是成功独裁者的统治规则的典型代表——他们知道如何在自己发财的同时建立、维护、资金支持一个紧密的小联盟。不过他们与真正最顶尖的“贪赃名人堂”成员相比只能算小巫见大巫——蒙博托除外。

当我们谈论最出类拔萃的窃国者，至少包括印度尼西亚的苏哈托（1967 年至 1997 年任总统），扎伊尔的蒙博托（1965 年至 1998 年任总统），菲律宾的费迪南德·马科斯（1965 年至 1986 年在位），或许还包括目前仍在位的领先人物苏丹的奥马尔·巴希尔。他 1993 年上台，到本书写作期间仍然在位，尽管国际刑事法院以他犯有反人类罪、战争罪和种族屠杀罪向他发出了逮捕令。

被《经济学人》杂志形容为窃国者之王的苏哈托先生被透明国际指控侵吞了 350 亿美元财富。[1] 他的妻子提恩女士，经常被人称为“百分之十女士”。当然，我们不可能知道苏哈托家族所聚敛财富的确切数额，但我们知道他依赖的是一个小联

[1] 见 http://www.economist.com/node/9465434。

盟，他具有巨大的自由裁量权，他在位超过30年，他在印尼以自由身去世（他死于2008年）。他因健康恶化而免遭起诉。

与苏哈托相似，扎伊尔的蒙博托当政超过30年，只因癌症晚期才被赶走。蒙博托侵吞了数十亿美元，生活奢侈高调；苏哈托生活相对低调，就其财富而言。蒙博托在瑞士阿尔卑斯山区、葡萄牙、法国的里维埃拉拥有豪华别墅，在布鲁塞尔还有大量房产。除此之外，他在扎伊尔的每一个主要城市都有总统行宫，包括在他的家乡戈巴多莱。这个地方人口只有11.4万人，人们不会觉得有必要建个机场来容纳协和超音速飞机的起降，可惜蒙博托曾经是这里的居民。他从法国航空公司租用了一架协和飞机作为私人用途，需要有个能够起降的机场，于是就为自己建了一个。

与苏哈托一样，费迪南德·马科斯在发展经济方面貌似颇为成功。他统治期间有许多年份菲律宾的经济增长率相当不错，但菲律宾人口增长的速度比经济增长快。苏哈托在控制人口增长方面做得很成功，马科斯不行。但他通过所谓的裙带资本主义让自己和联盟在致富方面做得很棒。透明国际估计马科斯从国家侵吞的财富数额也在数十亿美元。他的那位因海量鞋子收藏而臭名昭著的妻子伊梅尔达，因其家族涉嫌盗窃国家财富而受到指控，菲律宾政府成功收回了6.84亿美元，这只是马科斯家族被控侵吞财富总数的相对很小一部分。尽管被控盗窃国家财富，马科斯家族后来还是非常引人关注地重返了菲律宾政坛。看来，金钱的确让世界——政治世界——转动。

苏丹总统奥马尔·巴希尔被指控截至目前侵吞了90亿美元财富。这是2010年下半年维基解密泄露的美国外交电报当中透露的信息之一。由国际刑事法院首席检察官路易斯·莫雷诺·奥坎波做出的指控还包括指出巴希尔的钱存放在伦敦劳埃德银行。当然，银行和巴希尔均予以否认。实际上，根据《卫报》的报道，苏丹驻伦敦大使馆发言人哈立德·穆巴拉克回应称："说我们的总统能够控制国库并把钱存入私人账户是荒唐的——国际刑事法院检察官做出的指控很可笑。"

我们的思考方式告诉我们，这不仅一点都不荒唐，而恰恰正是小联盟国家的可鄙独裁者们的统治方式，而且这对他们很管用。从政治生存的角度来看，如果巴希尔没有"控制国库并把钱存入私人账户"这才是荒唐的。迄今为止巴希尔已经在位17年，尽管遇到外部的法律麻烦，他依然牢牢掌控权力和苏丹颇为可观的钱袋子。

自由裁量权意味着领导人可以做出各种选择。目前我们已经聊了很多利用这一权力侵吞财富的领导人，但我们并不是说掌权的人必然都像马科斯、蒙博托、苏哈托和巴希尔那么贪婪。独裁者也具有公益精神，心存善意，热衷于为人民谋福祉，这是完全有可能的。信赖这些心存善意者的问题在于，他们不受大型联盟的问责约束。一个领导人很难知道人民真正需要什么，除非领导人是通过投票选举产生，并且允许新闻自由和人民自由集会表达诉求。没有自由公平选举、新闻自由、言论自由、集会自由带来的问责，小联盟统治者们即使心存善念也只会做他们和联盟参谋们认为是最好的事。

我们来考察心存善意的领导人当中的一些例子，我们把他们称为“羞愧堂”成员和“名人堂”成员——也就是那些想做好事却没做成以及想做好事并做成的人。苏联的尼基塔·谢尔盖耶维奇·赫鲁晓夫是“羞愧堂”成员的典型代表。

赫鲁晓夫于1959年访问美国并宣布了一项新的农业政策。他宣称苏联将在肉类、牛奶和黄油生产方面超过美国。他既对农业知之甚少，又不直接管理那些了解农业并将尽力实现他的目标的专家。没有理由认为赫鲁晓夫想从这个考虑欠周的农业政策中获取私人利益。实际上，没有迹象表明他曾经将公帑挪作已用。相反地，他貌似真心想改善苏联人民的生活。

尽管出发点是善良的，他的农业计划和实施却是一场灾难。为了取悦赫鲁晓夫，并出于对达不到期望所带来的政治后果的可能担忧，地方官员们承诺尽力去完成他对于提高产量的要求。以苏联原始的农业技术来说，他们的承诺当然不可能实现。赫鲁晓夫的善意理念的结果就是，农民甚至不得不连种牛都杀掉以完成他们的肉类生产配额。不仅如此，他们还从国营商店买肉，随后谎称是他们自己生产的，再卖回给政府。这不仅造成了肉类产量提升的错觉，还导致接下来价格上涨，因为杀掉种牛减少了未来的牛群养殖数量。

计划实施没几年，食品价格飙升，导致大规模的抗议活动。苏联的官方报告显示22人被打死，87人被打伤，116名示威者被定罪，其中 7 人被处死以回应人民上街游行。[1] 两年之后，由于苏联经济混乱不堪，到处食物短缺，并且国家在古巴导弹危机中丧失颜面，赫鲁晓夫被一场和平政变推翻。二十多年之后，米哈伊尔·谢尔盖耶维奇·戈尔巴乔夫追随赫鲁晓夫的脚步，推行经济改革以稳定经济。他的计划同样没能产生期望中的效果，但这一次失败不仅导致他被罢免，还导致苏联的解体。

但与他们不同的是，李光耀确实知道如何改善经济表现。

李光耀毫无疑问是当代世界名人堂中最伟大的一尊偶像。他不曾将钱转到自己的秘密账户里（就我们所知而言），也不曾像蒙博托·塞塞·塞科或萨达姆·侯赛因那样过奢华的生活。他使用对政府收入的自由裁量权力进行成功的、以市场为导向的经济改革，使新加坡成为世界上最富有的国家之一。他的一切作为都符合成功和持续统治的规则。

大部分人认为减少腐败是一个可期的目标。一个通常的做法是增加立法，提高对腐败行为的惩罚程度。不幸的是，这些做法达不到预期目标。当一个体制是围绕腐败而建立的，任何重要人物无论是领导人还是支持者，都被腐败污染。他们如果从来不曾把手伸进钱箱，就根本不可能有今天的地位。提高法律惩处力度无非是使领导人又多了一项惩戒他人的工具。改革

[1] 参见威廉·陶伯曼：《赫鲁晓夫：他和他的时代》，纽约：W·W. 诺顿出版公司，2003，第 519—523 页。

者和揭发者被以各种理由起诉，这种情况太常见了。有传言称亚西尔·阿拉法特保存着巴勒斯坦政府内阁成员的所有腐败资料。加大对腐败的惩罚只会增加类似阿拉法特这样的人针对其党羽的筹码。阿拉法特一方面通过允许、另一方面通过监控核心层的腐败活动而有效敦促党羽对他忠诚。另外，他在宣称巴勒斯坦政府破产的同时，据称个人侵吞了巨额财富，根据卡达尔半岛电视台的报道，数额在 42 亿至 65 亿美元之间。

旨在消除腐败的法律手段从来不会奏效，反而常常让情况恶化。对付腐败的最佳方式就是改变深层诱因。随着联盟规模增大，腐败会逐渐消失。正如我们建议国际奥委会和国际足联做的，增加负责选择比赛主办地的委员人数将终结贪渎行为。相同的逻辑在所有种类的组织中都适用。如果政治家们要终结银行家领取巨额奖金，他们必须通过立法来敦促公司改变治理结构，使得首席执行官和董事会主席们必须真正仰赖千百万股民的意志（而不是仰赖一小撮政府监管者）。只要公司老板们仍然仅对少数人负责，他们就会给那些少数关键支持者提供丰厚红利。公众甚至股民们也许对这样的丰厚红利很不满，但公众和无组织的股民们没法罢免他们。银行的内部人可以。通过立法限制薪酬只会迫使首席执行官们转而采取隐晦的、半合法的手段。这样的措施无法改善公司的透明度或让资产负债表变得更好懂。

那些试图通过对公司薪酬进行监管从而把商业行为限制在提升股民权益这一直行窄道上的人，最好还是仔细研究一下统治公司的规则。类似政府官员常常建议的那些改进措施很讨他们选民的欢心，但同时也会违反公司治理的基本逻辑，反而削弱了良好的公司治理。考虑一下公司欺诈的问题。我们掌握的相当多的证据表明，出现财务困难并且有一个大型联盟的公司比起遭遇相似财务困难但联盟比较小的公司，更容易发生证券欺诈行为。毕竟，仰赖一个相对较大联盟的公司高管们，在公司表现不佳时更容易被人取代。由于被罢免的风险较大，大联盟公司的高管们试图通过虚假财务报告隐瞒公司表现欠佳的事实。[1] 此外，公司发生欺诈行为的最佳早期预警信号是，高级管理层的薪酬低于——而不是高于——财务报表所显示的公司表现所对应的薪酬水平。

我们考察政府时，同样的问题也存在。政治人物可以推出各种立法和行政监管措施来揪出和检控腐败行为。对选民来说，这看上去挺棒的。但是，这些措施要么只是门面功夫，背后的勾当一如既往；要么成为用来对付政敌的武器。烟雾弹或猎巫行动都无法消除腐败。但如果让政治领导人对更多的人负责，政治就将成为良好理念的竞争，而不再是贿赂和腐败的竞争。当然，领导人不愿意负更多责任，因为这将缩短他们的在位期，减少他们的自由裁量权。这就是为什么我们接下来要探讨如何让领导人对此心甘情愿这一困难问题。

[1] 布鲁斯·布尔诺·德·梅斯奎塔、阿拉斯泰尔·史密斯：《公司欺诈的政治经济学：理论与经验检测》，提交给纽约大学斯特恩商学院的论文，2004年9月。

THE DICTATOR'S
HANDBOOK

第七章

对外援助

民主领导人的处境并不顺心。她必须持续不断地寻找更好的政策解决方案来回报数量庞大的支持者。然而她的手脚受到束缚。她的政策很少选择余地。她所中意的政策计划必须屈从于庞大的支持者集团的意愿，她几乎没办法为自己窃取什么东西。她就像一名无私的天使，显出一副把关心人民利益置于关心自身利益之上的样子。直到她将注意力转向海外。

在对外政策方面，民主领导人往往像魔鬼一样行事而非天使。实际上，她对付外国政府或许仅比统治那些国家的专制暴君好一点而已。

本章我们将探讨有关对外援助的五个问题。谁对谁提供援助？提供多少援助？为什么提供援助？援助的政治和经济后果是什么？关于国家建构，上述问题的答案能告诉我们什么？

对于那些认为民主领导人都是善良之辈的人，本章将使他们清醒。大多数人认为对外援助旨在帮助贫困国家的人民。负责美国对外援助的主要机构美国国际开发署标榜自己“向那些奋力改善生活、从灾难中复苏或力求生活在民主自由之中的外国人民伸出援手。美国在全球树立的标杆形象正是这样的同情心”。对于捐助者来说，让世界变得更美好是一个值得赞许的目标。然而，受援国的人民却常常对援助者心怀怨恨。各个受援国政府（以及援助者）常常对援助资金应该怎么使用看法不一。我们将看到，民主领导人由于受到大联盟的限制，在国内必须做好事；然而，这些国内的限制却会迫使他们几乎无情地剥削其他国家的人民。

援助的政治逻辑

饥饿儿童令人心碎的影像是刺激援外捐助百试不爽的方法。由于储存谷物的技术早在法老时代就出现，我们实在是纳闷为什么北非的儿童还会受饥荒之苦。雷沙德·卡普钦斯基的观察提供了一种可能的解释。在关于埃塞俄比亚皇帝海尔·塞拉西统治的书中，卡普钦斯基讲述了 1972 年该王朝如何对待旨在救助千百万受干旱和饥荒影响的埃塞俄比亚人民的外国援助机构：[1]

> 突然之间有消息传来，那些把帮助我们永远喂不饱的

[1] 雷沙德·卡普钦斯基：《皇帝》，波士顿：哈考特出版社，1983，第 111 和 118 页。

人民视为己任的外国援助者开始反感，并且暂停了运送救援物资，因为我们的财政部长耶尔玛·德雷萨先生为了充实帝国国库，要求援助者缴纳高额关税。“你们想帮忙？”德雷萨问道，“请便。但你们必须付钱。”援助者问：“你什么意思，付钱？我们是来提供帮助的！我们还得为此付钱？”“是的。”部长说，“这是规定。难道你们想让我们皇上从外援中一无所得吗？”

埃塞俄比亚政府的荒唐表现也许并不令人感到意外。独裁统治者们需要钱支付给他们的联盟。海尔·塞拉西尽管在二十世纪三十年代曾因意大利入侵而一度流亡国外，但从 1930 年直至 1974 年被推翻一直稳坐帝位。作为一名长期执政的成功独裁者，塞拉西知道不能把人民的需要置于他的核心支持者之上。卡普钦斯基的书里继续写道：

首先，因饥饿导致的死亡在我们的帝国已经存在了几百年，这是每天都在发生的自然的事，没有任何人曾对此说三道四。旱情来临，土地干涸，牲口死亡，农民挨饿。再正常不过了，这符合自然规律和万物的永恒秩序。由于这是永恒和正常的，没有哪个高官敢向最尊贵的陛下报告说在哪个州有哪个人死于饥饿……所以我们怎么可能知道在北方有非同寻常的饥荒？

塞拉西首先喂饱他的支持者，再喂饱自己；饱受饥荒之苦的人民只能翘首以盼，但可能永远等不来救助。他对人民苦难的无情漠视令人不寒而栗，至少在与他的继任者比较之前是这样的。门格斯图·海尔·马里亚姆是塞拉西被推翻后的军政府领导人。他推行的政策在二十世纪八十年代中期严重加剧了北方提格里州和沃罗州的旱灾。[1] 由于这些地方爆发内战和经历了两年的干旱，他开始推行强制集体化政策。数百万人被赶入集体农场，同时又有数十万人被强行迁出这一地区。接下来发生了大规模饥荒。死亡人数估计在 30 万至 100 万之间。从军政府的角度来看，饥荒严重削弱了反政府武装的力量，门格斯图认为这是件好事。许多人还记得鲍勃·格尔多夫组织的旨在为拯救饥荒进行筹资的 Live Aid 系列唱片和演唱会。不幸的是，尽管这些努力充满了善心，救援行动受到了来自埃政府的很大干扰。[2] 比如说，本来用来运送救援物资的卡车被征用去在全国各地强制运送人民前往集体农场。粗略估计有 10 万人死在运送途中。

受援国政府侵占救援资金、挪作他用的例子并不少见。有一个很突出的例子就是美国在 2001 年至 2008 年为巴基斯坦提供了 66 亿美元军事援助以打击塔利班。据估计只有 5 亿美元

[1] 参见马丁·梅雷迪斯:《非洲的命运》，纽约：公共事务出版社，2005，第 19 章。

[2] 戴维·里耶夫:《残酷是为了做善事？》，载于英国《卫报》，2005 年 6 月 24 日，星期五。

到了巴军方手上。[1] 但资金还是持续涌入巴基斯坦。基于援助机构对外宣称的目标，一旦发现援助款被盗用，人们本该期待它们停止继续供款。可惜它们并没有这么做。

实际上，为了戳穿"援助者被蒙蔽"这一假象，有必要来看一下肯尼亚的案例。米盖拉·朗恩在她的书《现在轮到我们吃饭了》里面讲述了一位理想主义的官员约翰·吉松戈的事迹。他被当时新上任的肯尼亚总统姆瓦伊·齐贝吉任命为主抓反腐工作的最高负责人。[2] 齐贝吉的前任丹尼尔·阿拉普·莫伊总统以腐败著称，齐贝吉正是以反腐作为竞选口号。国际援助机构开始恢复为肯尼亚提供优惠贷款。《经济学人》杂志报道称，在国际货币基金组织为肯尼亚提供2亿5280万美元贷款后，有人听见肯尼亚财政部长吹着口哨说"真是天上掉馅饼啊"。[3]

约翰·吉松戈很快发现，肯尼亚政府认为他领导的部门的功能应该是掩护腐败而不是清除腐败。当他意识到腐败行为连总统都有份时，就制作了很多秘密录音，他逃到英国，向国际机构和银行提供了肯尼亚高层腐败的相关证据。他并不是指控肯尼亚腐败问题的唯一一人。时任英国驻肯尼亚大使爱德华·克雷用完美的语言将肯尼亚的腐败现象形容为部长们"像

[1]《数十亿美元美国援助从未到达巴基斯坦军方手上》，见 http://www.foxnews.com/story/0,2933,559962,00.html, Sunday, October 4, 2009。

[2] 另见埃布斯：《非洲遏止腐败祸害的战斗》，载于《纽约时报》，2010年10月15日，网络版见 http://www.nytimes.com/2009/06/10/world/africa/10zambia.htm。

[3]《拍拍尘土，现金到手：肯尼亚反腐运动唤回援助机构》，载于《经济学人》，2003年11月27日。

饕餮一般贪吃无厌”，吃得太饱都“吐在援助者的鞋子上”。

数年之后国际货币基金组织和世界银行才终于停止向肯尼亚提供贷款，它们一开始并没有立即这么做。实际上，国际金融界回避约翰·吉松戈甚于回避那些不法之徒。他提供的信息被人无视，在开发会议上被人排挤。银行和官僚们就像在餐馆里急于吃饭的人一样，持续无视卫生部门警告厨房已经被老鼠占据。约翰·吉松戈现在靠演讲和当顾问维持生活。爱德华·克雷在肯尼亚成为不受欢迎的人，被英国政府悄悄劝退。吉松戈和克雷事实上通过“做正确的事”终结了各自的仕途。

很难相信援助机构会天真到不明白他们的资金遭误用。也许真相存在于美国国际开发署的另一个目标上——“增进美国外交政策的利益”。也许美国更感兴趣的是在对抗全球恐怖主义的战略中拥有一个可靠的盟友，以及在打击印度洋的索马里海盗方面获得帮助。

肯尼亚的第一位总统乔莫·肯雅塔曾用虚华辞藻来反驳这个严酷的观点，即外国援助无非是受援国承诺将优待援助国换来的。他在 1963 年的独立日演讲中说道：

> 我们绝不接受通过任何形式的贿赂所达成的友谊。我要让今天所有在场的国家——无论来自西方还是东方——明白我们的目标。我们想和所有人交朋友，我们想要来自任何人的援助。但我们不希望这样的帮助来自于说出下面的话的任何人或国家：肯雅塔，如果你需要援助，你必须

同意如此这般。我相信，我的兄弟们，我现在告诉你们，与其表面上自由实则被绳子绑着，我们宁愿受穷但保有自由。一匹马无从选择：它会被套上缰绳，被主人随意牵着走。如果外国援助会把我们绑住，就像马被缰绳套住一样，那我们不打算接受任何这样的援助。[1]

这篇演讲乍听上去正气凛然，实际上肯雅塔言不由衷。国外援助机构难道就心甘情愿扔钱过来？还是它们得到了回报？我们怀疑肯雅塔演讲中最关键的句子就是“无论来自西方还是东方”。表面上充满理想主义的辞藻暗暗透露出他的政府其实接受来自东西两方的出价。

政治逻辑表明，当来自民主国家的援助者需要获得受援国支持时，很乐意对盗用和腐败行为睁一只眼闭一只眼。也许读者还记得，利比里亚的多伊军士在其执政十年间接受了美国5亿美元的援助。美国因此获得不少回报：“我们（美国）在国际问题上获得了他的极大支持。他在反对利比亚和伊朗的问题上，对我们的支持从未动摇过。他是我们必须去忍受的人。我们没觉得他是一个我们无法与之打交道的恶魔。我们所有的利益都得到他完美的保护。”[2]

随着冷战的结束，美国对多伊的需要大大减少。直到这时

[1] 乔莫·肯雅塔：《心甘情愿受苦：肯尼亚国家的成立》，内罗毕：东非出版社，1968，第215页。

[2] 这些话据称出自美国一名高级政策制定者之口。参见马丁·梅雷迪斯：《非洲的命运》，纽约：公共事务出版社，2005，第555页。

候美国才良心发现。1989 年美国发布了一份报告，我们早前引用过，但值得再次引用：

> 利比里亚在多伊的治下，短期政治生存和交易的优先性远远大于长期的经济复苏或国家建设……这位总统最关心的是政治和肉体安全。他优先考虑的事项有违经济复苏……多伊总统对他的部落人民和核心圈子非常眷顾。他支持地方群体的糟糕政策破坏了更大的社会目标。[1]

真相就是，对外援助交易有自己的逻辑。援助的主要目的毫无疑问不是为了减轻受援国的贫困或惨境；它的目的是让援助国的选民过得更好。外援无法消除贫困并非是因为援助国给穷国提供的钱太少。倒不如说援助国给的钱正合适，因为它的目标是提升援助国本国选民的福利，使其下次继续选举现任领导人。相似地，援助也并非给到了错误的人手上，即给到了盗用的政府而没给到懂得正确利用援助的地方企业主或慈善机构。没错，是有大量援助给了腐败的受援国政府，但这是有意为之的，并非出于偶然或无知。援助之所以要给这些盗用的政府恰恰是因为这些政府会出卖本国人民以换取自己的政治安全。援助国愿意给它们提供这种安全以换取政策，这些政策反过来提升了援助国本国选民的福利，从而让援助国政府也更加

[1] 马丁·梅雷迪斯：《非洲的命运》，第 555—556 页。

安全。

事实就是，对世界来说，援助只有微利却有百害。除非进行调整，援助将继续成为带来负面后果的恶魔的利器——不仅如此，善良的人们将继续推动对外援助，他们自我感觉良好却看不到外援伤害了世界上许多本该过上更好生活的穷人。

再澄清一下。民主国家的领导人装出关心他们的人民的利益，因为领导人需要人民的支持。他们并非发自内心的善良。并且他们的关心只及于他们自己的人民——他们所需大量支持者的来源。民主领导人没法通过撒钞票让核心支持者发大财，因为有太多人需要回报。民主领导人必须推行联盟想要的政策。

另一方面，独裁者们可以通过分发现金就让数量有限的核心支持者发大财。善政要求把钱花在为大众谋福利的公共物品上，但把钱奖赏给支持者更有用（从独裁者的角度来说）。由于私人物品给要紧的人带去很集中的利益（一个好的领导人从不会忘记，那些要紧的人才是一切要紧所在），独裁者舍弃了为大众谋福利的公共目标。并不是说独裁者必然比民主领导人更不关心他们的人民，而是说促进人民的利益会威胁到他们对权力的掌握。别忘了裘里斯·凯撒的故事！

对外援助交易的基础即在于此。双方都有对方珍视的东西可以互相给予。民主领导人需要他的人民喜欢的政策，而独裁者需要现金支付给他的联盟。

假设有两个国家 A 和 B，每个国家各有 100 人。两个国家的领导人各有 100 美元用于收买政治支持。假设 A 国是一个民主国家，它的领导人需要让 50 个人满意才能坐在位子上。B 国是一个独裁国家，它的领导人只需要让 5 个人满意。假设两个国家的人民都很在乎 B 国采取的某项政策。比方说在冷战环境下，B 国采取倾向于苏联的政策。A 国公民希望 B 国采取反苏立场。假设这样的立场对于每个 A 国公民来说对应的价钱是 1 美元。B 国公民不希望废除社会主义，也不希望政府采取反苏立场。由于牵涉的是本国的政策，可以假定 B 国人民关心政府政策的程度远远超过 A 国人民对该政策的关心。为了简化我们的例子，我们假定，如果 B 国采取反苏立场，每个 B 国公民将损失 2 美元。

在 A 国，领导人有 100 美元让 50 个人满意，如果他把钱分给支持者，每人将得到 2 美元。B 国领导人需要满足的支持者很少，如果他把钱全部分掉，每个支持者将得到 20 美元。现在，假设 B 国领导人同意采取反苏立场以换取现金。这里最关键的问题就是，假如交易要成功，B 国需要多少钱，以及 A 国愿意出多少钱？

B 国领导人只有在有利于其联盟的前提下才会同意拿政策换取金援。改变政策相当于他的支持者每人损失 2 美元（剩下 95 个不重要的 B 国人同样如此），因为他们不喜欢新政策。于是除非 B 国领导人换得的“援助”金额大于这个损失，否则他绝对不会采取反苏立场。由于他有 5 个支持者需要满足，每人损失 2 美元，他至少需要获得 10 美元的金援来抵消改变政策的政治成本。也就是说，他的每一个核心支持者必须每人拿到

2 美元以上，这是让 B 国改变立场的最低金额要求。

A 国领导人只有在政策对于他的支持者的价值大于每人付出的金额时，才会去“买”B 国的反苏政策。由于 A 国的 50 个联盟成员每人愿意为反苏政策付出 1 美元，政府从 B 国购买反苏政策的价钱必然少于每人 1 美元，否则他们宁愿放弃。由于政策改变对 A 国的每一位支持者值 1 美元，联盟有 50 位成员，那么 A 国领导人可以向 B 国政府提供不超过 50 美元的“援助”以换取对方采取反苏立场。

由于援助金额介于 10 美元和 50 美元之间，两个国家各自的核心支持者都通过政策换金援增加了福利。这有利于两国领导人的生存。不过，它让 B 国剩下的 95 个不属于致胜联盟的人每人损失了 2 美元。他们没有因为不喜欢的反苏政策受到补偿。

这个例子虽然极其简化，却抓住了冷战期间金援的逻辑。美国为利比里亚的多伊军士提供平均每年 5000 万美元的援助，以换取他的反苏立场。这些钱没有用来为利比里亚人民谋福祉，并且数额刚好接近多伊及其党羽在其执政期间侵吞的钱。从以生存为导向的领导人的角度来说，金援的本质昭然若揭。随着冷战结束，美国不再看重反苏政策，不愿意继续为此花钱。多伊政府没有什么美国选民看重的东西可以提供给美国政府，于是美国金援被切断了。丧失了金援收入，多伊无法继续为支持者提供足够的报酬去镇压叛乱，结果就是他惨死在约翰逊王子的手上。

对于那些认为上述例子太牵强的读者来说，也许有必要再来看一下近年美国一次不成功的收买政策的尝试。在 2003 年入侵伊拉克之前，美国寻求在土耳其大规模部署美军地面部队，这将有利美军对伊拉克展开进攻。尽管土耳其是美国在北约的盟国，但帮助一个以基督教为主导的国家去侵略一个穆斯林兄弟国家，这种想法在土耳其国内不得人心。在 2003 年 2 月的谈判中，美国提出给予土耳其 60 亿美元的赠款和高达 200 亿美元的贷款承诺。土耳其的人口约为 7000 万，这些金援的总值相当于每个土耳其人拿到 370 美元。[1]

土耳其是个相对民主的国家。我们来做一个快捷的封底计算，假设土耳其的领导人需要四分之一人民的支持。这样的话美国的金援相当于给每个核心支持者接近 1500 美元。这个数目相当可观（比目前土耳其年人均收入的 10% 多一点），不过政策上的妥协具有很高的政治风险性。实际上，美国读者不妨想象一下，假设有外国希望在美国境内部署军队以便侵略加拿大，美国人想要多少补偿金。

显然，每个人 1500 美元不够。经过来回协商之后，土耳其政府拒绝了美国的请求。土耳其方面开出了更高的价码，于是我们知道政策让步的确可以用钱买到，但价钱很高。美国不

[1] 见 http://articles.cnn.com/2003-02-18/world/sprj.irq.erdogan_1_turkish-bases-bases-and-ports-turkey?_s=PM:WORLD，2003 年 2 月 18 日。值得注意的是近年来土耳其经济增长强劲，把这里的数据与第六章提到的更近的数据比较一下就可以看出来。

愿意付更多的钱，于是交易告吹。最终，土耳其做出了一个争议性大大减小的让步以换取一笔数目少得多的金援。土耳其允许美军驻土耳其的基地营救被击落的战机飞行员。

向一个民主国家收买政策的代价很高，因为有很多不喜欢这项政策的人需要得到补偿。向一个独裁国家收买政策容易得多。假设土耳其是一个独裁国家，她的领导人只需向 1% 的人口负责。在这种情况下，美国愿意提供的金援就相当于可以给每个核心支持者接近 4 万美元。回头再想想如果是美国人遇到这种事，极少人会为了 1500 美元而出卖北方邻国加拿大，但 4 万美元很可能会对很多人产生巨大的吸引力。美国从明显是小联盟的君主制国家科威特和沙特阿拉伯发起对伊拉克的侵略行动，这大概不是巧合。

联盟的运作逻辑让我们很容易理解“是谁愿意提供多少金援给谁”这个问题。让人民得到他们想要的，这有助于民主领导人保住权位。因此不奇怪的是，大多数对外援助来自于民主国家。收买政策让步的价钱取决于问题的重要性和受援国领导人联盟规模的大小。联盟规模越大，受援国领导人需要补偿的人数就越多，才能施行援助国希望的政策。换句话说，收买政策让步的价钱与受援国核心支持者集团的规模成正比。这就产生了一个很有意思的动态。

随着一个国家变得越来越民主，收买该国政策所需的金援数目将随之上升。但由于价钱变高了，援助国向其收买政策让步的可能性随之降低，因为太贵。贫穷的独裁国家最有可能得到外国援助，但金额不会很大。尽管他们可能胃口很大，但会被很便宜地收买。我们曾对美国以及世界上其他富裕的民主国家——即经济合作与发展组织成员国——的对外援助进行过详细的统计学分析，证实了联盟规模、获得援助的几率以及援助金额（假如有的话）这三者之间的关系。[1]

联盟的规模并不是决定谁能获得援助和别人愿意花多少钱来收买政策让步的唯一因素。问题的重要性——也就是政策让步有多大价值——也是决定援助金额的一个重要因素。在我们前面描述的关系中，需求并不是一个重要因素。实际上，由于同样的一美元对于穷国来说的意义比富国大，在所有接受援助的国家中，需求较大的国家获得的援助很可能反而较少，少于需求不那么大的国家获得的援助。

1979 年的埃及—以色列和平条约是历史上一次极其重要并因此非常昂贵的“援助换政策”交易。根据协议，埃及成为第一个正式承认以色列的阿拉伯国家。以色列和埃及结束自 1948 年战争以来的敌对关系（期间曾在 1956、1967 和 1973 年爆发过战争）。根据协议，以色列从它在 1967 年六日战争中占领的西奈半岛撤军，埃以双方同意保障苏伊士运河的自由通航。以色列和埃及达成和平，对美国来说至关重要。美国国内

[1] 布鲁斯·布尔诺·德·梅斯奎塔和阿拉斯泰尔·史密斯:《援助的政治经济学》，载于《国际组织》63，2009 年春季刊，第 309—340 页；以及布鲁斯·布尔诺·德·梅斯奎塔和阿拉斯泰尔·史密斯:《外国援助与政策让步》，载于《冲突解决期刊》51，第 2 期（2007），第 251—284 页。

虽然强烈支持以色列一方，但美国在二十世纪七十年代饱受石油危机之苦。油价飙升导致美国国内通货膨胀，损害了美国和其他依赖石油进口的西方国家经济。美国急于避免出现又一次石油危机，因此为埃以的交易买单，美国认为，或许这将有助于稳定该地区的局势。从表 7.1 可以看到，美国为埃及总统穆罕默德·安瓦尔·萨达特提供了庞大的经济刺激，促使他访问以色列，参加戴维营和平峰会并签署条约。

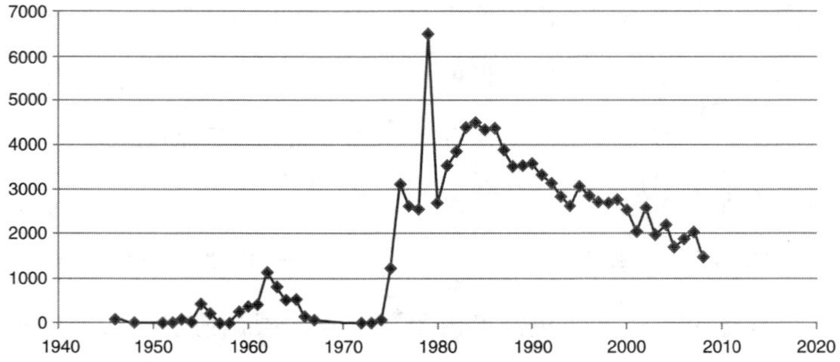

表 7.1 美国对埃及援助情况，按 2008 年美元不变价格计算，单位为百万美元。资料来源为美国国际开发署绿皮书

在埃及国内，承认以色列是一项极其不得人心的政策转变。这就是萨达特能从美国拿到那么多钱的原因。不幸的是，这也导致萨达特在 1981 年遇刺身亡。在一次年度阅兵仪式上，原教旨主义者用手榴弹和冲锋枪对他进行袭击。埃及政府尽管正式承认了以色列，不过在鼓励埃及人民缓和对以色列的仇恨方面几乎什么都没做。英国广播公司在戴维营协议签署近 30 年

之后做的一项民意调查表明，78% 的埃及人认为以色列在世界上产生着负面影响，比例远远高于其他参与调查国家持有相同看法的民众平均比例。[1] 当然，改变埃及国内民众对于以色列的负面态度会减少埃及政府从美国获得的援助规模。

近来埃及政府正在朝向比以前民主化的方向前进，这一进展使民主援助国家陷入两难。那些对埃及的民主前景感到欢欣鼓舞以及赞成埃以和平的人有一个麻烦。如前所述，“援助换和平”这个交易之所以能达成恰恰是因为埃及的独裁统治者及其联盟因民间的反以情绪而获得补偿，这种情绪是他们刻意保留的。随着现在人民当家做主，埃及改变对以和平的政策是很自然的事。为避免出现这种情况，外国援助的金额就必须比萨达特—穆巴拉克独裁统治时高。由于埃以和平对美国和以色列选民来说太重要，很可能美国不得不付出更高价钱。这就带来一个问题，更多的金援会被埃及拿去加强军队还是改善普通埃及人民的生活？

与埃及的情形相似，美国对巴基斯坦的援助是为了换取支持而不是缓解贫困，看清这一点就很容易解释美国对巴援助的实质。2001 年，美国分别给了巴基斯坦和尼泊尔 5300 万美元和 3040 万美元的金援。自从 1998 年巴基斯坦进行核试验之后，在国会的要求下，美国对巴援助已经大幅减少。然而在 2001 年 9 月 22 日，小布什总统取消了对巴援助的限制。接

[1] 见 http://www.worldpublicopinion.org/pipa/pdf/mar07/BBC_Views-Countries_Mar07_pr.pdf。

下来的 2002 年，巴基斯坦获得了超过 8 亿美元的金援。与此同时，并不处在对基地组织和塔利班斗争前线的尼泊尔获得了 3700 万美元援助，比 2001 年收到的金额小幅增长。同样不处于反恐斗争前线和中心的印度在 2002 年获得了美国 1 亿 6600 万美元的金援，相比 2001 年收到的 1 亿 6300 万美元只有略微增加。2001 年到 2002 年，上述国家的贫困情况没有发生任何实质性改变，但它们对美国选民的相对重要性毫无疑问发生了重大变化。

人们常常认为民主国家领导人就像坐在驾驶座上一样，能对独裁者发号施令。然而，在许多事情上他们才是经常身不由己的人。他们必须为支持者提供想要的政策。如果他们试图减少对独裁国家的援助或附带苛刻条件，独裁领导人立马停止政策让步。

接下来几年美国和巴基斯坦的关系很清晰地证明了这种援助涨落的模式。我们前面说到，2001 年 9 月 11 日的恐怖袭击之后，美国对巴基斯坦援助金额剧增，但由于对阿富汗塔利班的战争到 2003 年似乎获得了胜利，美国对巴基斯坦援助再次开始缩水。随着巴基斯坦日益成为塔利班和基地组织成员的安全避难所，一切都变了。巴基斯坦发现自己处境尴尬。如果巴基斯坦政府对抗正在渗透巴阿边境地区的塔利班，有可能会在国内引发动乱。如果他们支持塔利班，将面临来自美国的巨大压力。这一两难处境为巴基斯坦向美国提出更多援助要求提供了机会，如果美国想要巴基斯坦政府抵抗塔利班的话。巴基斯坦确实提出了要求，但美国国会反对给巴基斯坦更多钱，指出很大一部分美国对巴基斯坦金援被挪用于并非美国国会希望的用途，其中不少钱消失了，而且巴方还把其余的钱当中的很大一部分用于防止来自印度的威胁，巴基斯坦人认为印度的威胁比穆斯林原教旨主义武装分子更大。

美国对巴基斯坦很不满，一开始不同意支付更高的金额让巴基斯坦去追剿巴境内的塔利班和基地组织武装人员。结果是什么呢？我们都想得到，巴基斯坦领导人无视美国的压力，开始寻求与塔利班合作。援助基本上就是一种“要么给钱，要么不玩”的游戏。美国不想给钱，巴基斯坦就不玩了。

到了 2008 年，巴基斯坦政府领导人阿西夫·阿里·扎尔达里只是嘴上说说会去追剿武装分子。布什政府没有更多的金援可以提供，无法改变扎尔达里这种口惠而实不至的态度。实际上，2008 年下半年扎尔达里政府只采取了一次敷衍的行动对付武装分子。从 6 月 28 日开始展开了一次对塔利班的短暂军事进攻，到 7 月初就结束了，不多不少，干掉了一名武装分子。此后，尽管塔利班在巴基斯坦境内大肆进行渗透扩张，扎尔达里却对此睁一只眼闭一只眼。他的政府不仅没有打击塔利班，反而在 2009 年 2 月和塔利班做了一笔交易，巴基斯坦政府向塔利班支付了约 600 万美元，同意在斯瓦特山谷实行伊斯兰教法，换取塔利班同意无限期停火。停火协议在当年 5 月即告破裂。到这时候，扎尔达里政府麻烦就大了，而美国也担心搞不好塔利班会完全控制巴基斯坦。面对这样的危险，虽然援助的价码升高，但美国激励巴基斯坦更努力回击塔利班的意愿也随之升高。

2009 年年末，美国国会通过了《克里—卢格法案》。它几乎把对巴基斯坦援助金额翻了三倍，增加到了 15 亿美元。即使是这样，巴基斯坦拒绝接受这笔数目极大增加的金援，因为法案里要求巴基斯坦人必须对如何使用资金负责。面对巴方的抵制，参议员约翰·克里澄清说，这一法案根本无意干涉巴基斯坦的独立自主权；实际上他就是让巴基斯坦领导人确信美国不会仔细监督资金的使用情况。巴基斯坦很快就接受了这一援助，在其境内大大加强了对武装分子的追剿。到 2010 年 2 月，巴基斯坦抓获了塔利班二号人物，不过正如我们能预料到的，他们很小心地不把塔利班威胁完全清除掉，因为如果完全清除的话，美国会终止对巴基斯坦的金援。

即使有了 15 亿美元金援，巴基斯坦对于打击塔利班仍然没有足够的积极性，美国政府对此感到十分沮丧。结果就是，美国开始动用无人机和美军部队在巴基斯坦境内追剿塔利班武装，对此扎尔达里政府公开表示没什么惊愕——不过我们怀疑他们是私下感到惊愕。这是援助国与受援国的共舞，受援国想得到尽可能多的钱，援助国想得到极其重要且昂贵的政治让步：摧毁塔利班。

对于那些坚持认为援助是为了缓解贫困的人来说，这些事实也许令人不快。当然，有一些援助的确是出于纯粹的人道主义动机，比如在自然灾害发生后。然而我们很难把流向埃及和巴基斯坦的这么大规模的援助与理想主义目标联系在一起。如果援助确实帮到了穷人，我们本该看到受援国的人民很感激和尊敬援助国。事实与此天差地别。美国对埃及和巴基斯坦的“善举”换来的是遭到这两个国家人民的普遍唾弃；理由很充分。

2002 年，皮尤研究中心在 42 个国家展开了一项民意调查。其中一个问题是问人们对美国的看法。在巴基斯坦，69% 的受访者表示对美国极其厌恶。在埃及，这个数字是 79%。在其他 40 个国家，平均只有 11% 的人对美国持有极端负面的评价。然而 2002 年巴基斯坦和埃及从美国平均获得了 16 亿美元的经济和军事援助，而其他 40 个国家平均只获得 9700 万美元的援助。这一模式被详细的统计分析所证实。获得大量美国援助的国家的人民看来很仇视美国。当然，自 2002 年以来也许情况发生了很大变化，我们也很想看看我们的评估会不会被未来的民意调查所证实。

我们对于外援的描绘也许看上去把美国形容成了国际头号恶棍。但美国绝不是唯一的对外援助国。虽然从总额来说美国是全球最大的援外国家，但援外资金占经济规模的比重相对来说并不大，只占 GDP 的 0.2%。斯堪的纳维亚国家的援外资金超过了其经济产出的 1%。只要外国政府提供的政策回报对民主国家领导人的支持者来说，比通过金钱直接能买来的回报更有价值，民主国家领导人就会支持对外援助。其他国家和机构也在收买受援国的优待，只是在规模上无法和美国相提并论。

事实上，详尽的分析显示，看上去慷慨无私的斯堪的纳维亚国家对外援助更多也是为了换取政策让步，而非出于利他主义的原因。他们特别喜欢用援助来换取受援国做出贸易方面的让步和采取亲社会主义意识形态。[1]

众所周知，援助协议绑定了很多有利于援助国的条件。这意味着协议里头常常写明了资金应该怎么花，以及更重要的，花在哪里。打个比方，德国也许会对一个受援国提供援助，但前提是资金必须用来购买德国产的拖拉机。这看上去可能不是一个回馈本国拖拉机制造商的高效途径。不过，国际贸易法常常禁止对本国企业提供直接补贴。不仅如此，附带条件的外援可以带来将来的生意，比如零部件和服务。加拿大因其高比例的限制性外援而闻名，占其总外援的60%—70%。斯堪的纳维亚国家和英国声称限制性外援的比例最低，但即使是它们，外援中附带非正式条件也是司空见惯的事。举例来说，丹麦向孟加拉提供了4500万美元用于修补渡轮，却提出不能在孟加拉当地进行修补，而是要求把渡轮送到丹麦去，以四倍于孟加拉当地的费用修补。在孟加拉政府的抗议声中，丹麦决定干脆取消整个计划，于是孟加拉人和丹麦人谁都没得到好处。

与美国通过外援收买安全和贸易让步以及欧盟通过贸易援助换取商业让步一样，日本也是这么干的。鲸鱼应该对日本的

[1] 见彼得·J.施雷德、史蒂文·W.胡克和布鲁斯·泰勒：《澄清对外援助谜团：美国、日本、法国和瑞典的外援流向比较》，载于《世界政治》50，第2期（1998），第294—323页。

“善举”感到恐惧。美国选民喜欢猪肉，而日本选民喜欢鲸脂，日本的领导人一直不遗余力地为他们提供。1986 年，国际捕鲸委员会颁布禁止商业捕鲸的公约。尽管这一公约受到大多数国家人民的欢迎，冰岛、挪威和日本人却希望继续进行商业捕鲸。目前，日本通过钻一项允许科学研究的法律漏洞，每年捕杀一定数量的鲸鱼。当然，这些鲸鱼最终都被吃掉了。日本政府通过外援在国际捕鲸委员会收买投票。近年来在日本的幕后推动下，国际捕鲸委员会的成员范围扩大到包含从无捕鲸历史的国家。这些新近会员国，比如老挝、马里和蒙古，都是内陆国家。日本的努力收到了效果，支持恢复商业捕鲸的声音越来越多。

援助产生的影响

各种事例一次又一次证明了一个简单的事实：把援助用来换取政策妥协，在目的性和数量上远远超过用于减轻贫困和缓解苦难。第二次世界大战之后，富裕国家似乎一度真诚相信可以用它们的慷慨将世界从贫困中解放出来。但援外工作刚一展开，生存的政治就立即侵蚀减轻世间痛苦这一崇高目标。政治压倒慈善，这一点都不奇怪。历史的纪录不会骗人：外国援助已被证明在减轻贫困和促进经济增长方面是无效的。

二战结束之后，欧洲面临许多挑战。就算是战胜国也遭受了巨大的人员和经济损失。美国启动了一项名为马歇尔计划的大范围援助计划。按照经过通胀因素调整的数字，美国从1946年到1952年间共向欧洲注入了1820亿美元的经济援助。英国是最大的受援国，其次是联邦德国、法国和意大利。[1] 美国的目的是建立坚强的盟国以防抗共产主义。为了达到目标，美国需要一个经济上强大的欧洲。愿意抗击共产主义并遵循美国指导下的经济计划的国家获得援助；不愿意的国家就没份。

自二战后以来，美国的经济援助总额高达1.3万亿美元；同期的军事援助达到约6500亿美元。为了让读者有个概念，这些经济和军事援助加起来大约相当于2009年美国经济刺激计划和不良资产救助计划相加总和的两倍。

马歇尔计划的成功很难被复制。已经有数万亿美元的资金注入发展中国家，然而如果我们以受援国生活质量的改善情况来作为评估依据的话，可以说金援的效果乏善可陈。正如我们早先看到的，金援在减少贫困方面实际上毫无建树。

这一历史事实在决策制定者们当中引发了有关金援是否有效的激烈辩论。对持批评立场的人来说，太容易就可以点出许多依赖外援的非洲国家现在比未获得外援前更穷。开发界的人士则喜欢反驳说这样的直接对比是不公平的，他们还指出，虽然依赖外援的国家表现糟糕，但如果没有外援将更糟糕。尽管这一辩护是错的，却是一个合乎情理的论点，必须认真对待。

[1] 数据来自美国国际开发署绿皮书，以2008年美元不变价格计算。

我们不能仅仅因为受援国表现糟糕而谴责援外事业。为了理解这一点，考虑一下下面这句很有挑衅性的话：**医院会杀人！**有大量的证据支持这一观点。人在医院里死亡的可能性远远高于医院外面。当然，我们多数人立刻就会看到证据里的错缪所在。医院里的人是病人，健康的人不会住院。不过，人们只看统计数据却不管数据是从哪里来的，这种错缪实在太常见了。

我们的一位同事彼得·罗森多夫组织了一次请愿活动，向圣塔·莫尼卡市议会呼吁在他以前住所附近的一处危险路口设置人行横道。市政工程师回应说，情况正相反，市里正计划取消该市所有的人行横道，因为他们的研究表明，行人死在斑马线上的情况比在其他地方多得多。圣塔·莫尼卡的孩子们应该感谢彼得·罗森多夫。他耐心解释说，出现这种结果并不是因为人行横道天然就比其他地方危险，而是因为那里是人们过马路的地方。

除非我们了解谁在接受治疗，否则我们很难评估医院或某种特殊治疗方法再或药品的真正影响。医学界用随机的药物试验来测试药品的有效性。病人被随机分为两组：一组接受测试药物，另一组只给安慰剂。通过对比两组人的表现来决定药物是否有效。假设换一种方式，药物只给病得最厉害的病人使用，就算这是一种有效的治疗方式，这组人的表现也可能比没有获得药物的那组差。相似地，如果援助组织把目标锁定为那些问题最严重的国家，那么援助也可能看起来毫无效果，即使它实际上是有用的。

理想上来说，为了评估援助的有效性，国际社会必须进行受控的实验，把援助给予某些随机选择的国家，而不给其他国家。由于援助永远不可能以这种方式来进行，经济学家必须经过复杂的（也是很有争议性的）统计过程并根据受援国具体情况来修正结果。与其一头扎进这些复杂的过程，我们不如提供来自联合国安全理事会的一些简单证据。

联合国安理会有 5 个常任理事国（美国、俄罗斯、中国、英国和法国）和 10 个非常任理事国。非常任理事国由选举产生，任期两年，任期届满之后的两年内不得再次当选。选上理事国是件非常光荣的事，而且实践证明也很有价值。不幸的是，它的价值是有代价的：为许多当选的理事国国家的人民带来了苦难。平均来看，相比未被选入安理会的合格国家来说，理事国发展更慢，变得更不民主，对新闻自由的钳制更加严厉。[1]举例来说，在一段两年的安理会理事国任期内，理事国的平均经济增长率比非理事国低 1.2 个百分点。在一段 4 年的时间内(两年理事国任期加上两年无资格期)，曾当选理事国的国家平均经济增长率比非理事国低 3.5 个百分点，几乎每年低 1 个百分点。独裁国家受到的影响比民主国家严重得多。

联合国安理会理事国资格对经济增长发生这样的效果让人非常好奇，也让我们不禁质疑为什么联合国如此被尊崇。这样

[1] 布鲁斯·布尔诺·德·梅斯奎塔和阿拉斯泰尔·史密斯:《联合国安理会成员国资格的恶性后果》，载于《冲突解决期刊》54，第 5 期（2010），第 667—686 页。

的效果同时为我们提供了有关援助的影响的重要证据。被选入安理会的国家获得了更多援助。一个联合国安理会的席位给了领导人非常有价值的筹码，通过安理会投票权的形式来变现，而他们得到的援助却导致更糟的经济表现。最近有一项充分的研究显示，被选入安理会的国家从国际社会获得了金融奖励。它们获得了更多的美国和联合国援助，从国际货币基金组织、世界银行以及一堆其他机构那里获得了更优惠条款和更多项目。[1] 联合国安理会的成员国资格使领导人在塑造全球政策方面有了发言权。许多领导人，特别是来自独裁国家的领导人，显然更倾向于出售这种影响力而非代表本国人民的利益去行使该权力。

联合国安理会成员国资格几乎就是随机实验的产物。尽管哪个国家当选并非随机，但它也与对于经济援助的需要无关。实际上，人口规模似乎是当选联合国非常任理事国的唯一系统决定因素。比较特殊的是非洲国家，它们似乎采取了轮庄的模式。非洲国家当选，仅仅是因为轮到它们了。关键的一点是，在它们当选前，联合国安理会理事国的行为方式与其他国家一

[1] 比如可参见伊莉亚娜·库兹耶莫科和埃里克·沃尔克：《联合国安理会一个席位值多少钱？发生在联合国的外援和贿赂行为》，载于《政治经济学期刊》114，第5期（2006），第905—930页；艾克赛尔·德雷赫、扬·艾格伯特·斯特姆和詹姆斯·弗里兰德：《全球性精明交易：国际货币基金组织贷款换取联合国安理会投票》，载于《欧洲经济评论》53，第7期（2009），第742—757页；艾克赛尔·德雷赫、扬·艾格伯特·斯特姆和詹姆斯·弗里兰德：《发展援助与国际政治：联合国安理会成员国资格影响着世界银行的决定吗？》，载于《发展经济学期刊》88（2009），第1—18页。

般无异。但一旦当选就表现差劲。回到医学的比喻，被选入安理会的国家并不比未入选的国家病得更重。它们获得了额外的医药（援助），这却让它们病得更重（更穷、更不民主、新闻更不自由）。

安理会理事国资格给领导人提供了机会去出售至关重要的政策支持权。正如我们一再看到的，独裁者需要收买他们的联盟。援助为他们带来了所需的资金，这有助于领导人的生存。更进一步来说，援助激励独裁者出于两个理由加大对自由的压制。第一，来自援助的收入意味着领导人可以较少依赖人民工作的意愿，于是他们不需要承担自由带来的过多风险，而当他们的收入和工人的生产力依赖于允许人民相互自由交流时，这些风险本来是他们必须承担的。第二，政策让步一般来说都不受人民欢迎，因此领导人需要压制不同意见。安理会理事国资格为一个国家带来了声望和荣誉。对一个独裁者来说它还意味着轻松赚大钱。对独裁国家的人民来说，安理会理事国资格意味着更少的自由、更少的民主、更少的财富以及更多的苦难。

历史记录表明，援助在拯救国家摆脱贫困方面基本上是失败的。也许具有讽刺意味的是，尽管援助为缓解贫困和促进经济增长提供了资源，它却为做相反的事创造了政治诱因。正如美国驻埃及大使（1994 年至 1998 年）爱德华·沃克尔简洁表述的："援助为埃及提供了避免改革的一条轻松出路。" [1]

---

[1] Http://us.oneworld.net/article/how-has-egypt-spent-50-billion-us-aid。

对外援的评价

那么我们该怎么看待外国援助呢？它对政策有利或仅仅是好的政治？

毫无疑问它有过成功。马歇尔计划的外援将主要由民主国家组成的西欧从经济灾难中拯救出来。但这是因为这一结果符合计划的目的。美国想要的是建立一个经济上强大的集团，作为抵御苏联扩张的工具。于是计划促进了经济增长。民主领导人需要政策的成功，于是很乐意遵从美国的政策目标以换取可观的援助。不过我们现在知道了，后来的援助未能复制马歇尔计划的成功。

援助只会帮助独裁者巩固权力和钳制自由。然而，人们为了使援助实实在在对穷人发生作用，就像凤凰涅槃般前赴后继。或者细想一下，也许就像西西弗斯，我们不断爬上同一座山，只是为了不停跌下。

大约每十年，援助国就会发起新的行动试图“让援助发生作用”。最近的一次表现形式就是联合国千年发展目标计划。2000 年，这一由联合国开发计划署制定的计划被世界各国领导人采纳，该计划制定的有关贫困、健康、性别平等、教育和环境方面的目标完成时间是 2015 年。比方说，消除极端贫困的目标是将世界上每日生活费不到 1 美元的人口比例减半。尽管这些计划值得称道，但嘴上说要帮助穷人致富或至少减轻贫困与真正这么做完全是两码事。

千年发展目标并不是旨在消除贫困的第一个尝试。此前在二十世纪四十年代和五十年代有过通过发展基础设施以达到“自我维持增长”的努力；接下来有美国推出的旨在使贫穷国家能够享有科技突破成果的P—4计划；再接下来约翰·肯尼迪宣布将使二十世纪六十年代成为“发展的十年”。二十世纪四十年代后期制定的目标一直延续到现在，但几乎没有证据表明当今世界比二十世纪五十年代或二十世纪六十年代更接近于这些目标。威廉·伊斯特里探讨过伴随这些大约每十年一次行动计划的希望与乐观主义。他哀叹说，尽管每一个新计划都说会大不同，它们却一再重复以前的错误。他认为，援助事务当中的官僚主义使得资金不仅没有促进、反而阻碍了经济活动。贫困继续存在。[1]

尽管如此，我们不必对援助抱持完全悲观的态度。我们关于它如何运作的知识已经极大完善。比如说，我们知道在有善治的地方，援助能够发挥非常良好的作用（正如我们知道它多半都流向了劣治之所）。[2] 发展援助的倡导者们指出，非政府组织成功地在不少国家推进了定向计划，其中的一些项目取得了惊人的成果。比如说，1986年卡特中心发起了一项抗击

[1] 威廉·伊斯特里：《对经济增长的令人困惑的追求：经济学家们在热带国家的冒险与不幸遭遇》，剑桥，马萨诸塞：麻省理工学院出版社，2002；以及威廉·伊斯特里：《白人的负担：为什么西方援助世界其他地区的努力恶果多多好处寥寥？》，伦敦：企鹅出版社，2006。

[2] 克雷格·伯恩赛德和戴维·多拉尔：《援助、政策与政治》，载于《美国经济评论》90，第4期（2000），第847—868页。

麦地那龙线虫病的计划。这种寄生虫病通过不洁饮用水传播，在亚洲和非洲 17 个国家肆虐，有大约 350 万人被感染。到了 2009 年，全球范围的被感染者降到了只剩大约 3000 人，大部分在南苏丹。

非政府组织已经证明它们可以有效地提供基本医疗保健和基础教育。不过，回头想想我们讨论过的小联盟国家提供的公共物品，我们很难不注意到非政府组织提供的这些福利恰恰就是连最独裁的领导人都想要提供的公共计划。在提供高等教育方面，非政府组织就不那么成功了。受援国的独裁领导人不愿意人民被教导如何充分独立思考，以至于能够组织起来反对政府。

非政府组织在促进基础教育、基本医疗保健、卫生以及其他基本必需品——如掘井、为村庄供电、提供小额贷款（利率水平在美国已经可以被称之为高利贷了）——这些方面的成功反而说明了援助计划从根本上讲是失败的，它还造成了许多非政府组织及其支持者没有意识到的伤害。一个简单的事实就是，资金是可转移替代的。这意味着受援国政府拥有几乎完全的自主权将资金从某个项目转移到其他项目。如果是直接的政府对政府的援助，很容易理解为什么会发生这种情况。独裁者需要为其支持者提供回报。非政府组织则通常不会想帮富人变得更富，于是它们会为特定的项目提供资金或者由它们亲自执行某些特定项目。然而在实践中，受援国政府能够非常老到地把援助资金转化为他们想要的那种回报，而不是援助方希望他们提供的那种回报。

评估援助有效性的最明智的标准就是问有多少人获得了帮助，而不是问花了多少钱或挖了多少口井、建了多少所学校、为多少村庄通上电。非政府组织通过计算花了多少钱来评估它们的效能，但这却是一个有缺陷的标准。它会鼓励慈善机构去帮助最容易触及到的人和更可预见的项目，却忽视了一个事实，即那些很难触及到的人也许正是需求最迫切的人。以多少人获得帮助为标准，则会鼓励援助机构投身于本来应由政府去实施的项目。别忘了非政府组织最成功的方面就是提供基本公共物品，如基础教育和基本医疗保健——这些服务甚至独裁者都想提供。当援助资金被拿去替代政府开支，那么只有极少数人甚至没有人会真正得到帮助，除非政府把这些不受监管的资金投入其他造福大众的项目。当然，政府不会这么做。他们把钱拿去巩固政治权位和加强核心支持者的忠诚度。

来看看柬埔寨的案例。柬埔寨政府的一半预算资金来自外国援助。这些援助资金不仅没有用于实施政府项目，反而大部分流入官员的腰包。事实就是柬埔寨跻身于世界上最腐败国家之列。根据美国国际开发署的报告，“援助资金流入教育和医疗领域，其中部分资金让普通公民受益。但是，毫无疑问原本指定用于学校、教师、教科书、诊所、医疗人员以及药物方面的资金，有极大部分被挪为他用。”[1]

---

[1] 参见迈克尔·卡拉班、塞吉奥·迪亚兹·布里奎茨和杰拉德·奥布莱恩：《柬埔寨腐败情况评估》2004，美国国际开发署/柬埔寨，第13页。网络版见 www.usaid.gov/kh/democracy_and_governance/documents/Cambodian_Corruption_Assessment.pdf。

也就是说，原本要造福人民的资金被挪去回报柬埔寨的富人。常常发生的情况是，非政府组织提供了援助，真正帮到人民的量远远少于表面数字。假设一个非政府组织为某个村庄的 100 个孩子提供基础教育，每个孩子每年 100 美元资金，全年的总花费就是 10000 美元。看上去好像有 100 个人获得了非政府组织的帮助，这会让捐款者很高兴，并带来更多捐款。然而实际上到底有多少人获得了帮助并不清楚。政府也许本来就准备花钱为半数孩子（甚至全部孩子）提供基础教育，即使在没有外来援助的情况下。名义上，非政府组织帮到了 100 个孩子，但其实他们是以两倍成本帮到了 50 个孩子，让政府少花了 5000 美元。这样好不好呢？当然好，对于那 50 个孩子来说。这样糟不糟糕呢？对于所有人来说当然糟糕，因为非政府组织助长了政府偷盗更多钱的机会，同时还巩固了一个坏政府的权力，在未来许多年还将继续折磨人民。

甚至有一些慈善机构的最简单的行为都带来了糟糕的后果，提升了政府的控制度，使其变得更不负责任。举一个个人的例子。本书作者之一的阿拉斯泰尔 2009 年带他的孩子们前往肯尼亚，其中一站是在一所小学，孩子们被鼓动帮忙粉刷教室。能够帮上忙，这看上去是个挺好的点子，很多人热情地拿起刷子准备让教室亮堂起来。阿拉斯泰尔从原则上拒绝这么做，他走到教室外面去教一些孩子如何使用数码相机。他是个令人扫兴的家伙呢还是在鼓励更好的经济政策？从经济学的角度来看，让高技能的游客及其家人粉刷教室往好了说是无效率，往差了说就是彻底有害。

经济学的核心在于比较优势。每个人都应该在他们相对擅长的领域具有专长，然后与别人交换产品和服务。比起每个人试图在每一件事上都亲自做一点点，这种方式的产出更多。考虑一下肯尼亚相对英国的比较优势（阿拉斯泰尔非洲之行的大部分同伴来自英国）。肯尼亚的教育水平很低，有大量失业的体力劳动者。肯尼亚的比较优势就在于那些需要大量相对非熟练工人的行业。实际上这是肯尼亚最出彩的行业：肯尼亚是个花卉出口大国。肯尼亚的气候非常有利于花卉生长，大量人民从事劳动密集型的花卉种植、采摘和包装工作。花卉被运往西欧销售。作为交换，欧洲向肯尼亚出口需要人力资本和物力资本才能生产的产品——医药制品、机械设备和电脑软件。欧洲具有相对丰富的人力资本和物力资本。它用资本密集型的产品交换肯尼亚劳动密集型的农产品，这样双方都获益。

那么这与粉刷教室有什么关系呢？是这样的，粉刷教室尽管充满乐趣，却剥夺了当地工人急需的工作。如果受过教育的西方人取代了当地人从事体力活，那么基于现有的技能和资本配置情况，那些工人到哪里才有竞争力？他们又将如何挣到养家糊口的钱？也许让他们把孩子送往学校学习更高的技能，有朝一日长大了具有更大竞争力？富裕的西方游客拿起刷子不仅没帮上忙，反而让一些工人的生活更加糟糕。把这个习题重复千遍，换千种方式，你就会明白自我感觉良好的慈善行为有利于捐助者的程度远远超过对真正有需要者的造福程度。

在一个大得多的尺度上，通过评估比较优势，可以显著改善对于有需要国家的援助方式。比方说在欧洲和北美，通过价格支持和补贴，农业受到避免竞争的高度保护。在二战后建立的贸易安排当中，农业被关贸总协定及其有争议的继承者世界贸易组织刻意排除在外。这是因为农村地区在不同国家的分布情况不成比例，因此在不少欧洲国家农民往往是领导人的核心支持者。允许发展中国家的农民在比较优势的基础上进行竞争，在促进经济增长方面发挥的作用要远远好于提供目标不明、高度官僚化的援助。

粉刷教室的故事提供了一个即使出于善意的援助也会阻碍发展的微小例子。比尔·伊斯特里的著作表明，这样的情况并非例外，而是常态。

对援助的勒索

本章开头我们讲述了埃塞俄比亚皇帝海尔·塞拉西勒索外国援助者的故事。现在应该很清楚，这种行为太常见了，它反映了私人援助的逻辑。当私人提供援助，受援国政府要么必须和他们达成交易以获得提成——毕竟这对小联盟政权来说正是援助的价值所在，要么在缺乏此类交易的情况下对意愿良好的援助者进行敲诈。不管哪种方式，政府必须从行动中拿到自己的一份，否则援助者绝无可能顺利实施援助。举例来说，这正是2008年纳尔吉斯飓风过后缅甸政府干的事。他们坚持要求联合国的救援物资必须交给缅甸政府，否则禁止进入该国。为什么？因为正如我们早先看到的，军事独裁政权想通过把食品拿到黑市上出售而不是分发给急需食物的灾民，使外援成为自己发财的手段。也许你会认为这是一个恐怖政权的异常的行为方式，而不是天灾之后政府领导人该有的正常反应。你错了！再来看看2004年印度洋海啸之后，牛津饥荒救济委员会（乐施会）为斯里兰卡提供救援的案例。

2004年12月26日印度洋大地震引发的海啸挟带滔天巨浪扑进内陆，在14个国家共造成超过23万人死亡。灾后救援总额超过140亿美元。然而就算救援机构的目标是赈灾，许多受援国政府却把这当做发财的机会。

为了方便分发救援物资，乐施会将25辆四轮驱动卡车运往该地区。斯里兰卡政府将全部卡车扣留，坚持要乐施会缴纳300%的进口税。超过一个月的时间（正是灾后最关键的一个月）卡车闲置在那里，而灾民正饱受缺乏食物和安置场所之苦。最终乐施会支付了一百多万美元才把卡车弄出来。

许多人在向慈善机构捐赠之前，喜欢评估自己所捐钱款有多少能帮到人民、又有多少变成了管理费。举例来说，美国乐施会被慈善评级机构“慈善导航”评为三星级（最好的是四星级）。美国乐施会将收入的6%作为管理费，14%用于筹款活动，剩下的80%全部用于各种慈善项目，也就是帮助人民。不幸的是，80%的资金并不真正反映实际提供的帮助。别忘了那些卡车和 300% 的进口税——如果这样的案例是常态的话（通常都是）——那么真正用于救援的资金可能只有 20%。如果连乐施会这么谨慎的慈善机构都会被敲诈，遑论其他机构。

对于究竟有多少资金从捐助方属意的目标被转用于受援国政府的目标，事实上不可能进行精确量化。不过我们怀疑这个数字非常惊人。最根本的问题在于受援国政府没有受到恰当的激励去解决问题。看看 2010 年发生在巴基斯坦的洪灾，天要下雨，没有人会因此指责巴基斯坦政府，但该国政府却必须在很大程度上为随后的破坏性后果负责。有超过 2000 万人受到洪灾影响，400 万人无家可归，以及接近 2000 人死亡。

在二十世纪七十年代遭遇一系列严重洪灾肆虐之后，巴基斯坦成立了一个联邦防抗洪灾委员会。纸面上说这个机构目前已经完成了总值达 9 亿美元的防洪堤建设。实际情况远非如此。水利建设和洪灾防控不是公共政策，而是贪渎的来源。防洪堤坝的建设是为富人、也就是致胜联盟成员的利益服务，而不是为人民的利益服务。正当洪水倾泻而下威胁到大范围人口时，扎尔达里总统——绰号“10% 先生”，因为据说这是他最喜欢的抽成比例——以一名好独裁者该有的样子行事。他无视遇到的困难，前往欧洲进行高调的访问，放任他的政府牺牲多数人以拯救少数人。政府加固堤坝以保护核心支持者，同时却让洪水继续肆虐贫困地区。少数民族地区和反对派支持者人数众多的地区特别容易遭受洪灾。[1]

已故的时任美国驻巴基斯坦特使理查德·霍尔布鲁克将洪灾形容为“一次机会均等的灾难”，但事实远非如此。只对极少数人负责的巴基斯坦领导人牺牲了多数人的利益。他们加固堤坝以保护支持者的家园和农场，无视其他村镇面临的困境。一名当地官员承认：

> 信德省的地方政府官员与大地主勾结，加固流经他们土地的河流堤岸以及其他他们认为重要的设施，损害其他地区的利益，导致这些地方非常容易受到洪水侵袭……并不仅仅是说政府这方面没有能力保护最穷的人民免遭潜在洪灾的袭击，而是说政府存心认为一旦洪灾发生，这些人民就应该受苦受难。[2]

很显然，从善治的角度来说，这样的行为实在没道理。但就为自身生存而统治来说，这却是一种很精巧的举动。它提醒

[1]《巴基斯坦洪灾：只有富人才会被拯救，援助机构抗议少数族群遭歧视》，见 http://www.independent.co.uk/news/world/asia/pakistans-rich-diverted-floods-to-save-their-land-2069244.html；以及 http://www.zenit.org/rssenglish-30232http://tribune.com.pk/story/37842/critical-decisions-ahead-as-barrages-continue-to-resist/；http://www.independent.co.uk/news/world/asia/pakistans-rich-diverted-floods-to-save-their-land-2069244.html；http://tribune.com.pk/story/37842/critical-decisions-ahead-as-barrages-continue-to-resist/；http://www.guardian.co.uk/world/2010/aug/19/pakistan-flood-ban-ki-moon。

[2]《巴基斯坦洪灾》，见 http://www.zenit.org/rssenglish-30232。

支持者，如果被赶出联盟会发生什么后果。这对忠诚有好处。救援机构还赶着来送钱。联合国秘书长潘基文称这是他见过的最严重的洪灾，呼吁提供大规模的外国援助。许多巴基斯坦人宁愿直接帮助受灾同胞，表示："我们不会向政府捐献，因为我们知道这不过是让政府官员发财而已。"[1]国际社会没有这么小心。他们在头三个月给了巴基斯坦政府17亿美元。这相当于每个灾民能得到83美元。据推测这些资金很大一部分都被抽走了，很显然没有被用于有效的灾难救助。

巴基斯坦并不是2010年唯一遭受严重洪灾影响的国家。贝宁同样发生了史无前例的洪灾，受灾范围覆盖三分之二国土。由于贝宁是一个小得多的国家，绝对受灾人口比巴基斯坦少，但就与国土面积的比例而言，贝宁的受灾程度与巴基斯坦相当。贝宁获得的援助远远少于巴基斯坦，每个灾民分到的援助金额只有巴基斯坦的二十分之一。尽管如此，贝宁的灾后反应获得了广泛赞誉。当然，贝宁的民主程度远高于巴基斯坦。2011年一场灾难性的地震和海啸袭击了日本，我们确信贝宁这样的模式将重现。日本是一个民主国家，它将得到大规模的援助。它对资金的使用肯定会比受2004年海啸袭击的国家合理明智得多。

很容易理解为什么扎尔达里在把灾害对人民造成的影响最小化方面几乎没做什么，不仅如此，有些人认为他甚至故意让

[1] Http://www.csmonitor.com/World/Asia-South-Central/2010/0812/Pakistan-floods-strand-the-poor-while-rich-go-to-higher-ground。

局面恶化。他有金钱方面的强烈动机。随着灾难程度上升，外国援助的规模也会随之加大。他的政治生存取决于收买少数人而不是保护多数人。外国援助鼓励了独裁者不去解决问题。假如巴基斯坦确实实施了有效的洪灾管理计划而不是嘴上说说，人民的遭遇当然会大大改善，但扎尔达里将失去进一步诈取援助者的借口。

同样的问题也存在于反恐战争中的美国对巴基斯坦援助中。2001 年的恐怖袭击之后，美国不断向巴基斯坦寻求帮助打击塔利班和基地组织，以及抓捕国际恐怖主义者——头号目标就是奥萨马 · 本 · 拉登，这位基地组织领导人据信藏身于巴基斯坦北部的部落地区。到 2008 年为止，美国已经给巴基斯坦提供了 66 亿美元的经济和军事援助以换取巴方的支持。假如巴基斯坦抓到了本 · 拉登并阻止塔利班武装在巴基斯坦北部活动，美国将不胜感激，但美国也将无须继续付钱给巴基斯坦。这与旨在减少受灾人数的有效灾害管理类似，抓获本 · 拉登会终结美国的对巴援助，正如现在本 · 拉登之死可能会造成的后果一样。

为了理解外国援助如何才能奏效，至关重要的一点是必须考虑从受援国政府制定政策的领导人的角度来看他们面对什么激励因素。除非援助被重构、改变了这些因素，否则巴基斯坦没有什么理由会去终结国内的武装活动和恐怖主义。相反地，巴基斯坦会允许这些活动继续存在，而且假如西方要停止援助，巴基斯坦还会鼓励这些活动变本加厉。

幸运的是，除了指出有问题的激励因素之外，我们的观点也提供了对援助进行重构的方法，它能够创造去解决问题的激励因素。

矫治援助政策

国际社会的一贯做法就是把钱丢给受援国去解决问题。常见的看法就是，当地人比远在天边的外国援助者更了解如何去解决本国的问题。这大概是真的，但知道如何解决本地的问题和有意愿、利益去这么做，完全是两码事。把钱直接给受援国，期待它们自己解决问题，这种政策应该停止。美国应该将钱托管给第三方，直到目标达成时才付钱。

来看看抓捕基地组织前二号人物艾曼·扎瓦赫里的难题。我们假定美国认为40亿美元是抓到扎瓦赫里的合理报酬。别忘了美国迄今已经花了65亿美元而一无所获。这笔钱可以托管给第三方，比方说存在一家瑞士银行里。假如抓到扎瓦赫里，巴基斯坦将收到20亿美元，接下来两年每年再收到10亿美元。如果我们摒弃这些钱将被用于巴基斯坦人民这一幻想而将钱直接付给巴基斯坦领导人，也许这个交易可以便宜不少。

如果援助采取这种“报酬托管”的模式，扎尔达里就必须先交出扎瓦赫里才能收到钱。不过，与现有的激励机制不同的是，他在交出扎瓦赫里时不用担心美国不再需要他的支持之后就不再给钱。扎尔达里也许不愿意或没办法为了 40 亿美元而抓到扎瓦赫里。这样的话美国也没有什么损失。如果扎尔达里要做的只是假装四处抓捕扎瓦赫里从而让美国不断提供金援，那他更不可能真的把扎瓦赫里交出来。而这恰恰是现有机制造成的结果。

毫无疑问，在实施“报酬托管”模式时会遇到很多操作上和程序上的问题。如果涉及到的是为灾害管理设计“托管援助”，这些问题会变得更棘手。然而，与其执行注定失败的政策，还不如在一个激励受援国领导人解决援助国问题的框架内去处理那些讨厌的技术性问题。

国家建构

那么，激励一个国家去干涉他国制度的最根本动机是什么？民主国家常常声称想帮助其他国家实现民主化。他们经常以此为基础将经济援助和军事干预合法化，但几乎没有证据表明他们确实促进了民主。那些为此类政策辩护的人喜欢举出二战后德国和日本的例子，但这已经是发生在 60 多年前的事了，而且仔细研究的话会发现，这两个国家过了很多年才开始制定（或者说被允许制定）独立的外交政策。事实就是，在大多数情况下民主国家不愿意创造民主国家。

1939 年，美国总统富兰克林·德拉诺·罗斯福曾针对残暴的尼加拉瓜独裁者安纳斯塔西奥·索摩查·加西亚发表过著名的评论，“他是个婊子养的，但至少他是我们的婊子养的”。麻烦就在这里。收买独裁者比较便宜。他们会实行民主国家领导人及其选民想要的政策，由于他们只需向相对很少的核心支持者负责，独裁者被收买的价码很低。他们可以被引诱通过执行民主领导人想要的政策去换取金钱。收买民主领导人的价码要昂贵得多。几乎每个美国总统都宣称要在世界上推广民主。然而一旦某些民主国家或正在民主化的国家的人民选出了领导人执行美国选民不喜欢的政策，美国总统们对这些国家搞破坏一点都不手软。

美国反对刚果第一位民选总理帕特里斯·卢蒙巴的故事就是破坏民主的例证。卢蒙巴于 1960 年 6 月当选，1961 年 1 月 17 日即遭谋杀，前后不过半年。卢蒙巴与西方民主国家关系恶化的原因在于他所采取的政策，并非由于是他在掌权。他猛烈地谴责比利时对刚果的殖民统治。在他当选总理不到一个星期时举行的一场庆祝独立的活动中，他发表讲话宣布：“我们不再是你们的猴子。”[1] 为了将比利时军队和外交官赶出刚果，以及击败由莫伊兹·卡奔达·冲伯领导的加丹加省分离主义叛乱活动，卢蒙巴向苏联寻求军事援助。这可是一个巨大的政治错误。现在有海量证据表明美国和比利时合谋策划了卢蒙巴被害事件。此后，美国与刚果（后来的扎伊尔）的蒙博托·塞

[1] 马丁·梅雷迪斯：《非洲的命运》，纽约：公共事务出版社，2005，第 102 页。

塞·塞科建立了密切关系，后者与卢蒙巴不一样，既不是民主领导人也不亲苏。为了钱（从他上台到下台的 32 年间共获得数十亿美元），蒙博托愿意支持美国的政策。民主选举产生的卢蒙巴不愿意，这意味着他必须被除掉。

卢蒙巴绝不是被民主国家领导人搞下台的唯一一人。1893 年，夏威夷女王利留卡拉尼被美国推翻。她的罪过在哪里？她希望夏威夷和夏威夷人（当然包括她本人）从农业开发和出口机会中获益，而这些正是当时在夏威夷经营的美国和欧洲大公司追求的。就在反对派策划发动政变废黜利留卡拉尼时，美国派出海军陆战队登陆夏威夷，表面上保持维护和平的中立立场，实则让女王根本没办法保护自己。我们也不该忘记 1965 年美军推翻多米尼加的民选总统胡安·博什。他冒犯美国的地方在于他喜欢菲德尔·卡斯特罗。其他案例包括推翻智利的萨尔瓦多·阿连德、伊朗的穆罕默德·摩萨台，乃至反对巴勒斯坦民主选举产生的哈马斯政府，类似案例不胜枚举。就在本书写作期间，我们看到美国在海湾地区不愿促进民主。美国在支持有用的独裁者方面历史悠久。实际上，美国在海湾地区的政策是民主化危险的绝佳例子。海湾地区的初生民主国家不太可能热切倾向于美国的利益，部分由于深刻的政策分歧，部分由于美国数十年来为当地人民受压迫而提供资金。

无数的案例讲述的是同一个故事。民主领导人青睐顺服的外国政权甚于民主政权。民主干预主义者尽管声称使用武力追求民主化，实际上深深喜好削弱目标国的民主程度，同时通过便宜收买来的独裁者去增加这些国家的政策顺从度。[1]

在读完本章之前也许你会认为民主领导人相比独裁者来说就像天使。本章已经使这种形象黯然失色，而且我们还会讲到更多污点。不过在原则上谴责欧洲、日本的首相们和美国的总统之前，我们需要暂停片刻，探讨一下他们到底在做什么以及这么做的原因。

民主领导人奉行人民想要的政策。由于他们必须经受当选和连任的考验，他们很没有耐心。他们只有很短的投资期。对他们来说，“长期”指的就是下一次选举，而不是国家在接下来 20 年的表现。然而，只要**我们人民**想要便宜的汽油和丰富的农产品充满市场，我们想要这些超过想看到穷国真正发展，我们的领导人就会继续奉行符合我们意愿的政策。如果他们不这样做，将被愿意这么做的人取代。这就是民主制的一切——民有、民治、民享的**国内**政府。

在课堂上，本书作者之一的布鲁斯喜欢问学生有多少人想帮助尼日利亚或马里消除贫困。这个理念获得了普遍支持。几乎每个人都表示希望政府为这些穷国提供援助。然而当事情到了利害关头，热情就消退了。比如说，他问有多少学生愿意放弃手机服务，把资金拿去援助尼日利亚。几乎没有人举手。当他又问学生愿不愿意减少帮他们付学费的政府低息贷款，把钱

[1] 参见布鲁斯·布尔诺·德·梅斯奎塔和乔治·W. 道恩斯:《干预与民主》，载于《国际组织》60，第 3 期（2006 年 7 月），第 627—649 页。

拿去帮助世界上的穷人时，更没有人举手了，尽管他提醒大家他们是世界上很富的“穷人”，他们刚刚还声称愿意帮助世界上真正的穷人。只要不花他们自己的钱！

援助是收买影响力和政策的手段。除非我们人民真正重视穷国的发展和愿意做出有意义的牺牲，援助在达成宣称的目标方面将继续失败。民主领导人并非凶残的野蛮人，他们只是想保住工作，为此他们必须奉行他们的人民想要的政策。尽管某些人嘴上充满了理想主义的说辞，实际上我们多数人想要便宜的汽油甚于西非或中东的真正改变。我们的领导人尽力奉行我们想要的政策，我们真不该抱怨太多。毕竟，这就是民主制的一切。

THE DICTATOR'S
HANDBOOK

第八章

反叛中的人民

一名成功的领导人总是把核心支持者的需要置于人民的需要之上。[1] 没有他的致胜联盟的支持，一名领导人什么都不是，很快就会被对手横扫出局。但如果领导人的统治权只依赖于少数人，让联盟满意是得花钱的。通常来说，联盟成员获得的酬劳以牺牲社会其他部分的利益为代价。没错，是有一些独裁者让人民生活过得更好而成了名人堂成员。大多数独裁者不这么做。那些不这么做的独裁者将坐在办公室里为了自己和联盟的利益将国家的经济搞得一蹶不振。最终形势发展到足够恶化的地步，导致一些人民开始厌倦身上的重负。他们也会对领导人的生存产生威胁。

[1] 本章的部分内容来源于我们的其他学术著作，布鲁斯·布尔诺·德·梅斯奎塔和阿拉斯泰尔·史密斯：《政治生存与内生制度变革》，载于《比较政治研究》42，第 2 期（2009），第 167—197 页；布鲁斯·布尔诺·德·梅斯奎塔：《国际政治的原则》，华盛顿特区：CQ 出版社，2009；以及布鲁斯·布尔诺·德·梅斯奎塔、阿拉斯泰尔·史密斯、兰多夫·席弗森和詹姆斯·莫罗：《政治生存的逻辑》，剑桥，马萨诸塞州：麻省理工学院出版社，2003。

尽管来自于人民的威胁不如联盟背叛的风险那么无处不在，但大批人民走上街头还是有可能成功推翻当局的统治。因此，如何防止和对付这样的革命威胁对独裁者和潜在的革命者来说是一个至关重要的课题，接着我们就要来探讨。

抗议还是不抗议

独裁国家的人民遭遇极不公平的待遇。他们的劳动税入被领导人搜刮，并被大把地花费在了核心支持者身上。领导人为人民提供的东西则仅限于必要的基本医疗保健、基础教育以及保证他们有力气干活的食品。假如一个小联盟领导人足够幸运到拥有其他收入来源，比如说自然资源或外国的善心捐助，他可能连上述那些最基本的东西都不提供。独裁者当然不提供政治自由。在大部分小联盟国家，人民的生活肮脏、孤独、贫穷、粗野。处在绝望道路上的人民总是会要求变革。他们想要一个能提供生活保障的政府，使他们过上安全、快乐、有创造性的生活。

在忍受了长期的艰辛困苦之后，他们为什么有可能突然群起反抗政府呢？答案在于找到一个关键的时间点，一个临界点，在这个点上人们认为未来继续在这个政府统治下的生活仍将足够糟糕，值得他们付出革命的代价。他们必须相信那些自告奋勇率先反叛的人有相当大的成功机会，让普通老百姓生活改善的机会。

这里有一个微妙的平衡点。如果一个政权非常擅于说服人民越雷池一步意味着极其悲惨的后果甚至死亡，反叛就不大可能发生。是的，生活在这样一个政府统治之下十分可怕，但失败的风险和代价太高使人们不敢起而反叛。他们有可能丧命或被关入大牢，有可能失去工作、家甚至孩子。这就是为什么世界上的希特勒们能够避免反叛。如果统治确实极其严酷，人们的确不敢起来造反。

一开始，一些特别勇敢的人可能率先造反，他们宣称将把国家变成民主国家。每一次革命和每一次群众运动都肇始于承诺进行民主改革，承诺建立一个解放受压迫者、减轻人民苦难的新政府。这是发动大众走上街头必不可少的因素。当然，它并不常常奏效。

举例而言，肯尼亚独立运动领导人和第一任总统乔莫·肯雅塔在 1952 年 7 月 26 日肯尼亚非洲民族联盟的一次集会上做了相似的宣告：

> 如果我们每一个人、每一个部落，现在团结起来，我们将在这个国家实现欧洲人所称的民主。真正的民主没有肤色的区分。它不分黑人和白人。我们今天在这个浩大的集会上，在肯尼亚非洲民族联盟的旗帜下寻找从黑暗走向民主的道路。为了找到它，我们非洲人首先必须获得选举我们自己代表的权利。这毫无疑问是民主的第一原则。我

们是肯尼亚唯一一个不能选举自己在议会代表的种族，我们要着手改变这种情况……一个国家没有平等却能繁荣，这在历史上闻所未闻。我们鄙视贪污和腐败，欧洲人不断提到这两个词。贪污和腐败在这个国家很普遍，但我并不感到意外。只要人民受到压制，腐败肯定横生，对此唯一的解决方法就是平等政策。[1]

以上是来自肯雅塔的崇高言辞。他没有实现为肯尼亚大众带来平等、民主、自由的承诺，没有消除党内忠诚分子的腐败和特权。大多数革命者一旦上台——只要他们能侥幸成功——就倾向于成为卑鄙的独裁者。毕竟，民主制度除了催生人民想要的政策之外，也会让领导人的政治生存变得更难。领导人不会顺从人民的意愿，除非人民有能力迫使他们。那么人民什么时候才有能力迫使一个顽固不化的老独裁者或一个刚刚获胜初掌大权的革命者为人民着想而不是为自己着想呢？这个问题的答案其实就是另一个问题的答案：什么时候一个政权选择通往民主之路而不是维持独裁统治。

在决定将赌注压在革命者的承诺之前，每一个潜在抗议者都会先评估一下自己所能承受的代价和风险，把它们与假如不反叛的情况或反叛成功后的收获进行比较。这就是为什么一

[1] 弗兰克·D. 考恩菲尔德：《茅茅党的起源和壮大：一个历史考察》，肯尼亚立法会 1959/1960 年会议文件第 5 号（内罗毕：殖民地与肯尼亚受护国政府，1960），第 301—308 页。

些中庸派独裁者比如古巴的富尔亨西奥·巴蒂斯塔、突尼斯的本·阿里、埃及的胡斯尼·穆巴拉克、苏联的戈尔巴乔夫（而不是斯大林）相比最残暴的独裁者来说更容易面临大规模群众抗议。这并不是说这些人民起而反叛的时候真的认为生活会改善，他们只是在冒经过计算的风险。他们当然明白革命成功是有可能带来生活的改善，但并非所有革命运动都会导致民主、都会一下子汹涌迸发出人民需要的公共物品。

很多革命的结果无非是让一个专制政权取代了另一个而已。某些情况下新政权实际上比前政权更坏。利比里亚的多伊军士推翻“真正独立党”政府大概就属于这种情况。但对于参加革命运动的人民来说，他们的希望在于可以改变命运，要么通过实现民主化扩大致胜联盟的规模，要么至少成为新联盟的一部分。

未雨绸缪

独裁者有两种截然相反的方法应对革命的威胁。他可以提升民主，大大改善人民的待遇，使他们不再想着反叛。他也可以加强专制独裁，让人民的境遇变得更加悲惨，同时一举扼杀人民造反成功的机会。

面对初生的革命威胁，领导人预期的军队效忠程度是影响他采取何种对策的重大决定因素之一。领导人明白，作为孤立的个人，人民对政府产生不了威胁。这正是政府领导人不愿放任人民自由集会形成组织的原因。一旦人民大规模走上街头，领导人想要生存的话当然需要有非常忠诚的支持者为他干镇压人民的脏活。

我们前面谈到过很多领导人在生死攸关时刻被支持者抛弃。1990 年多伊政权面临反政府叛乱时，他的士兵不仅不愿与叛军战斗，反而对利比里亚人民大肆恐吓劫掠。1979 年伊朗国王巴列维的士兵加入到阿亚图拉·霍梅尼的支持者行列，国王被废黜。相似地，1986 年菲律宾总统费迪南德·马科斯因安全部队叛变而被赶下台。1917 年起义群众攻入圣彼得堡冬宫，俄国沙皇尼古拉二世被推翻。他的军队由于待遇极差，又不愿被派往一战前线，因此拒绝阻止起义群众。近代以来不少重大政治历史事件，从法国大革命到苏联及其卫星国的崩溃，都缘于政权的核心支持者不愿在关键时刻镇压人民。近年来的所谓“颜色革命”(格鲁吉亚 2003 年的玫瑰革命、乌克兰 2004—2005 年的橙色革命以及 2005 年吉尔吉斯斯坦的郁金香革命)，突尼斯的茉莉花革命以及埃及革命，都展现了同一现象。

在上述每一个案例中，联盟的支持在关键时刻消失了，因为此时领导人再也无力承诺支持者干脏活能得到充分报答。俄国沙皇、法国的路易十六和苏联都缺钱回报支持者。菲律宾的马科斯和伊朗国王当时都被外界获知得了不治之症。新领导人通常要对联盟进行重新洗牌，旧政权的核心支持者对于是否能被新政权留用没有把握。于是他们选择袖手旁观，放任人民造反。

革命运动也许看上去是自发的，但我们应该明白，它们的发生是因为有足够的人民相信他们有了现实的成功机会。这就是为什么成功的独裁领导人都会消除反叛的吸引力。他们迅速采取行动严酷惩罚率先走上街头的人。这就是2009年总统大选之后我们看到伊朗发生的情况。政府迅速采取行动，殴打、逮捕、枪杀示威者，直到人民害怕继续上街。

谨慎老到的独裁者都将反叛扼杀在萌芽状态。这就是为什么我们一再重申，只有那些愿意做真正肮脏勾当的人才适合盘算成为独裁者。心慈手软的人一眨眼工夫就会被人搞掉。

民主国家和独裁国家的抗议活动

在民主国家对政府所作所为表达不满与在独裁国家完全两样。在一个民主国家，抗议相对便宜和简单。人民有集会的自由，事实上这是权利。他们也有很方便的协调组织手段。我们已从先前几章了解到，依赖大型联盟的政府创造了大量公共物品，包括统称为自由的一揽子特殊公共物品，包括新闻自由、言论自由和集会自由。这些自由权利使数量巨大的人民交换对于政府的看法、表达对任何不喜欢政策的反对意见变得容易得多。

这些自由也让抗议变得容易。但由于人民喜欢这些自由，将它们赋予人民也能消解他们想搞垮政府的欲望。在民主国家，抗议是一件很普通的事，但旨在推翻政府制度的反叛行为则很罕见。民主领导人必须奉行人民想要的政策，否则会遭到抗议，而由于人民可以自由集会，领导人除了给他们想要的，没有什么办法可以阻止他们。当然，有时候领导人未能给予人民想要的，于是人民就很可能走上街头表达对某些特定政策的不满。比方说，当一个民主国家准备参战时通常会发生这种情况。一些人支持这样的决定，一些人反对。反对者常常通过上街示威让政府知晓他们的不悦；而如果人数足够多，示威活动持续足够久，他们能够促使政策发生改变。林登·约翰逊面对人们对其越南战争政策的极度不满，选择了放弃寻求连任。

在民主国家，抗议是为了警告领导人注意一个事实，那就是人民不高兴了，而如果政策不改变，他们将把无赖赶下台。然而在独裁国家，抗议具有更深层的目的：摧毁政府的整套制度，改变人民被统治的方式。

独裁者讨厌各种自由权利，因为它们使人民能更容易了解彼此共有的悲惨境况并相互协作起而反抗政府。任何时候只要可以的话，独裁者都要取缔集会自由、新闻自由和言论自由，把自己和人民的威胁隔离开来。对独裁者来说不幸的是，由于缺少源自于这些自由的公共物品，人民很难有效地工作，因为他们很难方便地交换意见，哪怕是有关如何改善工作环境。而如果人民工作效率低下，独裁领导人就无法获得足够多的税收收入。

独裁者必须找到合适的平衡点。没有足够的自由，人民的生产力就不足，干的活很少；但如果给予他们太多自由，他们会对领导人构成威胁。独裁者对税收财源的依赖程度限制了他们对人民的压迫程度。

自然资源充沛或外国援助源源不绝的国家罕有进行民主化的。它们是世界上压迫程度最高的国家。它们的领导人拥有回报核心支持者的资源，无须赋予人民权利。在这样的社会，尽管人民确实渴望变革，但不能依照这些愿望行事。缺乏集会的能力，协同对抗政府是件很困难的事。不仅如此，人民知道领导人有能力付钱让联盟来镇压他们。看到成功的希望如此渺茫，人民选择了低下头。抗议活动变得很罕见，有的话会带来更严酷的镇压。

但如果钱耗尽了会发生什么？

回头看看表 7.1 显示的截止 2010 年埃及获得的外国援助情况。随着埃及和以色列实现和平多年和成熟化，美国对埃及的援助一直在持续减少。减少的幅度相当可观，这意味着埃及前总统胡斯尼 · 穆巴拉克在收买军队的忠诚支持方面越来越困难。全球经济增长减缓加大了援助对埃及的重要性。随着政府财源枯竭，反对派叛乱的机会来了。2011 年初，穆巴拉克除了面对糟糕的经济和缩减的美援，也面临大规模的群众示威。

当独裁者缺乏充足的资源，统治人民就变得更加困难。首先以及最重要的，领导人必须奖赏核心支持者，否则他们就全跑了。领导人如果缺乏来自于外援、自然资源或借贷而来的收入，必须通过鼓励人民工作并进行征税来获得。不幸的是，有助于提升生产力的许多公共物品同时也会提升人民的协调能力，从而提高反抗的能力。不仅如此，由于领导人需要源自人民工作的税收收入，面对人民的反抗更可能做出让步，这与自然资源或现金储备丰富的国家情况不同。

导致人民反抗的因素相对不那么复杂。领导人通过提供公共物品、为提高人民的福利付出多少，决定了人民是否反抗。自由度水平决定了人民是否依照这些愿望走上街头。

然而，尽管全球很多国家中这两个因素都很突出，抗议行动还是比较罕见。它们需要导火索。

冲击性事件引发反叛

引发反叛的冲击性事件有多种形式。抗议行动极少自发发生。通常需要有某个事件来撼动现有体制并引发抗议活动。1989 年苏联解体和东欧共产主义国家剧变时，传染效应发生了重要作用。一旦有一个国家出事，周边国家的人民意识到自己的政府也许也不再刀枪不入。波兰举行自由选举在东德引发了抗议示威活动。当局势清晰显示东德安全部队不会执行东德领导人埃里希·昂纳克的命令进行镇压时，示威抗议活动日益高涨。东德成功的抗议活动鼓舞了捷克斯洛伐克发生相似的抗议活动，如此这般。一个个国家发生剧变都对剩余国家发出更加强烈的信号。东欧各国政权就像多米诺骨牌一样相继倒台。倒台前每个国家都遭遇严重的经济困难，东欧的独裁者们再也无力向支持者承诺私人好处。相反，他们的很多党羽明白与其跟着失败的政权在荣耀中灰飞烟灭，不如抛弃。相似的故事在2011年的中东再次上演。随着突尼斯剧变，埃及人民意识到他们的领导人可能也不再坚不可摧。反叛能够成功的信念如此具有传染性，曾经铁板一块的中东迅速成为大规模群众运动的温床。巴林、约旦、也门、叙利亚、利比亚乃至其他国家的人民决定试试运气。

一次大规模的自然灾害、一次未曾料到的权力更迭危机，或者一次将独裁国家经济推向崩溃破产边缘的全球性经济危机，同样会向抗议者发出战斗号角。还有一些冲击性事件则可以事先“策划”，指的是独裁者错误估计风险而做出的一些事。一个常见的例子就是操纵选举。

独裁者看来很喜欢举行选举。不管他们这么做是出于应付国际压力（并获得更多外国援助）、缓解国内紧张局势，或为了获得一丝虚假的合法性，他们喜欢在选票统计上弄虚作假。选举当然好，获胜就更棒了。尽管如此，有时候人民会抓住某次选举的机会让领导人震惊，压倒性地将选票投给别人，让隐瞒真实投票结果变得很困难。

利比里亚的多伊军士愚蠢到举行了一次选举。他这么做为抗议活动提供了动力，不过被他侥幸逃过一劫。1985年，在利比里亚选举委员会花了几个星期时间“统计”选票之后，托马斯·奎翁巴发动政变向多伊发起挑战。也许奎翁巴把选举委员会的拖拉看做自己获得广泛支持的信号，同时也是选举委员会对他不支持的信号。当他的政变部队进入首都蒙罗维亚，群众走上街头游行庆祝时，不幸地，多伊的核心支持者保持了忠诚。反叛的代价现实而残酷，多伊的军队杀了数百名奎翁巴的支持者作为报复。

在后苏联时代的东欧，“合法化”的选举助长了公民反抗活动。选举创造了取代而不是维持现有政权的机会。2004 年，已经执政两个任期的时任乌克兰领导人列昂尼德·库奇马决定遵守“不得超过两个任期”的规定而退休，这或许相当出乎他的核心支持者的意料。他选择的继承人是维克托·亚努科维奇。选举过程发生的故事简直像约翰·勒卡雷的间谍小说。他的主要竞争对手是反对派领导人维克托·尤先科，选举前据称因二恶英中毒，导致面部受损。

在 2004 年 10 月举行的第一轮选举中，两名主要候选人各获得约 39% 的得票率，不得不在 11 月 21 日举行第二轮决胜投票，但官方的票数统计结果与出口民调结果大相径庭。甚至在第二轮投票结束之前，尤先科就已经号召支持者走上街头。乌克兰中央选举委员会宣布亚努科维奇胜选。然而，尤先科支持者举行的抗议活动持续高涨，前去镇压的安全部队被召回。最终乌克兰最高法院裁定第二轮投票当中存在大量舞弊行为，决定重新举行第二轮大选投票。结果尤先科轻松获胜。

联盟的动态是解释为什么安全部队允许人民上街示威抗议

的关键因素。总统要换人了。尽管准备退休的现任领导人库奇马支持亚努科维奇，但他无法保证安全部队里的核心支持者在权力交替之后仍能获得留用。正如我们在路易十六和其他许多案例里看到的。安全部队拿不准是否能保住长期的特权，拒绝镇压群众，两面下注。没有安全部队控制街上的示威人群，亚努科维奇的支持者纷纷倒戈。人民将尤先科送上了权力宝座，但促使他们上街的一个关键因素是看到安全部队明显不支持亚努科维奇。

有时候，触发一场反叛运动的冲击性事件纯属意外。自然灾难虽然给人民带来痛苦，但也有可能给人民带来权力。地震、飓风和旱灾的一个常见后果就是大量灾民流离失所。如果他们被允许在难民营里聚集，他们就有了机会组织起来反对政府。你瞧，难民营居然具有助长自由集会的意外作用。地震、风暴、火山爆发会聚集起大量几乎一无所有的绝望人民。它们也会极大削弱政府控制人民的能力。

1989 年 9 月 19 日早晨，距离墨西哥城大约三百五十公里的太平洋米却肯断层发生里氏 8.1 级的大地震。墨西哥城的地质条件非常脆弱，因为它建立在特斯科科湖松软的湖积层地基之上。在地震期间，构成湖床的沉积沙土再加上高含水率导致土壤液化（也就是地面像液体一样活动）。这个城市的建设也没有民主可言，极少建筑物的抗震能力经过强化。结果就是，遥远的地震在全城造成严重破坏。确切的死亡人数有很大争议，但一般认为在 1 万到 3 万人之间。另有 25 万人无家可归。墨西哥政府几乎没做什么，人民被迫自我救援，组成救灾队挖掘幸存者和建立难民营。

因为需要而建立的这些难民营成了墨西哥城一支重要政治力量的基础。地震将绝望的人民聚合起来，他们不再是一个个孤立的个人。他们蜂拥涌入拥挤的难民营，共担对政府救援希望的幻灭。组织一场抗议集会突然变得相当容易。愿意参加的人是现成的，他们无可再失。由于政府几乎缺席，这些社会团体变成重要的政治力量，迅速展开大规模的反政府抗议活动。由于无力对抗这些团体，政府只能迁就它们。人们普遍认为这些团体在墨西哥民主化进程中扮演了关键角色。[1]

1979 年尼加拉瓜革命当中安纳斯塔西奥·索摩查被赶下台的故事大致相似。1972 年，一场里氏 6.2 级的地震袭击了首都马那瓜，造成大约五千人死亡并迫使 25 万无家可归的灾民涌入难民营。索摩查及其党羽从外界援助中捞取好处，却在妥善安置如此大量无家可归者方面什么也没做。这些难民营成为活动分子的组织基地，他们最终终结了索摩查的统治。

并非所有的独裁者都会犯忽视天灾或忽视难民营的产生这样的错误。看一下 2008 年缅甸的案例。丹瑞是缅甸（全称为缅甸联邦共和国）军政府领导人。尽管他被外界形容成是一个平平无奇的人，却深谙掌权之道。[2] 2008 年 5 月 2 日，一个名

[1] 茱莉亚·普雷斯顿和萨缪尔·狄龙：《开放墨西哥：一个民主国家的建立》，纽约：法拉尔，斯特劳斯和吉鲁出版社，2005。

[2] 艾玛·拉尔金：《一切皆破碎：缅甸大灾难的故事》，纽约：企鹅出版社，2010。我们大量引述了她对缅甸政治的观察。

为纳尔吉斯的超强飓风横扫了缅甸南部的伊洛瓦底江三角洲，造成极大破坏。三角洲当地居民主要是贫穷的渔民和农民，灾难来临前没有收到任何警告。风暴摧毁了整片整片村镇。缅甸官方的死亡统计数据是13.8万人，不过其他机构估计死亡人数可能高达50万人。

没有人会因风暴发生或地势低洼地带的村子抵挡不住风暴潮而指责丹瑞。然而，缅甸的军政府没有发出任何预警以及在发生灾难后在救灾方面毫无作为，这就应该受到指责。实际上他们比毫不作为更糟糕：他们拼命阻挠国际救援人员和物资进入缅甸。位于缅甸南部的大城市仰光本身也遭到风暴重创，很多仰光人试图前往三角洲地区救助那里的灾民。但他们不被允许。小商小贩只能私运少量食物进入灾区。

国际社会行动起来提供救灾援助。当成千上万灾民死于饥渴，装满救灾物资的大量船只却只能停靠在海岸。军政府拒绝国际救援人员入境。几乎不可能获得签证。信息极端匮乏。缅甸军政府向国际社会请求援助，但只能以政府对政府的形式。事实上丹瑞相当于对外界说："拿钱来，但人不能进来！"

灾难发生一个星期之后，军队进入三角洲地区一些较大的村镇。他们不是去帮忙，而是去驱散聚集在学校和寺庙的难民。尽管每个场所的难民人数不超过几百人，军队还是把他们从避难所赶出来，要他们回家。这毫无意义，因为他们的整个村镇都已经被摧毁，他们没有食物、饮用水、衣物或可以避难的地方可以回去。事实上，有人观察到：

幸存者被塞上小船运回他们刚刚逃离的已遭摧毁的村子。在一些地区清扫工作迅速展开，随着紧急阶段正式结束，官方要求人们在6月2日之前回到他们的村子，这是新学期开始的日子。但幸存者根本不知道要回到哪里；他们以前称之为家的地方难道还有什么东西留下吗？在那里他们又如何获得食物和水？[1]

政府连这些问题都懒得回答。

在美国公共广播公司的纪录片《风暴之眼》中可以看到一名缅甸军政府高级将领在向一群幸存者发表讲话。[2]忍饥挨饿、极端贫困的灾民请求政府提供一点米。这名将军对他们说现在他来了（但仍然没有提供帮助），他们必须回到自己的村子并“努力工作”。军队一边夺走允许入境的少量救援物资（拿到黑市去贩售），一边告诉灾民他们可以吃青蛙。实际上政府是在告诉这些幸存者滚开，默默死掉：惨无人道到极限，但却是上等的小联盟政治。死人是不会抗议的。

[1] 艾玛·拉尔金：《一切皆破碎：缅甸大灾难的故事》，第78—79页。

[2]《风暴之眼：缅甸历史转折点》，美国公共广播公司PBS的广角纪录片系列，WNET.org，2009年8月19日。

自然灾难总是政府生存的灾难吗?

地震或其他自然灾难会撼动政治体系。然而在不同制度下，这种撼动的性质大不相同。民主国家领导人对与自然灾害相关的伤亡非常敏感。眼睁睁看着人民死亡会显示出严重的政策失败。民主领导人需要施行好的公共政策以回报数量庞大的支持者。如果他们做不到，他们就很容易被赶下台。在民主国家，因自然灾害引起的死亡会引发抗议以及导致领导人下台。

为了揭示非民主国家和民主国家因拙劣的救灾表现所造成的政治后果的不同，我们来比较纳尔吉斯飓风和卡特里娜飓风。卡特里娜飓风于 2005 年 8 月袭击了美国的墨西哥湾沿岸地区。这是美国历史上造成经济损失最大的一次自然灾难，估计损失高达 810 亿美元。因灾死亡人数为 1836 人。

从小布什总统到新奥尔良市长雷·纳金，美国政府饱受救灾不力和缺乏领导力的指责。纳金延误了发布撤离令的时间，直到飓风来袭前 19 个小时才下令全城撤离。结果就是很多民众被困。接下来，新奥尔良“超级巨蛋”橄榄球场设立紧急避难中心，一下子被 3 万人挤满，而不是原先预计的 800 人。联邦救灾行动姗姗来迟。许多伤亡者是被炎热和脱水击垮的病人和老人。

美国领导人的乌纱帽在灾难面前岌岌可危。不少观察家认为卡特里娜飓风是造成共和党在 2006 年中期选举乃至 2008 年总统大选失利的重大原因。不过，虽然很明显卡特里娜飓风之后的救灾行动原本不该这么差，但与纳尔吉斯飓风根本不能相提并论。对照起来，尽管至少13.8万人因灾死亡，2010年丹瑞有恃无恐地允许举行一场荒唐的大选，军政府在背后支持的政党轻松获胜（至少根据官方公布的结果）。

从墨西哥和尼加拉瓜的例子我们可以看到，在独裁国家，自然灾难可以演变成一股号召力量。灾难会聚集起现政权的反对者，使他们的相互协调变得相对容易。不过，因灾死亡人数多少对独裁者能否继续掌权几乎产生不了影响。事实上，别的不说，灾难中死的人越多越有利于独裁者的政治生存。

正如我们知道的，独裁者并非通过奉行有效的公共政策去收买政治支持。把资源用于拯救人民生命就没法用在党羽身上了。不仅如此，我们也知道，独裁者非常擅于利用国际社会。让更多人死掉实际上可能会帮他获得更多国际援助。这些结果的含义令人不寒而栗。因此没什么好奇怪的，独裁国家的天灾死亡人数大大超过民主国家的天灾死亡人数。

让人民死掉在独裁国家是一种上佳的治理方式，如果是在民主国家则会对领导人任期造成灾难性后果。对天灾[1]、死亡人数和领导人任期三者之间关系的详细统计分析非常复杂，我们来比较一下一个国家发生里氏5级以上地震造成200人或200人以上死亡的情况和发生相同规模地震但死亡人数较少的情况。我们要特别关注在各自的情况下该国领导人在地震发生

---

[1] 亚里扬德罗·奎罗兹·弗洛雷斯和阿拉斯泰尔·史密斯：《从灾难中幸存》，工作论文，纽约大学，2010年。

后两年内被赶下台的几率。

一场地震本身不会对民主领导人的政治生存造成威胁。但是如果有 200 人以上因灾死亡，领导人几乎肯定会下台。在通常的情况下，在任何给定的两年时间段里，任何民主领导人下台的几率是 40%。但如果国内发生造成 200 人以上死亡的地震，民主领导人下台的几率飙升到 91%。我们认为情况就是这样，因为民主领导人本应该奉行有效的公共政策，而所谓有效的公共政策就包括贯彻执行严格的建筑标准以及灾后实施优秀的救援和重建工作。在这样一场震灾中死亡人数过多无异于向每个人发出信号，即领导人没有做足够的工作保护人民，因此他必须下台。

独裁领导人下台的风险要小于民主领导人，与地震相关的死亡人数对他能否继续掌权几乎不会造成影响。在任意一个两年时间段内，有 22% 的独裁者会丢掉权力。如果在这个两年时间段的第一年他们的国家遭受里氏 5 级或以上的地震，独裁者下台的风险上升到 30%。然而，如果因灾死亡人数超过 200 人，独裁者下台的几率反而回落到 24%。地震灾民被迫涌入难民营并组织起来反抗政府，这会对独裁者构成威胁。如果人民在地震当中死掉当然就没法组织起来，就不会对独裁者的政治生存造成威胁。基于这些事实及其内在诱因，地震中死亡超过 200 人的案例在独裁国家比民主国家普遍得多。[1]

[1] 这是真的，即使地震更容易袭击民主国家。

对革命或其威胁做出反应

无论是一场无法预测的地震、一次权力更迭危机还是一次金融危机都会造成反叛的威胁，像雷电一样袭击领导人。面对这样的威胁，什么才是正确的回应方式？历史告诉我们，有人严厉镇压反叛者，有人屈服，有人主动进行改革。政治的规则会帮助我们理解不同的情况导致不同的选项。

成功的反叛活动、群众运动和革命并不常有，但也并非极其罕见。成功的叛乱活动最终催生了民主制虽然相当少见，但确实有过先例。革命或革命者确实做到他们承诺的：创造一个民主国家改善人民生活——这样的革命或革命者有什么特点？革命失败或革命者根本不进行民主化，这样的革命又有什么特点？我们还是从老朋友缅甸将军丹瑞说起。

丹瑞军政府想尽办法让缅甸人民保持贫穷、孤立和无知。那里没有新闻自由，不允许人民聚集。极少外国人能获准入境，就算有，警察也会全程监视。所有这些措施都是为了让人民协同组织反抗政府变得非常困难。人民渴望变革，但政府让他们的愿望几乎不可能实现。2005 年《经济学人》杂志一篇文章生动描绘了缅甸人民到底有多不开心，记者回想起当地人不断问他怎样才能说服美国入侵缅甸："外国入侵是美好的希望,而不是令人担忧的事情。”[1] 缅甸人民希望成为第二个伊拉克！人民对变革的渴望如此强烈，难怪丹瑞对抗议活动如临大敌，聚精会神予以阻止。

像许多人一样，丹瑞采取独裁者都爱的方式消除大规模政治运动带来的威胁。他镇压人民。他不需要收买人民，因为缅甸被自然资源所祝福，或诅咒，看你从哪个角度理解了。缅甸是天然气、硬木、宝石、黄金、铜和铁的出口大国。[2] 举例来说，它每年出口 140 万到 160 万立方米的硬木，其中很大一部分是价值昂贵的柚木，据估计每年因此创汇 3.45 亿美元。我们说“据估计”是因为无法掌握确切的数据。2001 年，中国的报告显示从缅甸进口了 51.4 万立方米硬木，但缅甸方面对应的出口数据只有 3240 立方米。未被记录在案的硬木出口所带来的收入大概都进了将军们的口袋，而不是用于提高人民福利。它肯定没有用于基础设施建设。实际上，缅甸木材业在出口前的产品加工几乎完全停滞，因为缺乏必要的基础设施。当然，缺乏道路也会让人民更难进行集会从而威胁到政府。2005 年之后这一点尤其明显，政府将首都由仰光迁到中部一个山区城市内比都，很少人被允许访问该城。

缅甸也是世界上主要的翡翠和红宝石生产国。2007 年的宝石拍卖据估计为缅甸带来了 3.7 亿美元收入。不过，缅甸最

[1]《经济学人》，2005 年 6 月 21 日。

[2] 朱利恩 · 列维斯克 :《玉之主人：缅甸自然资源的拙劣管理》，载于《和平与冲突研究院》，当期摘要，第 60 期（2008 年 3 月）。

大的出口产品是天然气。目前近海天然气田的年产值在10亿到15亿美元之间。随着其他新气田的开发以及中缅天然气管道的开通，未来几年缅甸的天然气收入还将继续增加。这些收入的极少部分进入了缅甸政府的经济账。缅币对美元的官方汇率是6：1左右，然而实际汇率比这高200倍。这意味着政府可以把出口天然气的美元收入按官方汇率折算为缅币存进政府账户，私吞掉99.5%的实际收入。

缅甸很穷，丹瑞很富。他是一个幸运的领导人。由于他不用依赖人民的劳动，因此可以无情地进行镇压。这意味着缅甸人民虽然境况悲惨，但不容易造反。如果他们这么做，丹瑞有足够资源收买军队的忠诚，确保自己掌权。

2007年2月，多家报纸报道了发生在缅甸的一场微型抗议活动。有15人（有的报道称25人）聚集在一起抗议政府。他们要求基本的人权。不到30分钟，许多抗议者以及一名采访的记者就被逮捕。政府把任何形式的抗议活动都视为生存的潜在威胁，这不是没有理由的。1962年，吴奈温将军通过政变上台，施行社会主义政策。1988年爆发了抗议活动和骚乱。在1988年8月8日（1988/8/8，这在许多亚洲文化当中都是一组幸运数字），军队向示威群众开枪，杀害了数千人。暴行引发的抗议活动迫使吴奈温退居二线，同意在1990年举行全国大选。昂山素季领导的缅甸全国民主联盟获得压倒性胜利，得票率为58.7%，赢得了议会492个议席中的392席。然而，随着示威抗议活动得到控制，缅甸军政府直接无视选举结果，继续军人统治。

丹瑞于1992年上台。他的政权迅速扑灭了上述2007年2月的抗议活动，不过，2007年8月发生的事证明了他这么做是对的。8月19日，大约500名示威者走上街头抗议油价上涨，活动领导者是一些参加过1988年抗议行动的学生领袖。这次示威活动持续了许多天。随着军队展开大范围抓捕行动，示威人数降到了百人以内，但到了9月，随着数百名佛教僧侣加入示威游行，活动再次升级。军队对僧侣大打出手。两名僧人被绑在一根灯柱上遭到毒打，有报道称其中一人被打死。

佛教僧侣在缅甸很受尊敬。僧人遭到的暴力对待引发了更进一步的示威抗议活动。一名政府代表被示威群众围困了六个小时。全国各地的僧侣做出倒扣钵盂的象征性动作表达对政府的抗议，这一仪式被称为“塔贝茂克”。宗教服务活动拒绝对任何军队人员开放。各地僧侣团体纷纷展开游行，抗议活动日益升级。人们开始谈论“藏红色革命”，藏红色是僧袍的颜色。这正是丹瑞最害怕的。

从9月25日开始，政府下令对示威群众展开武力镇压，军警一开始使用橡胶子弹，随后就动用真枪实弹。军方还搜捕寺庙，将不少僧人连夜抓走。其余僧人被驱赶回乡下，防止他们聚集。三天之后，示威活动完全平息。尽管缅甸政府动用武力最终击溃了所有反对者，但代价高昂。僧侣的崇高地位意味着许多士兵不太愿意伤害他们。政府曾一度担心军队可能不愿袭击寺庙。虽然最终军队还是动手了，但无疑政府要耗掉很多资源来收买这样的忠诚。

丹瑞采取的行动虽然残暴无情，却代表上佳的独裁政治。他延续了自己的统治。做一个领导人比做一个好人重要，在这方面丹瑞并不孤单。在世界上众多自然资源丰富的独裁国家，人民生活相当悲惨。在这些国家，政府阻止人民协调沟通。他们的生活孤立、痛苦、缺乏生产性。但革命和抗议活动并非无望的行动，下一组例子将揭示这一点。

权力归于人民

历史上有一些革命不仅成功推翻了肮脏的旧政权，还成功建立起与民友善的政府。美利坚的乔治·华盛顿、南非的纳尔逊·曼德拉、印度的贾瓦哈拉尔·尼赫鲁、菲律宾的科拉松·阿基诺是其中的一些例子。也许更有意思的是，有不少面临革命威胁的领导人主动民主化以保留权位。加纳的杰瑞·约翰·罗林斯就是一个绝佳例子。在这些实现民主化的革命当中有一条共同的主线，这条主线在那些新独裁者取代旧独裁者的革命当中是没有的，比如波费里奥·迪亚斯领导的墨西哥革命以及乔莫·肯雅塔领导的肯尼亚革命。

如果一旦在推翻旧政权之后没有丰富的自然资源财富可以依赖，在这种情况下人们常常会争取民主革命。这些“好”革命家没有利比亚的奥马尔·穆阿迈尔·卡扎菲上校或哈萨克斯坦的努尔苏丹·纳扎尔巴耶夫那么走运。2011 年到处蔓延的革命运动对卡扎菲造成了致命威胁，但他的石油财富为他带来了抗衡反叛者的坚实基础。他有钱收买军队的忠诚，这是他资源匮乏的突尼斯和埃及邻居没有的。他们与好革命者一样，必须依赖人民的生产活动才能获得用于回报支持者的收入。为了提高人民的生产积极性，好的革命领导人必须增加人民的自由。如果人民可以会面、交流，会挣得更多。举一个非常简单的例子，如果农民用上了电话、能读到报纸或收听广播，他们就可以了解市场价格信息。这让他们可以在合适的时间将农产品拿到合适的市场上出售。道路和运输网络会减少交易成本。由于可以挣得更多，农民工作更加努力，从而促进了经济增长。不过对领导人来说很头疼的是，同样的自由权利也会让人民组织起来。同样是这些有助于提升生产力的媒体、电子交流手段和道路交通也会让同样这些农民很容易了解到反政府示威活动的信息并参与进去。正如 1985 年墨西哥大地震降低了人民协调组织的门槛一样，增加人民的自由权利也会让抗议活动更可能发生。

米哈伊尔·谢尔盖耶维奇·戈尔巴乔夫在二十世纪八十年代中后期面临着两难局面。苏联的经济在恶化。没有额外收入的话，他无力回报核心支持者。他可能指望过俄罗斯丰富的石油资源，可惜那时候国际油价不振。对他来说，遏制反叛发生的最佳方式就是为苏联经济松绑，尽管这意味着要赋予人民更多掌控自己生活的能力。戈尔巴乔夫用实际行动表明了自己愿意承担这一风险。

一些人可能会提出说戈尔巴乔夫是一个比缅甸的丹瑞将军更好的人。也许他是，但是我们不能不注意到他镇压了阿塞拜疆、拉脱维亚、立陶宛和爱沙尼亚发生的受到宪法保护的分离主义运动。苏联军队对那些共和国的人民争取自由的行动采取的应对措施绝不是一位开明领导人该采取的措施。苏联黑色贝雷帽部队在立陶宛打死了 14 人，打伤 150 人。[1] 一周之后，苏联军队在镇压拉脱维亚的独立运动时又打死 4 人，打伤 20 人。[2]

为什么开明的戈尔巴乔夫要采取这些严酷的行为？他是在回应来自他的致胜联盟内部的政治压力。苏军高级将领以及其他人敦促戈尔巴乔夫在分离主义地区实施中央直接统治。他们在一封流传于苏联人民代表大会的公开信中提出："如果宪法手段被证明在反对分裂主义者、犯罪投机者和持续导致人民流血的准军事势力方面无能为力，我们建议在主要冲突地区实施紧急状态并由总统直接管理。"[3] 戈尔巴乔夫明白无视他的联盟中关键军方人物和政治人物会造成什么政治风险。

戈尔巴乔夫未能彻底消除分离主义运动是党内强硬派决定

---

[1] 弗朗西斯 · X. 克莱恩斯：《苏联的镇压：拉脱维亚领导人试图安抚克里姆林宫》，载于《纽约时报》，1991 年 1 月 17 日。网络存档参见 http://query.nytimes.com/gst/fullpage.html?res=9D0CEED81030F934A25752C0A967958260。

[2] 安德烈斯 · 普拉肯斯：《拉脱维亚简史》，斯坦福，加州：胡佛研究所出版社，1995。

[3]《纽约时报》，1990 年 12 月。网络版见 http://www.nytimes.com/1990/12/20/world/gorbachev-urged-to-consider-crackdown-in-republics.html。

发动政变推翻他的重要诱因。鲍里斯·叶利钦的支持群众占领红场，逼退政变势力后，戈尔巴乔夫短暂地恢复权力。但对他来说伤害已经造成。恢复权力之后，他承认立陶宛、拉脱维亚和爱沙尼亚独立，却发现自己已经无力继续维持自己的政府乃至苏联的存在。三个月后，苏联正式解体。

戈尔巴乔夫施行的旨在重构苏联政治经济体系的改革政策，可以被解读为他试图增加政府的收入以阻止出现类似分离主义运动及其政治后果这样的麻烦问题。他和他的政府的努力失败了，不过这就是所谓冒险的含义。有时候事情如你所愿，有时候不。

今天俄罗斯的民主化道路充满曲折。在鲍里斯·叶利钦的后戈尔巴乔夫政府统治下，俄罗斯曾维持自由和竞争性选举，不过现在的情况有些微妙。俄罗斯刚刚开始依赖大联盟和善治的政治体制出现变化。之所以如此，我们前面说到，俄罗斯的石油资源非常丰富。不像可怜的戈尔巴乔夫执政期，现在的俄罗斯恰逢国际油价创下历史新高，当局有能力收买核心支持者为其粉碎反对派，并且很可能还有充足的额外的钱可以让老百姓足够开心，使他们不会因为丧失了自由而反叛。

自由权利的扩大是即将民主化的明显信号。经济必然性是促使领导人做出让步的决定因素之一。另一种情况是，领导人本身就是在大联盟的支持下上台的，比如乔治·华盛顿、纳尔逊·曼德拉和贾瓦哈拉尔·尼赫鲁。原因各不相同，但他们每个人都在一个大联盟的支持下开始行使权力，并且在相当大程度上尽力维持联盟至少一段时期作为政府生存的必要支撑。

当华盛顿成为美国总统时，“美利坚合众国”被人视为一个复数名词。那时候人们更认同自己所在的州而不是整个国家。华盛顿领导的军队依赖于从十三个殖民地招募士兵，每个殖民地都有自己的政府，每个殖民地政府自己支付殖民地军团的军饷。华盛顿需要得到各殖民地的广泛支持，因此他打从一开始就被迫接受了一个大联盟。在那种情况下他必须做凡是大联盟领导人都必须做的事——优先大量提供公共物品而不是私人好处。在这些公共物品当中首要的就是《权利法案》，保障对民主的、大联盟的统治具有核心意义的自由权利。没有这些权利的话，各州不可能批准宪法，不可能居于一个单一政府统治之下。

纳尔逊·曼德拉的故事相当类似。他领导的政治运动“南非非洲人国民大会”花了几十年时间反抗白人种族隔离政权。经过长期努力和暴力斗争，还是无法推翻白人压迫者的统治。坐了 27 年大牢、多次拒绝以放弃暴力主张为条件提前出狱的曼德拉最终看到了另一条道路。

可能由于受到国际制裁的影响，南非经济在二十世纪八十年代急剧下滑。1980 年南非的人均年收入为 3463 美元，但到了 1993 年下降至 2903 美元，[1] 这一年弗雷德里克·威廉·德克勒克的白人政权通过了一部新宪法，为举行不分种族大选铺平

---

[1] 数据来源于世界银行的世界发展指标，人均 GDP 以 2000 年美元不变价格计算。

了道路。德克勒克和长期当政的前任总统博塔都深陷麻烦，因为经济衰退使他们没有足够的资源持续收买压迫人民所需的忠诚。在这样的情况下，维持政府需要更多的钱。钱只能从人民那里拿来，但很多人民已经在反抗种族隔离政府。面对困境，种族隔离政权只有两个选择：要么殊死斗争到最后，要么与曼德拉达成交易。他们——以及他——选择了后者。

与曼德拉和非国大的交易意味着所有南非人获得平等权利。实际上就意味着绝大部分选民是种族隔离时代遭最严重歧视的人。结果就是国家民主程度和人民自由程度都得到了提高。随着非国大控制政府的欲望日益强烈，这种情况会不会发生改变还有待观察。这是将来南非要面对的一个现实危险，除非反对党赢得职位以及各党轮流执政，否则南非有可能走上津巴布韦的老路。

与南非相似，以约舒亚·恩科莫领导的津巴布韦非洲人民联盟、罗伯特·穆加贝领导的津巴布韦非洲民族联盟和伊安·史密斯的白人政权达成的协议为基础，津巴布韦走上了通往民主的道路。但一旦穆加贝权力足够稳固，他就像俄罗斯的普京一样，逆转了津巴布韦的民主化进程。他把津巴布韦变为一个腐败、寻租、小联盟的政权，为少数人的利益服务，牺牲多数人的利益，无论黑人还是白人。

加纳的案例复制了华盛顿、曼德拉和其他人的成功，但出发点大不相同。在那里，与其说是革命导致了民主还不如说是革命的预期导致了民主。

加纳的杰瑞·约翰·罗林斯非常明白，解放加纳的经济和赋予人民权力将危及他的权位。但他同样认识到自由化并不意味着人民必然会起而反叛，或必然引起联盟的不满。罗林斯成了国际货币基金组织和世界银行的模范人物。他实施了它们要求的经济改革，使加纳经济充满活力。他还进行了民主改革，在担任两届加纳总统之后下台。不过，罗林斯一开始并不是这样的。而且人民也并非如这幅美好画面可能暗示的那样对他感到十分满意，如果你相信他的一位主要政治对手阿杜·博亨教授所说的。

博亨描述了罗林斯对于加纳人民表现出来的顺从性所做的解释。他说：

> 根据罗林斯的说法，“人民面对并且将继续面对艰难困苦。很自然地，人民会抱怨。但加纳人民忍受住了物资匮乏、交通困难、低工资以及其他各种问题，却没有发生大规模抗议，这个事实表明他们对我们的正直有信心，对‘临时全国保卫委员会’政府的正直和良好用心有信心。来自其他国家的访问者都感叹，假如他们国家的情况和这里相似，早就发生骚乱了。但加纳人民明白，他们受苦根本不是为了让一个腐败的政府发财，我们受苦是为了集中所有的资源去建设一个公正繁荣的社会。”

对此，博亨回应到，“很抱歉我无法赞同罗林斯对于加纳人民顺从性的解释。我们没有举行抗议活动或制造骚乱并不是因为我们信任临时全国保卫委员会，而是因为我们怕它！我们害怕被拘禁，被整肃，被拖到公民审查委员会或国家调查委员会面前，或遭到各种各样的折磨……他们一直在抗议，只不过采取一种微妙而安静的方式——这就是沉默的文化。”[1]在博亨的描述中，1989 年的加纳弥漫着压抑氛围。不过，1989 年的情况其实已经比以前好很多，博亨能做出上述言论本身就证明了这一点。

1982 年 1 月 11 日罗林斯攫取权力的故事经常被人以圣经般的语言描绘。由于他名字的开头字母缩写为“J.J.”，他经常被人称为“耶稣二世”。而这是他的第二次降临。他在 1979 年就曾经领导过一次军事政变。罗林斯拥有电影明星般的俊朗外表，魅力横溢。但魅力不是让他稳坐权力宝座的原因。在小联盟体制下，压迫人民和对核心支持者提供丰厚回报是领导人的必做功课，罗林斯也不例外。在他统治的头六个月里，有 180 人被杀害，上千人被逮捕和拷打。罗林斯的忠诚士兵因残暴而闻名，他通过大规模提高军费开支收买了军队的忠诚。尽管经济和政府财政完全崩溃，罗林斯知道他最需要谁的支持，并优先付钱给他们。

罗林斯拥有阻止抗议活动的天才。他通过限制纸张供应来

[1] 阿尔伯托·阿杜·博亨：《加纳的斯芬克斯：对当代加纳历史的思考，1972—1987》，J·B. 丹夸纪念讲座，第 21 期，1988 年 2 月，阿克拉，加纳：加纳艺术与科学学院，第 51 页。

扼杀任何自由的媒体。同时他的支持者渗透进工会，在很多年里使罢工几乎不可能发生。他任何时候都预防发生自由集会。1983年1月，尼日利亚宣布驱逐140万名在尼日利亚工作的加纳人。在几周时间内，加纳人口的10%——其中大部分是年轻人——从尼日利亚潮水般返回贫困的加纳。成千上万满腹抱怨的失业者将在首都到处晃荡，这样的前景吓坏了加纳政府中的很多人，有人建议关闭边境阻止他们回来。罗林斯没有这么做，而是敞开双臂欢迎他们回国，但回来的人立即被运送回他们家乡的村子。这一大规模运送工程避免了出现在墨西哥和尼加拉瓜那样的难民营。这一处理方法远远比丹瑞人道。

罗林斯面临的最根本问题在于加纳破产，经济几乎彻底崩溃。加纳的粮食产量在非洲排名倒数第二，只比垫底的乍得多。加纳经济困局和政治回报体系的核心是汇率操纵。加纳货币塞地的官方汇率比黑市汇率高很多。核心支持者被允许以官方汇率兑钱，然后再去黑市倒手。不幸的是，这伤害了农民的积极性。到了二十世纪八十年代初期，农民把农产品运到市场上销售的收入还不足以支付汽油的费用。市场上70%的农产品是农民扛在脑袋上运过去的。农作物走私到邻国成为常态。政府于是将走私行为定为重罪。由于没有什么产品可供出口，加纳丧失了借贷能力，因而破产。

罗林斯遇到了大麻烦。他夺取了政权，想推行革命的社会主义政策，但他需要钱。正如娜奥米·哈赞所说的："问题已经不再是资源在哪里，而是它们到底存在不存在。”[1] 为了解决经济问题，罗林斯首先关闭了所有大学，叫学生去帮助农民收割农作物。但这样的措施远远不够。人民饱受饥饿之苦。加纳没有足够资金进口粮食和发放军饷。作为一名遵守规则的优秀独裁者，罗林斯知道最该优先做什么：付钱给军队！很快，骨瘦如柴的人民突出的锁骨有了一个很流行的委婉说法，叫做“罗林斯项链”。他向苏联寻求帮助，怎奈苏联正在面对自己的财政问题，尽管罗林斯的政治立场已经向左转，苏联还是拒绝了他的请求。

此时的 J.J.（杰瑞·约翰）进退两难。他需要钱，而唯一能来钱的方法就是鼓励人民回去工作。1983 年初他开始进行政策大逆转。加纳塞地被允许贬值。付给农民的农产品价格得到提高，对汽油、电力和医保的补贴被取消。国际金融机构比如国际货币基金组织和世界银行很高兴看到有人奉行他们的政策，但许多罗林斯的亲密盟友却不高兴。政策改变也伴随着人事变动。他导演了一次出人意料的人事调整行动，在他的目标人物能够组织起来反对他之前造成既成事实。他的一些最亲密盟友一夜之间丧失了影响力。其中一些人被处死，比如劳工活动分子约阿希姆·阿马提·克维（据称参与了一项谋杀法官的著名案件）。还有些人流亡国外，比如激进的学生活动分子克

[1] 娜奥米·哈赞：《临时全国保卫委员会统治下的加纳政治转型》，收录于唐纳德·罗斯柴尔德编辑的《加纳的政治经济学》，博尔德：琳妮瑞纳出版社，1991，第 27 页。

里斯·阿提姆。

一个很能说明问题的事实是，到1985年，“临时全国保卫委员会”最早的那批委员只剩下罗林斯自己一个人。罗林斯统治路线调整的进一步标志就是，“临时全国保卫委员会”的规模由当初的6人扩大到了10人。没有哪个领导人会自愿增加联盟人数，除非他认为这么做有助于维护自己的权力生存。

我们可以想象得到，罗林斯是不得已才走上民主道路。他几乎没有什么选择余地。他需要钱。为了得到钱，他实行了赋予人民权利的政策。渐渐地，人民的胃口变大了。“罗林斯是自身成功的受害者。”通过解放经济和开放电波，人民获得了发言权。人们感受到增强的信心。随着经济危机缓解，人民开始觉得“我们有能力做到这些，不需要有人教我们怎么做”。[1]

我们前面看到，到1989年博亨教授已经可以轻松地公平批评罗林斯。就算是博亨都必须承认改革改善了经济。“罗林斯项链”被“罗林斯马甲”取代（肚子胖了）。为了实行让人民满意的政策，罗林斯允许联盟逐渐扩张，同时提供更多的公共物品。1988年和1989年，地方被允许举行选举。罗林斯总是快人一步，而不是去激怒群众。当一些关系松散的政治势力联合起来发起“追求自由公平运动”并要求举行多党制选举时，罗林斯趁着反对派仍然组织混乱，抢先提出举行大选，以此将威胁消弭于无形。在1992年举行的总统大选中，他干脆利落

[1] 阿克拉前市长纳特·努诺·阿玛特菲奥在接受阿拉斯泰尔·史密斯采访时说的话。

地击败了新爱国党领导人阿杜·博亨。尽管有一些争议，但国际观察家认为选举结果基本上是公平的。

加纳以后举行的大选也基本上公平。罗林斯和他的全国民主大会党在 1996 年再次赢得大选，他击败了新爱国党的约翰·库福尔。2000 年罗林斯下台后，约翰·库福尔当了两届总统。2008 年全国民主大会党的候选人约翰·阿塔·米尔斯在竞争异常激烈的大选中为该党夺回了总统宝座。

罗林斯需要钱，来钱的唯一方式就是赋权给人民。通过允许人民自由集会和交流，他提高了人民的生产力。但这同时使人民更容易协调组织起来反对他。他通过妥协使自己占得先机，成功避免了抗议和革命的发生。不过他无法永远避免遭到抗议。1995 年大约有 5 万到 10 万人在首都阿克拉举行“库米·普里科”游行，或称“我们受够了”游行。政府原本想阻止游行但被法院否决。独立的司法体系不仅鼓励创业精神，还保护人民的公民权利。

今天的加纳是一个经济上非常有活力的民主国家。它从独裁制向民主制的转型发生在极具传奇色彩的 J.J. 罗林斯的领导之下。不过我们得记住，他是一个不情愿的民主领导人。假如他当初能获得所需资源的话，他肯定会固守他的社会主义革命。最近加纳正在开发一处近海油田，如果当初罗林斯有这样的收入或者苏联有资源为他提供支持，很可能他到现在还在掌权，加纳会变得更穷更压抑。

我们从加纳、南非和苏联的案例中看到，当一国经济濒临崩溃时常常会出现革命时机——这时领导人已无力再收买军队的支持。实际上绝大多数独裁国家不可避免会发生这种情况。它们的寻租、腐败、低效的经济模式使其成为必然。

在这种时机，受到威胁的政府经常将遇到的困难归罪于国际社会。毕竟，压迫性政权的领导人曾经用政策让步换取以相对宽松的条件从富国政府及其控制的国际金融机构贷款。现在这些政府面临沉重的债务负担，无力偿还。恰恰由于他们陷入债务违约危机，他们很难进一步获得更多钱。这时候很多善心人士在大声疾呼什么呢？债务减免。

我们必须重申先前说过的观点。对独裁者来说，金融危机就是政治危机。独裁领导人毫不在意从人民那里窃取财富，摧毁本国经济。而现在资金捉襟见肘，他无法保持联盟的忠诚，发生政治变革的机会就出现了。如果国际社会减免了他的债务，独裁领导人就可以再次开始借钱支付给党羽，使自己继续掌权。尼古拉斯·范德瓦尔比较了危机期间贝宁、赞比亚和喀麦隆、象牙海岸的命运。[1] 对于前两个国家，国际金融机构撤回了对它们的支持，这两个国家实现了民主化。对于后两个国家，法国提供了金融支持，结果什么改革都没发生。

当一个独裁者面临国家经济崩溃、有可能发生人民抗议活动时，我们对外部观察者提供的第一条政策建议是：别去拯救

---

[1] 尼古拉斯·范德瓦尔：《非洲经济与永久危机政治，1979—1999》，纽约：剑桥大学出版社，2001，第 241—242 页。

独裁者；不要减免他的债务，除非独裁者首先让自己的权力接受真正风险的考验，包括允许集会自由、新闻自由、组党自由以及举行自由竞争性选举，在其中独裁者所在政党不得在竞选资金、集会权利以及其他方面具有优势地位。只有在确立了这些自由以及政治竞争之后，才能考虑任何的债务减免。只要出现一丁点的选举欺诈或自由倒退的迹象，就应该立刻中止资金供给。

正如我们先前看到的，外国援助对可鄙的独裁者和民主国家捐助人和领导人来说是福利。因此实际上很难说服人们通过切断对受援国的援助以促进该国民主化。但如果机会来临，人们应当抓住它。与提供债务减免或新贷款一样，对外援助也应该和受援国真正进行政治改革挂钩，而不是与相关承诺挂钩。只有当独裁领导人接受有可能被人民推翻这种风险的考验，他们才值得获得援助。只有当领导人同意接受财务审计以调查并公布腐败行为，他们才能成为旨在改善人民生活的外国援助的候选人。那些拒绝接受竞争性政治、拒绝曝光并纠正腐败行为的领导人只会窃取外国援助，如果没有压倒性的国家安全方面的正当理由，他们不应该得到外国援助。

领导人发生更迭——无论是通过革命还是因为现任领导人出人意料死亡或退休——会产生一个民主变革的机会窗口。我们以前说过，就新领导人容易被废黜而言，一个领导人执政的初期岁月是他最危险的时候。实际上，在他们执政的最初几年有强烈的动机要装出一副民主的样子，这正是因为执政初期民主领导人生存下来的机会高于独裁领导人。举例来说，劳尔·卡斯特罗从哥哥那里继承统治权之后，即着手进行了一些改革。劳尔需要巩固自己的权力，需要让他的支持者安心，为了达到这些目标他必须改善国家的经济。他的解决方案：引进某些经济竞争，采取一些自由化的政治行动。自革命之后，现在的古巴从私人商业获得的好处前所未有。人民用上了移动电话，有了一些互联网使用权，扩大了信息接触面，增加了与同胞的交流，即使不是面对面。但将来会怎样，这是个问题。

上面提到的种种方法正是自由主义国家促进民主改革进入锁定状态所能采纳的手段。但他们有意愿这么做吗？悲哀的是，这不太可能——对于这个问题我们还没有找到解决办法。

第九章

战争，和平与世界秩序

《圣经》中对战争的首次纪录是关于创世之后两千年的时候，示拿王、以拉撒王、以拦王、戈印王这四个国王为一方与所多玛王、蛾摩拉王、押玛王、洗扁王和比拉王这五个国王为一方交战。自此之后，世界上的战争间隔期从来没有那么长过。实际上可以很公平地说，我们的世界充满战争——它只有一点点和平，几乎没有任何秩序可言。我们认为人类饱受战争摧残的一个很重要原因是太多的领导人在解决国际争端方面没有获得正确的建议。也许，只是也许，以我们的政治生存的观点来看待战争，我们可以找到建设一个更和平与更有秩序世界的一些方法。

人们经常说战争超越了日常政治，超越了党派之争。但事实是，战争天生就是政治性的。19 世纪的普鲁士士兵和伟大的军事思想家卡尔·冯·克劳塞维茨对战争做了最好的描述："战争无非是政治通过另一种手段的继续。"而正如我们知道的，所有政治的核心问题就是政治生存。

第一次世界大战后期的法国领导人乔治·克列孟梭说过一句非常著名的话："战争太重要了，以至于不能让将军们来决定。"他是对的。与玩政治的老手相比，将军们在打仗方面很蹩脚。尽管完全违反直觉，但事实上领导军政府的军人和其他任何形式的独裁者在打仗方面的表现远远逊色于领导民主政府的同行。因此我们要详细比较不同领导人在关于如何打仗和什么时候打仗方面获得的不同建议，这一点很重要。事实表明，独裁领导人和民主领导人应该听取和遵循不同的专业意见。战争是关于国内政治的，我们认为最好把它放在可相互替代者和不可或缺者这种框架内来理解，把它从国家利益、国际均势这种宏大观念背景中解脱出来。

打仗[1]

2500年前，孙子写了一本关于如何打仗的书。尽管两千多年来他的建议对无数领导人产生了巨大影响，但美国外交政策顾问们的观点却与孙子的兵法相矛盾。

---

[1] 本节很大部分基于布鲁斯·布尔诺·德·梅斯奎塔、阿拉斯泰尔·史密斯、兰多夫·席弗森和詹姆斯·莫罗：《政治生存的逻辑》第6章，剑桥，马萨诸塞州：麻省理工学院出版社，2003；以及布鲁斯·布尔诺·德·梅斯奎塔、詹姆斯·莫罗、兰多夫·席弗森和阿拉斯泰尔·史密斯：《检验有关战争的选择人理论的新奇内涵》，载于《世界政治》56（2004年4月），第363—388页。对本节观点的逻辑和数学证明感兴趣的读者应该参阅这些文献以及本书提到的其他文献。

罗纳德·里根的国防部长卡斯帕·温伯格、小布什的第一位国务卿柯林·鲍威尔以及比尔·克林顿的第二位国务卿马德琳·奥尔布赖特都曾就美国应该在什么时候和怎么打仗提出过自己的理论，但都与经过时间检验的孙子的教导彻底相悖。

25个世纪以来孙子之所以让无数领导人受益无穷，是因为他的教导对于国王、酋长和任何形式的独裁者来说都是对的。直到最近，小联盟体制一直是政府的主要形式，极少例外。但对于一个需要向多数人负责的领导人来说，这却是错误的政策。民主国家的战争强调的是公共福利，向一个依赖大型联盟的领导人建言献策正应该强调这一点。而对小联盟领导人来说，孙子的理论是对的。为了理解这一点，我们来看看孙子和温伯格的理念。

孙子对吴王阖闾阐述到：

> 善用兵者，役不再籍，粮不三载；取用于国，因粮于敌，故军食可足也……故杀敌者，怒也；取敌之利者，货也。[1]

温伯格的观点与孙子形成对照，他认为：

> 首先，美国不应当派遣军队到海外作战，除非这一

[1]《孙子兵法》，詹姆斯·克拉维尔编辑，纽约：德拉考特出版社，1983，第9—14页。

特别的军事行动或时机对我们或盟国的国家利益至关重要……

其次，如果我们决定了确实有必要在既定情况下派出作战部队，我们就应该带着获胜这一清晰目标全心全意去做。如果我们不情愿用武力或必要资源达到我们的目的，我们就根本不应该派兵……

第三，如果我们确实决定派兵到海外作战，我们必须先明确确立政治和经济目标。我们应该清晰了解我们的部队将如何达成这些明确确立的目标。我们应该具有并派出为完成这些目标所需的部队……

第四，我们的目标和我们所派部队的关系——他们的规模、构成和战略部署——必须持续接受评估和调整，如果有必要的话。在军事冲突过程中，条件和目标总在发生变化。当它们发生变化，我们的作战要求也必须变化……

第五，在美国派遣部队到海外之前，我们必须得到一些合理的保证，即我们会获得美国人民及其在国会的代表们的支持……

最后，美国派兵作战应该做为不得已才采取的最后手段。[1]

[1] 卡斯帕尔·温伯格：《军事力量的使用》，在全国新闻界俱乐部的讲话，华盛顿特区，1984 年 11 月 28 日。参见 http://www.airforce-magazine.com/MagazineArchive/Documents/2004/January 2004/0104keeperfull.pdf。

孙子的理论可以粗略总结为几点：一、军事实力的优势不如战争中的快速行动重要；二、战争动员的资源应该足够支撑一场不需要增援或从国内调拨补给品的短期战役；三、给士兵提供私人战利品对于激励士兵战斗至关重要。孙子认为，如果部队一开始就兵员不足或军需补给超过两次，就说明指挥官能力不足。在这种情况下，他建议与其冒着耗尽国家资源的风险，还不如放弃作战。

温伯格的理念不强调快速取胜，而是强调不惜花掉多少资源也要取胜的意愿，这一点在鲍威尔的理论中甚至更突出。温伯格和鲍威尔都认为，如果美国没有准备好为了取胜而动用足够的资源的话，那么就不应该介入任何战争。他们以及马德琳·奥尔布赖特都认为对于战争冒险应该非常谨慎。然而一旦决定了要冒这个险，如温伯格（以及鲍威尔）认同的，美国必须准备举大军作战，并在战争进行过程中根据形势发展的需要增加开支。必须先有了必胜的信心以及胜利有利于美国人民的利益，才可以开战。

孙子强调战利品对激励士兵作战的作用（取敌之利者，货也）。温伯格则强调保卫国家核心利益这一公共物品。对于孙子来说，士兵对于战斗背后的政治目标的兴趣或者他们对于公共利益的关心在决定其作战动力方面无足轻重。因此他强调士兵是为了个人之利而战。

孙子对个人回报的关注与温伯格对公共物品的强调（保卫国家利益，无论怎么理解）反映了小联盟国家和大联盟国家的巨大区别。我们的政治学观点认为，依赖大量核心支持者的领导人只有在相信胜利基本在望的前提下才会开战。否则他们将寻找和平解决国际争端的其他方法。对照之下，依赖少数核心支持者的领导人即使胜算不大也准备打仗。如果战争过程不顺利，民主领导人会想尽办法取胜；独裁领导人一开始打得风生水起，一旦发现资源不足就放弃。1967 年的六日战争很明显体现了这些战略。

尽力还是不尽力

顾名思义，六日战争为时很短，1967 年 6 月 5 日开始，6 月 10 日结束。战争一方是叙利亚、埃及（当时叫做阿拉伯联合共和国）、约旦；另一方是以色列。战争结束时，以色列从埃及夺得西奈半岛；从约旦夺得东耶路撒冷、希伯伦和约旦河西岸；从叙利亚夺得戈兰高地。阿拉伯国家的空军遭到毁灭性打击，埃及接受了无条件停火。以色列轻而易举地打败了对手。从传统的均势角度来看，战争结果令人无比吃惊，但从政治生存的观点来看，正如我们将看到的，这一结果毫不令人意外。

为了理解这场战争以及我们的观点如何解释它，我们必须先了解一些背景事实。战争前夕阿拉伯参战国的总兵力达 36 万人，以色列只有 75000 人，也就是说以色列的兵力只有阿拉伯参战国的17%。[1]阿拉伯参战国的军事开支占到双方军事总开支的61%。其他先不说，光比较这两组数据就能够反映大联盟国家和小联盟国家存在根本差别。阿拉伯参战国兵力占到双方总兵力的83%，但他们在平均每个士兵身上花的钱明显少于以色列。

我们知道大联盟国家的领导人必须让多数人民满意。这就意味着民主领导人在战争中必须为人民着想，当然，士兵也是人民。军事冲突将士兵置于危险之中，民主领导人想尽办法要减少这样的危险。在独裁国家，步兵不具有政治上的重要性。独裁领导人不会浪费资源保护他们。

以色列花在士兵身上的人均开支实际上比数字显示的更高。以色列军队——总体而言民主国家的军队都这样——花了大量军费购买重装甲装备以保护士兵。更好的训练和更先进的装备使民主国家能发挥出每个士兵的最大作用，在取得相同军事结果的同时让尽可能少的士兵承受风险。[2]埃及军方的坦克、士兵运输车和其他装备防护简陋。他们喜欢将钱用于提供私人报偿，以获得军队将领们的忠诚。

时任埃及总统的迦玛尔·阿卜杜尔·纳赛尔并非民选总统。他在一个由军方将领组成的小集团的支持下独揽大权，这些人

---

[1] 参见“战争关联度计划”中有关1967年战争中以色列、埃及、约旦和叙利亚各方的数据，网址为 http://www.correlatesofwar.org/datasets.htm。

[2] 安娜·格曼斯基：《保护保护者：有关民主国家对士兵的保护的跨国研究》，工作论文，纽约大学政治学系，2008年。

的荣华富贵取决于该政权的生存。由于这个原因，纳赛尔无须向士兵们的妻子、母亲负责，她们因爱人本可避免的死亡而悲痛哀号。以色列的总理则是由士兵们的妻子、母亲选出来的，这反映在了为以色列士兵提供的更好的装备、身体防护措施和训练上。给我们的士兵最好的，这是民主的要求。这就是为什么美国士兵在伊拉克和阿富汗缺乏足够的防弹衣引发强烈不满，以及为什么美国要迅速解决这个问题，即使有时候一些额外装甲使得一些车辆沉重到几乎无法操作。

稍微细想一下我们就明白，为了取胜而做出更多努力对以色列人的意义极其重大，对他们的对手来说则根本没什么意义。我们来看看为什么像以色列总理列维·艾希科尔这样的民主领导人要倾尽全力取胜，而像埃及总统纳赛尔这样的独裁领导人则不。实际上我们将看到，对于纳赛尔这样的小联盟领导人来说，输掉战争但可以继续收买党羽比起赢得战争但必须让党羽牺牲个人利益来得更有意义。

在一个小联盟政权，军队具有两个极其重要的职能。它保护现任领导人免于国内的挑战以及设法保护领导人的政府免受外国威胁。在一个大联盟国家，军队基本上只需负责好第二个职能。当然，军队也可能时不时被征调平息一些大规模的国内骚乱，但它的工作是保护政府体制而不是保护执掌政府的某个特定团体。它的工作职责不包括铲除合法的国内政治对手。而对独裁者来说，很显然不承认任何对手是合法的。正如孙子雄辩指出的，独裁国家的士兵干活必须有回报。如果拿不到回报，他们可能会调转枪头指向雇佣他们的领导人。明白了这一点我们就能解释为什么一支大军会令人吃惊地输给一个小国——埃及军队的背后有1967年埃及3000万人口的53亿美元国内生产总值做后盾，而260万以色列人的国内生产总值为40亿美元。

我们假设以色列政府将收入的10%用于了私人回报，这大概是个高估的比例。再假设埃及政府将收入的30%用于私人回报，也就是比以色列多，这符合我们前面几章对小联盟和大联盟国家的比较。那么战争取胜对于以色列政府的联盟和埃及政府的联盟来说，分别有多大价值呢（尽全力取胜就意味着要多花钱）？

由于预见到战争的高风险，平时争吵不休的以色列人在1967年5月组成了一个团结政府，反映了整个国家志在必胜的信念。我们知道1967年以色列政府划拨了3.81亿美元在军队身上，按照前面的假设，就意味着有3800万美元有可能成为给致胜联盟的私人回报。当然，就整体经济来说可能致胜联盟获得的钱比这多（以色列和埃及都一样），但我们只聚焦于1967年花在军队身上的这笔钱，因此我们这里的描述已经相当保守。由于以色列是一个团结政府，它的致胜联盟规模应该很大，但我们愿意冒过于保守的风险，假定以色列政府只需要25%人口的支持就能维持。这样，它的致胜联盟的规模大约为65万人。以此来计算的话，我们看到从军事预算里挪钱拿去回报政府支持者，每个支持者能够获得的钱还不到60美元（3.81 亿美元军事预算 ×10%，再除以 650000 人，等于每人 58.62 美元）。

以色列政府致胜联盟的每个成员都有两个选择：要么拿走这份私人回报，要么同意把钱用于战争努力。把钱用于战争无疑将提高胜利的几率，这是一个非常有吸引力的公共物品，能够抵消每个联盟成员遭受的极小额的私人损失。毫无疑问这 65 万以色列人认为军事胜利的价值远远大于这区区每人 58.62 美元！

来比较一下纳赛尔的致胜联盟的情况。几年前我们曾经做过一项初步研究，采访了一些国际问题专家，就好几个国家政府的致胜联盟的规模大小询问他们的看法。就 1967 年的埃及而言，我们采访的专家中认为其致胜联盟人数最少的为 8 人，最多的为 65 人。无论具体数字是这个范围里的哪个，毫无疑问规模极小。我们担心专家们可能低估了其规模，因此愿意再次冒过分保守的风险，假定这个联盟由 1000 名核心军官和关键文官组成。就算按照我们这个保守估计，假如军事预算当中的一部分钱被挪用做私人回报而不是加强战备，每个联盟成员可以获得 15 万美元（5 亿美元军事开支 ×30%，再除以 1000 人，等于每人 15 万美元）。以色列的每个联盟成员只被要求牺牲大约 60 美元去帮助国家赢得战争，而埃及的每个联盟成员为了帮助国家打胜仗需要放弃 15 万美元。如果纳赛尔从他们每人那里拿走 15 万美元用于战争，他很可能丧失很多关键支持者的忠诚。假如他以牺牲党羽的利益为代价全力以赴去打仗，他实际上加大了自己被军事政变推翻的可能性。他的支持者必须评估战争胜利的价值值不值得他们个人损失 15 万美元。赢得战争胜利当然是好事，但对很多人来说大概没什么好的。列维·艾希科尔的面前不存在这种问题。他的支持者几乎都会认为胜利的价值远远大于 58.62 美元。

当然，以色列不仅仅和埃及交战，对方还有叙利亚和约旦。以色列取胜的逻辑是相同的。正如雷沙德·卡普钦斯基描述的，以色列无非更用力而已。

> 为什么阿拉伯人输掉了 1967 战争？关于这个人们谈得很多了。你会听到有人说以色列胜利是因为犹太人勇敢而阿拉伯人怯懦。犹太人聪明而阿拉伯人头脑简单。犹太人武器装备更好而阿拉伯人的较差。这些都是错的！阿拉伯人同样聪明、勇敢，同样拥有好武器。差别不在这里——而在于处理战争的方法，在于随机应变的战争理论。在以色列，每个人都参与战争，但在阿拉伯国家，只有军队参战。当战争爆发，以色列每个人都上前线，平民生活终止。而在叙利亚，很多人直到战争结束才发现刚发生过战争。而在这场战争中叙利亚失去了最重要的战略要地戈兰高地。叙利亚正在失去戈兰高地的同时，就在同一天，就在同一个小时，离戈兰高地只有 20 公里的大马士革，咖啡馆里坐满了人，还有很多人走来走去找空位。在 1967 战争中，叙利亚阵亡士兵人数不到 100 人。此前一

年，200 人在大马士革死于一场宫廷政变。因政治纷争死亡的人数是因战争死亡人数的两倍，而这场战争使叙利亚丢掉了最重要的战略要地，敌人逼近到将首都纳入有效射程之内。[1]

卡普钦斯基的数字是错的，有 2500 名叙利亚人在战争中死亡，但他的观点没错。独裁者不愿将资源浪费在战场上。而装备精良的精英部队更主要是用来粉碎国内反对派而不是抗击意志坚定的外国对手。叙利亚总统哈菲兹·阿萨德就是这么做的。1982 年 2 月，他动用大约 12000 名士兵包围哈马城，镇压由穆斯林兄弟会发起的武装起义。经过 3 个星期的炮击，哈马城被摧毁，成千上万平民被屠杀。

当有需要时，民主国家会全力以赴，但它们常常并不需要。实际上，民主国家因恃强凌弱、专挑弱小国家下手而臭名昭著，一遇到不可小觑的对手就选择谈判。因此美国很乐意与格林纳达、巴拿马、多米尼加共和国这样的弱小对手开战，另外还有许多民主国家通过对弱国殖民扩大在世界上的影响力。但当对手是苏联时，美国及其北约的民主盟友就选择和苏联谈判，无论是关于古巴问题、欧洲问题还是其他地方的问题。实际上，冷战之所以冷，就是因为美国作为一个大联盟的国家就算倾尽全力也没有必胜的信心。而当加把劲胜利就能到手，比如增兵

[1] 雷沙德·卡普钦斯基：《足球战争》，纽约：古典书局，1992，第 201—202 页。

伊拉克，民主领导人就会很努力。

不幸的是，有时候谈判不管用，比如“二战”前英国和法国试图安抚阿道夫·希特勒。它们同意德国占领奥地利和捷克斯洛伐克的德语区。即使在希特勒入侵波兰之后，英国国内还有不少人反对对德宣战。然而，没有什么让步能够满足希特勒对所谓生存空间的胃口。这导致英国和法国陷入了一场非常棘手的战争，在其中英国拼尽了全力。形成对照的是，直到战争后面阶段希特勒及其党羽发现他们的政府和个人面临生存危机时，德国才将经济转入全面的战时体制。

在其他一些案例中，战争过程比原先估计的要困难得多，比如美国对越南、伊拉克和阿富汗的战争。面对这些困难时，民主领导人加大了战争努力。在越南，美国一直持续评估赢得战争所需的资源，直到与北越会谈达成停战协定，而该协定在美军撤军一年后就成了废纸一张。在伊拉克和阿富汗，美国不断增兵以推进目标的达成。也就是说，美国遵循的是温伯格的理论而不听孙子经过时间检验的忠告。独裁领导人对于将资源用于战争非常谨慎，就算取胜需要这些资源。他们知道他们的命运更多依赖于联盟的忠诚而不是战争胜利。他们一般不会在战争中做出更多努力。

关于这些原则，第一次世界大战提供了绝佳的研究案例。它的根源很复杂，充满争议，因此我们这里只描述事件发生的链条。它的导火线是1914年6月一名塞尔维亚民族主义者青年加夫里若·普林西普枪杀了奥匈帝国皇储弗朗茨·斐迪南大公，引发奥塞两国尖锐对立。随着奥匈帝国向塞尔维亚宣战，后者的盟友俄罗斯开始介入。这促使德国与奥匈帝国结成同盟。由于向俄国宣战就等于向俄国的盟友法国宣战，德国于是向法国发起突袭，希望像1871年那样取得速胜。德国入侵法国时借道并进攻比利时，由于英国保证过要维护比利时的中立地位，于是英国向德国宣战，加入协约国。

真是一团乱麻！尽管参战国众多，但战争主要在同盟国德国和奥匈帝国一方与协约国法国、俄国和英国一方之间展开。在经过头几个月的你来我往之后——双方在1914年圣诞节发生过著名的短暂休战事件——战事陷入胶着，演变为战壕防御战，特别是在西线。1917年布尔什维克革命胜利之后，俄国退出战争。1917年下半年，美国加入协约国参战。[1] 1918年11月11日上午11点，交战双方签署停战协议，战争以协约国的胜利而告终。

表9.1给出了主要参战国的军费开支。[2] 以人均军费来计算的话，俄国比其他国家花得少。俄国又大又穷。在所有这些国家中只有英国和法国是民主国家。1914年战争爆发后，所有国家的军费开支都上升。然而1915年后战事陷入胶着，独裁国家的战争努力并没有加大多少，军费开支基本保持平稳。

[1] 二十世纪八十年代欧洲流传着一个笑话，称美国人让罗纳德·里根上台是为美国在前两次世界大战中迟到做出道歉，下次保证准时参战。

[2] 这个图表是基于“战争关联度计划”各国物力资料中的军费开支制作的，我们没有1919年时奥地利的数据，因为奥匈帝国已经不复存在。

1917 年德国军事开支再次飙升，因为此时已经很明显，战败将导致德国政府垮台。与奥地利和俄国这样的独裁国家投入不足形成对照的是，两个民主国家一直持续增加军费开支直到最终取得战争胜利。

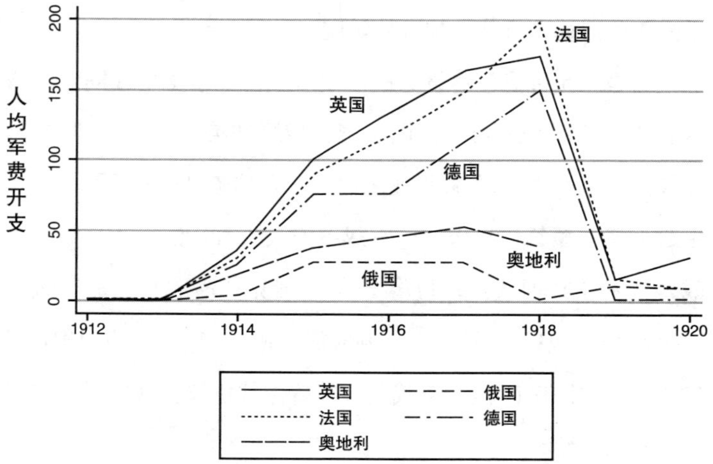

表 9.1 第一次世界大战各国军费开支

孙子给吴王的建议预见到了“一战”当中独裁者的行为：他们并没有想尽一切办法争取胜利。同一场战争中民主国家的行为则预示了日后温伯格以及众多谋略家对其总统说的：如果一开始打不赢，加把劲，再加把劲！

就战争而言，制度的重要性至少与实力对比的重要性相当。民主国家尽力的意愿很大程度上解释了为什么貌似弱小的民主国家经常打败貌似强大的独裁国家。美国曾经是一个弱国。然而在墨西哥—美国战争中（1846—1848 年）美军击败了人数更多、训练更好、更具优势的墨西哥军队。小国威尼斯共和国在最终被拿破仑于 1797 年击败之前，一直生存了上千年。尽管国家不大且资源有限，威尼斯共和国在整个中世纪却能不断和比它大得多的国家交战。它在第四次十字军东征攻陷君士坦丁堡当中起了决定性的作用，在随后对拜占庭帝国财富的瓜分中威尼斯抢得了最肥的好处。普鲁士的俾斯麦政府虽然较小但较为民主，它在 1866 年的七周战争中击败了更大、获得更多盟友支持的奥地利皇室。普鲁士接着又在 1870—1871 年的普法战争中击败了路易·拿破仑·波拿巴的法兰西第二帝国。另外我们已经看到，以色列一次又一次地击败比它大得多的邻国。历史上充满了民主的大卫击败独裁的歌利亚的战例。

为生存而战

在某个层面上，独裁领导人和民主领导人是为了同一样东西而战：保住权位。在其他层面上，他们为了不同的东西而战。民主领导人诉诸战争更多时候是因为从外敌那里得到政策让步的其他手段都失败了。对照之下，独裁领导人为了追求土地、奴隶和财富，更可能随意开战。

这就产生了很重要的后果。如孙子说的，独裁者可能抢到能抢到的东西后就班师回朝。另一方面，民主领导人会在有政策重要性的地方开战，不管离本国是远是近。不仅如此，一旦战争获胜，民主领导人更可能在当地继续强化政策安排，通常包括废黜已被击败的对手、扶持愿意进行政策交易的傀儡政权。[1]

回头想想前面讨论过的对外援助我们就能明白，对民主领导人而言，战争不过是达到对外援助想要达到的目标的另一种方式。对外援助收买受援国的政策让步，战争则强加政策让步。无论哪种方式，这同时意味着，热切希望推行国内民众喜欢的政策的民主领导人，更喜欢在战败国扶持一位顺从的独裁者（当然，扶持过程会伴随虚假的民主，比如举行一场结果令民主领导人满意的选举），而不喜欢在战败国民主领导人的政策上下赌注，因为此人必须对其本国选民负责。

民主领导人和独裁者都是为了自身的政治生存而战——这个观点往好里说显得非常愤世嫉俗，往糟里说是令人极其不悦的。不管怎么样，我们认为证据表明政治的世界无论大小就是这么运行的。考察一下第一次海湾战争就能证实我们的怀疑。

1990 年之前伊拉克和科威特长期关系紧张。伊拉克声称，拥有高效现代石油输出工业的科威特，一直在从伊拉克领土下面抽取石油。伊拉克曾多次要求科威特做出赔偿并发出入侵威胁。为了回应伊拉克的威胁，美国在这一地区部署了一支海军

[1] 有关我们的视角如何解释建立傀儡政权的诱因的更详尽和严密论述，参见布鲁斯·布尔诺·德·梅斯奎塔等人所著《政治生存的逻辑》，特别是第 9 章，以及卡米拉·拉特马尔：《交战国的占领》，收录于罗伯特·J·贝克和亨利·F. 凯里编辑的《国际法概略》，牛津：布莱克威尔出版社，2009。

舰队，但同时告诉伊拉克政府，美国不关心伊拉克在科威特的所作所为。在得到美国总统老布什这样具有误导性的模糊信号后，萨达姆·侯赛因的军队于 1990 年 8 月入侵并占领了科威特。他的目的是为自己及党羽获取石油财富——独裁者开战的代表性理由。然而，美国尽管原先送出模糊信号，事发后却没有坐视不管：老布什总统组织起一支国际联军于 1991 年 1 月发起沙漠风暴行动，将伊拉克军队赶出科威特。

第一次海湾战争中美伊双方的目标和行为大相径庭。与侯赛因的动机不同，老布什总统并不是想夺取石油财富让党羽发财，而是想促进中东地区的稳定从而恢复可靠持续的石油供应。反对这场战争的抗议者大声疾呼“不要用鲜血换石油”。如果说能源政策不是美国中东政策的一个主要决定因素甚至是最主要决定因素，那就太天真了，但这并不意味着是拿士兵的生命去换石油财富。美国的目标是保护石油的供应，因为石油为世界经济机器的运转提供了能源。联盟的目标是经济稳定而不是私人回报。当然，美国和联军士兵的确在战争中死亡，尽管人数很少。在伊拉克的 95.66 万名多国部队士兵阵亡总数仅为 358 人，其中有一半并非死于战斗原因。相比之下，伊拉克军队阵亡数万人。多国部队士兵的死亡换来的是萨达姆·侯赛因的让步，而非私人战利品。

第一次海湾战争中的行为也符合政治生存理论预计到的模式。美国起初试图通过谈判让伊拉克撤军。当谈判失败，美国就组织起一支具有压倒性优势的训练有素、装备极为精良的多国部队。萨达姆·侯赛因也有精锐部队，比如共和国卫队，也许在训练和作战能力上与多国部队稍有一拼。但他精锐的共和国卫队几乎没有与联军交战，萨达姆把共和国卫队撤到安全的地方保护他，而不是保护伊拉克。相反地，抵挡多国部队主力进攻的是经验不足、装备低劣的伊拉克部队。从死亡统计数据来看，这些部队遭到了毁灭性打击。

面临多国部队可能攻进巴格达将他废黜的威胁，萨达姆·侯赛因在 1991 年 2 月 28 日同意了停战条款。此后美国一直在波斯湾保留军事力量，监督萨达姆遵守停战协议。尽管随后美英建立了禁飞区，对伊拉克进行外交孤立和经济制裁，萨达姆却不断地挑衅停战协议。他在国内的权力未受影响。在战争失败之后，伊拉克南部的什叶派穆斯林和北部库尔德人发动起义。对他们来说很不幸的是，萨达姆保留着最精锐的部队，也有足够的资源继续收买部队的忠诚。在对起义的镇压中杀害了上万人，另导致数万人流离失所。萨达姆此后一直稳坐权力宝座，直到 2003 年在第二次海湾战争中被美国废黜。

萨达姆并不是唯一一个把生存和发财置于打好仗之上的独裁者。如果能通过打赢战争获得额外财富，独裁者们当然愿意，但保住权位才是重中之重。1974 年推翻皇帝海尔·塞拉西上台的埃塞俄比亚军政府领导人门格斯图·海尔·马里亚姆接受了共产主义，因而得到苏联的丰厚回报。在 14 年的时间里，苏联为他的政权提供了约 90 亿美元援助，其中很大一部分是军事援助，用于打击寻求独立的厄立特里亚反叛武装。虽然有这么多钱，他与厄立特里亚的战争却进展不力。看上去门格斯图对于用苏联的钱让自己发财和维护政治生存更感兴趣，而不是打赢与厄立特里亚的战争。很明显他对士兵们的待遇毫不关心，我们稍后会看到。米盖拉·朗恩在书中写到的，苏联最终意识到门格斯图对于战争的热情完全不像他口头上说的那样。

> “他不断告诉我们，如果我们帮他，他能够获得军事胜利”，苏联外交官阿达米辛恨恨不平地回忆道，“我记得他当时眼含泪水地对我说，‘也许我们不得不卖掉最后一件衬衫，但我们会还钱的。我们埃塞俄比亚人是一个有自尊的民族，我们不会欠债不还。’回想起来，我几乎觉得自己恨死他了。因为我原以为他关心的是什么才对国家最有利，而实际上他只关心自己的生存。”[1]

对门格斯图·海尔·马里亚姆来说不走运的是，随着苏联的崩溃他再也无法轻松发大财。1989 年苏联人袖手而去。门格斯图需要新的财源。为了挽救自己的命运，他决定拿埃塞俄比亚犹太人（法拉沙人）向美国和以色列换取军事援助和不义之财。法拉沙人在北非的历史可以追溯到数千年前，属于公元前 586 年从著名的“巴比伦之囚”逃出来的以色列人的一部分。为了重新安置他们，据称美国向埃塞俄比亚支付了 2000 万美

[1] 参见米盖拉·朗恩：《我做这个不是为了你：世界如何出卖了一个非洲小国》，纽约：哈珀柯林斯出版社，2005，第 328 页。

元，以色列同意支付 5800 万美元（但最终只支付了 3500 万美元）。交钱之后，这些被拯救出来的法拉沙人定居于以色列。[1] 这笔不义之财不足以让门格斯图收买支持者的忠诚，它与苏联人每年提供的金援数额相去甚远。随着他的军队被弱小得多的厄立特里亚武装击溃，门格斯图带着大约 50 名亲信和家人逃到津巴布韦，继续过着奢华的生活。

谁能从战争中生存下来

民主领导人比独裁领导人对战争的结果敏感得多。[2] 实际上，就算战争获胜也不能保证一名民主领导人的政治生存。举例来说，在打败萨达姆·侯赛因之后不到 18 个月，挟带 80% 以上民意支持度的美国总统乔治·赫伯特·沃克尔·布什在 1992 年的总统大选中被比尔·克林顿击败。相似地，温斯顿·丘吉尔尽管在第二次世界大战中表现出卓越的领导力，却被英国选民抛弃。话说回来，尽管军事胜利不一定能保证政治生存，但毕竟大有帮助。英国首相玛格丽特·撒切尔由于在

[1] 参见米盖拉·朗恩：《我做这个不是为了你：世界如何出卖了一个非洲小国》，纽约：哈珀柯林斯出版社，2005，第 351—353 页。

[2] 布鲁斯·布尔诺·德·梅斯奎塔和兰多夫·席弗森：《战争与政治领导人的生存：对政权类型与政治责任感的比较研究》，载于《美国政治科学评论》，1995 年 12 月；以及布鲁斯·布尔诺·德·梅斯奎塔、兰多夫·席弗森和加里·沃勒：《战争与政权命运：一个跨国分析》，载于《美国政治科学评论》，1992 年 9 月，第 638—646 页。

1982 年的马岛战争中击败阿根廷，威望大增。她的经济改革措施和与工会的对抗导致了英国经济衰退和高失业率。战前她已经很不受欢迎。1981 年年末时她的民意支持度只有 25%。战争过后这一数字一下子跃升到 50% 以上，一年之后她在大选中干净利落地取得胜利，这在 18 个月之前简直不可思议。

军事胜利有助于民主领导人保住权位，而军事失败则几乎肯定会导致民主领导人下台。在越南无法取胜就断送了约翰逊总统的政治生涯。法国总理约瑟夫 · 拉尼埃遭遇了相似的命运。由于 1954 年法国军队在奠边府战役中被越南军队击败，他的政府随即垮台。英国首相安东尼 · 艾登由于 1956 年底对埃及苏伊士运河区灾难性的入侵事件而被迫辞职。

独裁者对军事失败远远没有民主领导人那么敏感。萨达姆 · 侯赛因尽管在第一次海湾战争中被击败，以及要持续承受两伊战争（1980—1988 年）代价高昂的后果，但在位时间却超过了四任美国总统加起来（卡特、里根、老布什、克林顿）的总和。他只是到了第二次海湾战争才被赶下台，而那次战争的主要目的本来就是除掉他。独裁领导人只要能保有资源就通常不会因军事失败而丧失权位，除非是被一个追求政策让步的民主国家击败。甚至连战争伤亡惨重都无法撼动独裁领导人的权位。与之相比，民主领导人就算打了胜仗，只要阵亡士兵稍多，他们就可能因此下台。想来这就是为什么民主领导人在保护士兵方面比独裁者下的功夫多得多。

在纳粹德国，希特勒的二号人物赫尔曼 · 戈林明白，虽然上战场的是普通人，挑起战争的却是领导人。

> 普通人天生不希望战争……但，毕竟是国家的领导人在决定政策；把人民拖进战争永远是一件很简单的事，无论是在民主国家或法西斯独裁国家，或议会国家，再或是其他类型独裁国家……你所要做的就是告诉他们敌人打过来了，然后谴责和平主义分子缺乏爱国心将国家置于危险之中。这套方法在任何国家都管用……[1]

戈林是对的。任何国家的领导人都有能力调派军队，而民主国家的人民更容易响应号召。但民主国家领导人不会鲁莽地将士兵置于危险的境地。而如果这么做了，领导人会采取更多措施保护士兵。一个士兵生命的价值在小联盟体制和大联盟体制下有巨大差别。为了证明这一令人悲伤的事实，我们来比较多年前发生在非洲之角的两场军事冲突。

美国军队的作战原则是绝不落下一名士兵。想了解对于这一原则的准确而残酷的戏剧性描绘，我们建议读者观看导演雷德利·斯科特 2001 年的电影《黑鹰坠落》，该片讲述了 1993 年 10 月 3 日至 4 日发生的摩加迪沙之战。当时美军作为联合国发起的人道主义行动的一部分进入索马里。1993 年的索马里处于军阀混战的无政府状态。1969 年至 1991 年索马里由穆

---

[1] G·M·吉尔伯特:《纽伦堡日记》，纽约：法拉尔，斯特劳斯与合伙人出版社，1947，第 278—279 页。

罕默德·西亚德·巴雷统治，此人明白政策必须永远从属于生存需要。讲求实际的巴雷坦言："我不信仰伊斯兰教，不信仰社会主义，不信仰部落主义，不信仰民族主义，也不信仰泛非主义。我信奉的意识形态是政治生存的意识形态。"[1]对政治生存的专注使他掌权了22年，直到索马里爆发的军阀混战将他逼下台。他被逼出走之后，索马里处于无政府状态，各派系军阀争夺控制权，各派武装竞相恐吓人民。"豪巴尔·吉迪"部族的首领穆罕默德·法拉赫·艾迪德控制了最大的一个政治派别。艾迪德强烈反对美国在索马里的存在，因为他认为美国在支持他的对手。在多次试图杀掉或抓捕艾迪德失败之后，美国得到情报称多名艾迪德的高级助手出现在摩加迪沙一家酒店。美国的计划是用直升机将精锐特种部队送入目标酒店抓住艾迪德的高级助手，然后在地面车队的护卫下脱身。

不幸的是行动过程发生了意外。两架黑鹰直升机被击落，另有两架被击伤。上千名索马里武装民兵涌上街头设置路障，将美军护卫车队困住。直升机机组人员和地面护卫车队士兵被困了一夜，与敌军展开轻武器交火，次日才获救。尽管这次行动演变成一场灾难，美国对其士兵的承诺却毫不动摇。由于高度珍视士兵的生命，美军发誓要将坠落飞机上的同袍解救出来。我们也许认为这是理所当然的，但对独裁者来说可不这样——同样发生在非洲之角的埃塞俄比亚和厄立特里亚的冲突就是一

[1] 引语出自戴维·D. 莱汀和萨义德·S. 撒玛塔尔：《索马里：一个追寻国家的民族》，博尔德，科罗拉多：西景出版社，1987。

个例子。

在厄立特里亚长达数十年争取独立的武装斗争中，1988年3月17日至20日发生的阿法贝特之战是一个重要转折点。埃塞俄比亚拥有一支大约50万人的大军，在苏联的军事援助下配备了大量苏式装备。形成对照的是，厄立特里亚人的武器装备几乎都是从埃塞俄比亚军队手上抢来的。

厄立特里亚反叛武装（厄立特里亚人民解放阵线，简称厄人阵）放弃了惯常的游击战术，决定与埃军来一场正面交战。埃军顽强抵抗了16个小时，期间厄人阵的军事指挥官梅斯芬多次被要求将部队后撤，但他坚持继续进攻。埃军指挥官决定撤退到有守备部队驻守的阿法贝特城，于是集结了一支由70辆汽车组成的护卫车队。不幸的是，撤军过程中要经过天然瓶颈状的埃德·什鲁姆山隘。一辆厄人阵的坦克开火击中了埃军车队最前面的汽车，导致整支车队被堵住。

埃塞俄比亚军队司令部担心重武器会落入敌手。幸运的是，他们的空军力量相当不错。然而，埃空军不仅没有救援被困的同胞，反而发起了持续两个小时的空中打击，把所有东西都摧毁了。埃塞俄比亚方面的座右铭是：不落下任何一辆还能用的坦克。正如一名埃塞俄比亚将军说的："当你丢掉了一块地方，你最好把所有装备都毁掉——这是战争的原则。如果你无法把你的士兵和他们的装备区分开，你就把他们一块儿炸了。"[1]

---

[1] 米盖拉·朗恩：《我做这个不是为了你：世界如何出卖了一个非洲小国》，纽约：哈珀柯林斯出版社，2005，第336页。

可能极少读者知道有这么一场战役，此役埃塞俄比亚军队阵亡人数可能高达 18000 人。相比之下，很多美国人都知道在摩加迪沙发生的那场灾难性政策失败，美军以阵亡 18 人的代价击毙了估计多达 1000 名索马里民兵。

民主国家之间的和平

民主国家之间很少发生战争（有些人甚至会说从来没有）。这并不是说它们爱好和平。它们并不羞于与别国开战。但民主国家之间心照不宣的和平背后的逻辑有助于我们理解如何才能让世界变得更和平，以及要达成这一目标有多困难。

民主国家领导人需要推行成功的政策，否则会被人民赶下台。由于这个原因，他们只在认为胜券在握的前提下才发动战争。当然他们有可能估计错误，一旦出现这种情况，如我们先前所说的，他们会加倍努力去赢得战争。这就是越南战争中发生的事，美国派遣了大量部队、花了巨额军费但收效甚微。只有在努力了代价高昂的很多年之后，美国才坐下来进行和平谈判，谈判结果最终导致北越统一了越南全境。

如果我们是正确的，我们应该很难看到两个大联盟国家之间发生战争。根据我们的逻辑，民主领导人只在认为几乎肯定会赢的情况下才会开战。但两个对手怎么可能同时这么确信？而对于独裁者来说，如我们先前看到的，不用考虑赢不赢的问题。他们愿意承受更大的风险，因为他们有很好的理由认为战败的个人后果不如无法收买核心支持者那么糟。紧紧遵循政治生存的逻辑，我们必须认识到，两个民主国家不大可能互相开战并不意味着彼此之间绝对不会武力相向。大联盟国家之间当然有可能产生争端，其中某国甚至会动用武力对付他国。这又是怎么回事？

只要一位大联盟国家的领导人相信争端不可能真的升级为战争，他可以做出不惜争端升级的姿态逼迫对手让步；或者如果他觉得对方有开战的准备而自己的胜算太小，就自己让步，与对方进行谈判。想象一下争端双方都是依赖大联盟的民主国家。大联盟政治的逻辑告诉我们，一个大联盟国家进攻另一个大联盟国家的唯一前提是对方确实足够弱小，宁愿谈判而不是反击。由于目标国一旦反击的话同样会倾尽全力，挑起战争的这个民主国家就必须要么具有巨大的军事优势，要么确信对方没有足够的资源会认为有胜算。也就是说，发起进攻的民主国家必须很肯定对方对于胜利没有把握。在两个民主国家针尖对麦芒的军事对峙中，这是至关重要的。[1] 这里我们就解释了为什么美国会进攻一些非常弱小的民主国家，比如林登·约翰逊的美国政府 1965 年出兵和推翻多米尼加共和国民选总统胡安·博什；法国 1923 年侵略魏玛共和国等，类似的事件还有

[1] 实际上在“战争关联度计划”的军事争端资料库中有很多民主国家之间发生暴力冲突的案例。但没有一个案例升级为战争，因为当一方动用武力，另一方就选择退让而不是反击。

很多。

与其说民主国家之间不会互相开战，还不如说民主大国专挑弱小的国家下手，不管对手是民主国家还是独裁国家；大国的期望就是对手不会反击或反击力量不足。实际上这直接解释了历史上民主国家进行的帝国主义和殖民扩张行为，对手都是无力保卫自己的弱小国家。

民主国家专挑软柿子捏毫不稀奇。回顾过去近 200 年，民主国家赢得了 93% 由它们挑起的战争。相比之下，非民主国家只赢下 60% 由它们发起的战争。[1]

保卫和平与国家建构

美国总统比尔·克林顿在其 1994 年的国情咨文演讲中宣称“民主国家不会互相进攻”，因此“保障我们的安全以及建设持久和平的最佳方式就是在全世界推广民主”。这是历来美国总统们的共同主题。不幸的是，美国的实际行为与华丽的辞藻并不相符。更不幸的是，问题不在于美国总统的失败，而在于“我们，人民”。

在民主国家，不能推行选民满意政策的领导人会被赶下台。民主领导人也许嘴上会说他们在乎其他国家人民决定自身未来

[1] 参见丹·雷特尔和艾伦·C. 斯塔姆：《战争中的民主国家》，普林斯顿，新泽西：普林斯顿大学出版社，2002。

的权利，也许他们的确在乎，但如果他们想保住位子，就必须推行他们的人民想要的政策。先前我们考察过民主领导人如何通过对外援助收买政策让步。如果这种方式失败或价码太高，那么动用武力永远是一个选项。军事胜利可以使胜利者强加政策。

我们不该相信任何有关这些政策是出于对目标国的关爱、符合目标国最大长期利益的虚假借口。它们不是。这些强加的政策符合的是民主领导人国内支持者的利益，有时这些政策非常不友好。比如说，1839 年至 1842 年以及 1856 年至 1860 年的鸦片战争就是因为英国希望向中国出售印度产的鸦片以扭转对华贸易逆差。中国不愿成为一个瘾君子的国度。英国人动用武力打开了中国的大门，使之成为一个毒品市场。香港被英国作为确保中国开放贸易的基地。为了结束战争而达成的协议正式名称是《南京条约》和《天津条约》，在中国人眼中这都是不平等条约。

追求政策解决方案的一个问题是，一旦民主国家的军队撤走，战败国可以反悔。要贯彻政策安排可能代价非常高昂，正如波斯湾战争之后那样。一个通常的解决办法是更换领导人，最终用来对付萨达姆的就是这个办法。民主国家领导人会将不好掌控的外国领导人除掉，换上傀儡。侵略战争之后爬上战败国权力顶峰的人通常是由战胜国挑选的。

民主领导人如果不信任哪个难对付的战败国领导人会认真遵守战后安排，通常会把他拿下。民选上台的刚果总理帕特里斯·卢蒙巴没有推行取悦比利时和美国政府的政策，神不知鬼不觉就死掉了，被情愿对美国和比利时俯首称臣的可怕继任人取代。法国也一样，1983 年出兵到前殖民地乍得支援亲法政府，防止其被亲利比亚或亲阿拉伯政权取代。

民主领导人宣称渴望推广民主。实际情况是，民主化不符合他们的利益。随着战败国的致胜联盟规模增长，该国的领导人日渐感到压力，必须推行本国人民喜欢的政策而不是操纵国人民喜欢的政策。如果民主国家领导人希望外国领导人按他开出的政策方子施政，他必须帮他的傀儡从其国内压力中解脱出来。这意味着要缩小战败国的致胜联盟规模，以此使扶持傀儡政权和收买政策变得更便宜和更容易。美国的对外政策充斥着这样的例子，它或明或暗地破坏外国的民主发展，因为民主会催生反美政策。1893 年的夏威夷女王利留卡拉尼、1973 年的智利总统萨尔瓦多·阿连德、1953 年的伊朗首相穆罕默德·摩萨台、1954 年的危地马拉总统哈科沃·阿本斯·古斯曼无不遭遇这样的命运。

理论上来讲，外国的民主是件好事。在实践中，它大概不是我们人民想要的。我们再回头想想埃及和以色列的民主化案例。西方民主国家过去习惯于抱怨埃及在穆巴拉克统治下出现的选举不端行为。随着穆巴拉克倒台，他们开始担忧埃及实现真正的民主可能会有损以色列朋友的利益。虽然在穆巴拉克统治时期西方收买埃以和平的代价很高，但随着埃及向真正的民主化迈进，维持持久和平的代价会越来越高，除非埃及发展成为一个全方位的成熟的民主国家，它的领导人在没有必胜把握前不会轻启战端。我们可以希望经过相当长时期以后一个实现民主化的埃及与民主的以色列会产生相互信任、理解和容忍。然而同样也有可能以色列坚持不了这么长时间。

尽管通常来说民主国家之间不会互相开战，我们同时也注意到他们的确会发生实力失衡的冲突，这些冲突常常以弱小一方认输而告终。假如一个民主的埃及全国动员、全民武装起来，小小的以色列几乎难以抵挡，除非美国或北约愿意尽力保护它。任何认为民主的埃及进攻以色列是异想天开的人，都应该问问19世纪北美平原上民主的原住民部落与扩张中的美国打交道是什么下场。民主化听上去不错，但只在原则上。

当然，很多人也许会认为我们太愤世嫉俗。民主化的支持者喜欢举出成功的案例。然而所有这些案例——联邦德国、日本、韩国——恰好其人民的价值观数十年来在很大程度上符合美国的价值观，都是为了防抗庞大的共产主义邻居。

在外国推进民主化的最大问题仍然在于我们的人民。在大多数情况下我们似乎希望外国做我们喜欢的事而不是他们喜欢的事。不过，假如我们的利益和外国人民的利益一致，则很有可能在该国成功实现民主化，特别是如果存在一个急于发挥影响力的强大对手的话。战后的成功民主化故事符合这一模式。一般来说，联邦德国和日本的人民宁愿遵从美国的意愿而不是苏联的那一套。创造愿意尽力抵抗共产主义的强大国家符合美国的利益。作为占领国的美国、英国和法国将战后德国置于通往民主的道路上，但只是因为对它们有利才这么做。这种利益的趋同是很罕见的，正如外来强加的成功民主化也很罕见。

孙子对战争研究产生了持续的影响力，乃是因为他的建议对于依赖小联盟的君主和独裁者来说是正确的。温伯格的理论——与更晚的鲍威尔的理论一样——对美国的安全政策产生影响，则是因为它为依赖大联盟的领导人提供了最合适的行为指导。

我们看到了大联盟体制对于发动战争的决定具有高度选择性，小联盟体制则不。只有在谈判无效且具有压倒性军事优势的情况下，或者如果不战则民主领导人的政治生存机会将微乎其微，民主国家才会选择发动战争。进一步讲，一旦战争成为必要且过程遇到困难，民主国家会做出更多努力以求胜利。如果取胜需要消耗太多资源的话，小联盟领导人则不会尽力，因为这些资源还不如花在收买党羽的忠诚上。最后，当一场战争结束，大联盟国家的领导人会继续努力通过占领或扶持傀儡政权确保和平，巩固政策收获。小联盟国家的领导人则大多选择拿走为之而战的有价值的私人物品班师回朝，或者接管被他们征服的领土，长期享有胜利带来的经济成果。

克劳塞维茨关于战争的观点是对的。战争看来的确照例就是国内政治。至于一切关于“正义战争”的论调以及一切关于均势和国家利益的战略规划，归根结底应该认识到，战争与所有政治一样，只是关于保住权位和尽可能多控制资源而已。恰恰由于战争的这种可预见性和常态，使其很容易被理解和矫正，正如我们已经讨论过的所有政治病理现象一样。

THE DICTATOR'S
HANDBOOK

第十章

怎么办?

一个人做任何事情总有两个理由：

一个好的理由和一个真正的理由。

——约翰·皮尔庞特·摩根

1901年末，弗拉基米尔·伊里奇·列宁写了一本革命小册子《怎么办？》。他的目的是为建立作为人民先锋队的共产主义政党辩护。我们更感兴趣的是他字面上提出来的这个问题而不是发问的理由；同样地，我们也对他三年后作答的那本书的书名《进一步，退两步》很感兴趣（其实语境完全不一样，不过还是挺合适的）。政治和商业的现实世界经常采取进一步退两步的方法来回应问题，导致眼前问题的解决毫无进展。领导人处理问题的方法一直是、也应该是裹足不前。这是使他们迄今为止一直能够攫取和控制资源的既有规则。贸然采取新的从政方式可能只会升高一名领导人被推翻的风险。

在经过了前面9章对政治现象愤世嫉俗的——但恐怕是准

确的——描述之后，是时候终于要面对列宁的第一个问题：怎么办？我们希望在了解了有关统治术的各种教训之后，我们能够提出一个比列宁好得多且更民主的答案。

人们说“让世界变得更美好是一个困难的任务”，这话已经算相当保守。如果不是很困难的话，世界早该有进步，无数人生活于其中的悲惨境遇也早该被改变了。当股民们倾家荡产的时候CEO们照样肥得流油的局面早该成为历史了。然而，变革的一个固有问题在于：改善一个群体的生活通常意味着至少有一个他人的境遇会恶化，如果变革真的要解决人民的问题，这个他人可能就是一位领导人。如果因为变革而利益遭到损害的是一位统治者或CEO——首先发起变革的必须得是他——那么我们可以肯定变革绝对不会发生。

本书一开始我们说过，我们聚焦的是实然而不是应然的问题。现在我们应该讨论一下有关应然的问题了。为此，我们想提出一些基本原则。第一个原则就是我们永远不要让对完美的追求阻碍我们做出小的改善。对于一个完美世界的各种乌托邦梦想说来说去无非还是乌托邦。幻想为所有人打造一个完美世界纯粹是浪费时间，它是个借口，用来逃避做能够改善很多人生活的艰苦工作。

让世界变得对每一个人都很完美是绝不可能的。每个人不可能想要同样的东西。想想看对可相互替代者、有影响者、不可或缺者这政治生活的三个维度来说，什么东西对他们有利：对领导人及其核心支持者有利的东西几乎从来不曾对其他人也有利。如果他们全部具有共同的需要那么世界上就不会存在痛苦不幸。因此，就算我们试图让世界变得更美好，我们也受制于政治现实的原则。一个解决方案除非确实可以被落实，否则就不能叫做解决方案。能做的事情必须满足实施变革所需的每个人的需要。一厢情愿于事无补，完美的解决方案不是我们的目标，也不应该成为任何用意良好的人们的目标。国家治理或公司治理当中哪怕是很微小的改善都可能会导致潜在千百万人民或股民福利的重大改善。

解决问题的法则

无论我们关注的是上市公司股民的福利还是民主国家公民的生活质量，亦或是生活在压迫性的、贫穷的第三世界国家数十亿人民的生活条件，为了改善世界，有一些共同的原则要遵守。在我们处理涉及解决特定地方特定问题的相关细节之前，必须将这些共性讲明白。

如果说本书前面章节教会了我们什么的话，那就是对人们的动机要保持怀疑。诉诸意识形态原则和人权通常都是幌子。J.P. 摩根说得很对：人们总能找到某种原则性的说辞去为任何立场特别是自己的利益进行辩护。对于某些海外国家，美国政府会支持那里的抗议活动并声称支持那里的人民决定自身命运的意愿，这是美国总统面对诸如乌戈·查韦斯的委内瑞拉时的惯用说辞。对另一些国家美国则会呼吁维持稳定，比如像巴林或沙特阿拉伯的人民试图推翻本国亲美或与美国有盟友关系的政府时，美国就会搬出这一原则。自由和稳定都是原则性的立场（好的理由），而我们会基于是否喜欢一国现任领导人而选择性地表达这些立场（真正的理由）。当我们设计世界之病的治疗方案时，最关键的第一步是先搞清楚主人公需要什么以及不同的政策和变革会如何影响他们的利益。把人们表面上的话当真的改革者会很快发现改革走进了死胡同。

在变革中每个人都是利益相关方，但可相互替代者、有影响者、不可或缺者和领导人并不经常在需要什么样的变革上达成一致。领导人总是天然地希望可相互替代者集团非常大，有影响者集团和不可或缺者集团非常小。这就是为什么商业界存在那么多拥有千百万股民的巨型公司，这种公司有少量的有影响力的大股东，在董事会里有屈指可数的几个不可或缺者同意为首席执行官们提供诱人的薪酬，无论公司的业绩表现如何。这也是为什么人类历史上那么漫长的时间会有那么多人被卑鄙的劫贫济富的独裁者所统治。

人民大众——无论属于选择人集团还是完全没有投票权的人——都同意他们所在的可相互替代者集团应该很大，但他们同样希望另两个集团也很大。他们过上更好生活的最佳机会来自于致胜联盟和有影响者集团的规模逐渐变大，如此一来他们才拥有成为其中一员的现实机会，即使他们仍然被排除在致胜联盟之外，他们也能从这种统治形式产生的丰富的公共物品中获益。正如我们已经知道的，正是这种要改变人民命运的希望被革命者当做战斗口号来鼓动人民走上街头。但就算是在大联盟体制下，这些大众也不可能总是能够得到他们想要的。他们的希望是在多数情况下能够得到自己想要的。

从一个让世界持续改良的角度来讲，不可或缺者集团的意愿最引人关注。通常情况下他们才是能够让变革发生的人。你看，对于他们有可能被清洗掉使得致胜联盟变小这样的设想，他们可不喜欢。但同时，如果能够幸存下来跻身于一个更小的致胜联盟，那会给他们带来巨大的财富。想想本书先前提到过萨达姆·侯赛因举行的全程录像的党代会：一开始坐在会场里的每个人都吓傻了。到最后，还能坐在会场里的每个人都兴奋不已。他们知道自己已经幸存下来，可以继续享用萨达姆的奖赏。牵涉到制度变革的话，政治核心圈内的人到底想要什么很难说得清，但为了明白他们有可能会支持哪些改革，又会反对哪些改革，我们必须弄清他们的需要。

致胜联盟成员喜欢很小的选择人集团。因为能够取代他们的候选人相对越少，对他们福利的提升就越有好处。在任的领导人不能通过含蓄威胁要用一个更便宜的支持者取代现有成员，来为自己截留更多利益而不付给他们应得的回报。这就在领导人和他的联盟之间形成了一种紧张关系。领导人喜欢建立虚假的、腐败舞弊的选举制度，这能为他提供大量渴望取代现有联盟成员的候选支持者。而致胜联盟青睐君主制的、神权制的或军事独裁制的制度安排，这能限制那些虎视眈眈的人进入他们这个由特定的贵族、教士或军队精英组成的联盟。

领导人和核心支持者共有的偏好是依赖一个小联盟，至少当联盟确实很小时是这样的。然而随着联盟规模持续扩张，最终在国王的需要和廷臣们的需要之间会产生分裂。当裂痕变得足够大时，会催生成熟的民主政体，这一政体将非常稳定，几乎不会倒退回独裁制。致胜联盟对于制度变革的态度发生改变是因为他们看到，私人物品随着联盟规模的扩大而减少，公共物品和社会生产力却在增加和提高，二者此消彼长。

由于私人回报和社会性回报此消彼长的过程非常复杂，我们有必要来看一张简单的图示，虽然这张图以具体的数字为例子，但它旨在帮读者加深理解本书一再强调的各种关系。假设一个只有 100 人的国家，一开始它的政府只有两名致胜联盟成员。由于不可或缺者极少，可相互替代者极多，税率会非常高，导致人们不愿努力工作，生产能力极低，因此这个国家的总收入很少。让我们假设这个国家的总收入为 10 万美元，其中一半落入联盟口袋，另一半用于人民养家糊口。先撇开领导人，我们假定两名致胜联盟成员平分了 5 万美元的政府收入，也就是每人从政府那里拿到 2.5 万美元，再加上各自的税后收入。我们假定他们的收入与联盟外任何人可能的收入不相伯仲，无论其他人从事什么工作。

现在来看看如果扩大了致胜联盟的规模会发生什么。表 10.1 显示的是随着越来越多人跻身致胜联盟，联盟成员获得的回报（包含私人回报和公共福利）与普通大众获得的公共福利的对比情况。假设联盟每增加一名成员，税率就减少 0.5 个百分点（比如说联盟成员变成 3 人，税率就由原来的 50% 下降为 49.5%），国家收入增加 1%。再假设联盟每增加一名成员，政府花在公共物品上的开支即增加 2%。随着联盟规模不断扩大，税率下来了，生产力上去了，政府花在公共福利方面的收入比例上升，私人回报减少。这正是前面章节我们解释过的变革的一般模式。

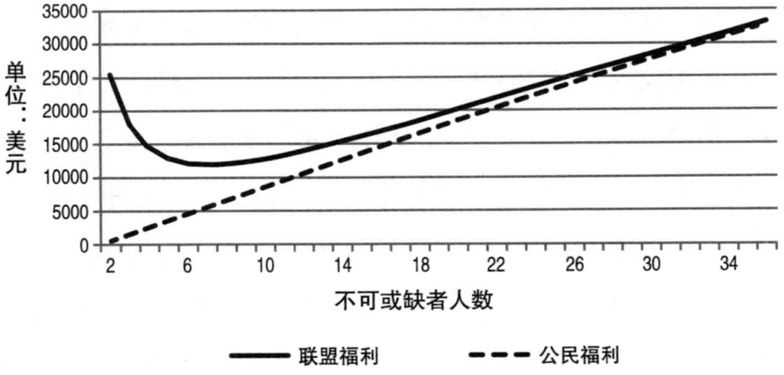

表 10.1 不可或缺者与普通公民福利比较

我们在表 10.1 看到的情况是，联盟的规模一旦开始扩大，它的核心成员的福利就开始下降。随着新的核心支持者加入，原有成员的待遇开始劣化，因为他们获得的私人回报份额被稀释。然而随着联盟扩张的程度越来越大，稀释的程度将下降。按近似值来算，随着第三名联盟成员的加入，原先两名成员每人将损失掉近三分之一的私人好处。他们的损失部分地可由更多的公共物品以及一个更具生产力水平的社会得到补偿，但为了交换社会性利益他们必须承担巨大的个人损失。如果一开始就是一个大联盟的话，此消彼长的情况就大不一样。再次按近似值来算，我们来看看一个 6 人联盟的损失和收获情况。随着第 7 个成员加入联盟，原先 6 人每人要放弃大约七分之一的私人利益以交换社会性所得。随着联盟持续扩大，私人回报的损失率也在不断下降，联盟成员就不仅不再反对扩张，反而支持更多新成员加入。从这个临界点开始——在我们这个简单的例子里就是一个 7 人联盟——联盟成员们就偏好继续扩大联盟规模。这就使他们与领导人发生了矛盾，因为领导人此时仍然坚持掌权的第一条铁律：保持一个小联盟。

表 10.1 揭示了制度变革逻辑的诸多特征，适用于从萨达姆·侯赛因的清洗行动到稳定民主国家的各种情况。在一个极小联盟的背景下，领导人可以从部分现有联盟成员那里获得支持，去清洗另一些联盟成员。在表 10.1 中，从 1 人联盟到 6 人联盟就是这种情况。当然，除非知道自己能够幸存下来，否则没有哪个联盟成员希望看到发生清洗行动。正是这个原因使得萨达姆·侯赛因举行的录像清洗大会让在场的每一个阿拉伯复兴社会党成员心中都充满恐惧，以及最后留在场内的人为什么那么开心能够幸存下来。在清洗行动之后他们还能留在核心集团里意味着他们甚至能够得到比以前更多的私人回报。

如果联盟规模一开始就很大，如表 10.1 中超过 6 人的情况，要发起一场清洗行动或政变将越来越困难。无论是现任领导人或密谋政变者将越来越难获得支持者同意将联盟规模缩小。举例来说，一个 10 人联盟的领导人的确有可能获得某些成员的支持，但联盟规模必须一路缩小到只剩 3 人，这些清洗后幸存下来的支持者才谈得上比以前更好。想要从这种大清洗的肮脏行动中获益，那些帮助领导人执行清洗行动的联盟成员必须绝对肯定自己不在被清洗之列。

随着联盟规模再进一步扩大，领导人将几乎不可能说服联盟成员帮他执行清洗行动，对手也几乎不可能组织起一场政变。表 10.1 说明了民主国家的这种稳定性。在我们的例子中，一旦联盟成员人数达到 27 人以上，领导人就算说服某些支持者同意采取行动将联盟规模一路缩小到只剩两名成员，他也不可能使他们的境况变得比当前更好。

政治生活的基本事实就是人们都在做对自己最有利的事。因此，领导人除非遭到极端情况的胁迫，否则不会扩大联盟的规模；人民大众则迫切要求民主化；而核心支持者想要的东西各不相同。最后这个集团可以通过清洗活动或政变减少联盟人数而获益，但前提是自己能够继续留在联盟内。而民主化也能让他们获益。因此，就是这个集团提供了发生建设性变革或毁灭性变革的最大可能性。他们有可能“进一步”也有可能“退两步”。被联盟剔除的可能性会鼓励其成员往前一步，而不愿成为退两步的牺牲品。时间和环境变化升高了联盟发生剧变的风险，这在政治核心圈内会催生对民主的认同。

小联盟的成员们生活豪华奢侈，但时时处于恐惧之中：按他们的领导人所愿将联盟变得更小，他们就可能出局；将联盟变大，他们的特权就将缩减。但特权缩减也远远好过出局的危险。因此，在两种情况下联盟最有可能接受要求改善多数人生活的呼声，无论指的是人民还是股民：当领导人刚刚上台；或领导人老朽不堪、时日无多。在这两种情况下，联盟成员不能保证自己将来还能继续留在联盟内。一名领导人刚刚上台和执政末期是联盟成员被清洗的风险最高的时候，因此在这些时候联盟成员最可能接受改革。有效的改革意味着扩大联盟的规模，这又意味着包括现任联盟成员在内的每一个人有较大的机会获得明天的新领导人接纳。

不仅存在某些好的时间点可以供人追寻改革的机会，还可能出现某些能让改革变得受欢迎的情况。当领导人面临巨大的经济压力时，联盟就知道奢侈光鲜的好日子屈指可数了。这是有时候一些公司进行欺诈活动的原因之一：首席执行官、高级管理人员以及董事会成员认为他们会因公司表现糟糕而被迫出局，于是他们一边掩盖公司的糟糕表现一边想方设法要扭转这一局面以挽救自己。第一年撒一点小谎还挺管用，但如果局势没有好转，他们每年都得撒更多谎直到最后完全捏造财务报告，犯下欺诈罪行。

我们知道当一个国家的经济陷入麻烦，从统治者的角度来说最大的问题就是没有足够的钱持续收买支持者的忠诚。一旦核心支持者享有的特权出现萎缩，他们有可能意识到存在即将发生变革的可能性。他们知道领导人将清洗掉一部分人以更有效地使用手头仅存的钱。他们当然不愿被清洗，将赞同扩大自己的集团，拿自己的特权交换未来的安全和福利。当形势所逼，并不是只有联盟成员在琢磨改变统治规则。如果经济危机足够严重，甚至领导人自身都会考虑实行自由化会不会改善自己的处境。民主化会威胁到他们的长远未来，但如果他们今天不付钱给支持者，就根本谈不上考虑明天能不能赢得选举的问题。

能统治国家或公司的人一般都不傻。当经济形势剥夺了他收买支持者的资金，基本上任何稍称职的领导人都会看到眼前的危险。在这种情况下，甚至领导人都有可能认为改革对他们的政治生存来说是最佳出路。他们甚至可能在其联盟有所行动前就采取解决措施。考虑一下蒋介石的经验教训，他当然不是傻子。我们可能会好奇为什么他在台湾推行的经济政策比在大陆时成功得多。大陆尽管广泛贫困，但由于人口众多，有足够资源让他和他的联盟发财致富。但当蒋介石带着支持者败退到台湾，他们接管的是一个人口很少并且几乎没有什么资源的小岛。只有经济成功才有办法奖赏联盟。在争取经济成功的过程中他逐渐扩大了联盟的规模，也许这是来自核心支持者或美国的压力所致，直到有一天他在民主中一觉醒来。

当发生变革的时机或条件成熟，联盟成员必须意识到如果他们不施压要求扩大公共物品和公共福利，那别人就会。只要反叛的成功机会足够大以及预期收益超过冒险反叛的成本，顽固不化的联盟及其领导人将被反叛行动包围。在这种情况下，正如我们看到在突尼斯、埃及、也门以及中东和北非其他国家发生的事件乃至惠普公司由于卡莉·菲奥莉娜决定与康柏公司合并所引发的代理权之争中，人们愿意承受极大的风险去奋力改变自己的命运。他们要求的变革正是聪明的联盟成员在形势所迫之下支持的那种变革。

因此，一个聪明的联盟会与人民大众合作推动联盟的扩大。人民愿意合作是因为这将为他们带来更多公共物品；联盟愿意合作是因为这将减小他们出局的风险。2011 年初埃及军方领导人和穆巴拉克政府的核心成员对这一点非常清楚。他们通过与群众运动合作并支持扩大联盟来确保自己在埃及的未来仍占有重要的一席之地，而不是选择冒失去一切的风险抱残守缺。

对于变革来说，这些说明了什么？首先，联盟成员应该对自己遭清洗的可能性保持警惕。切记，当新领导刚上台、老领导垂死或破产时，情况最危急。在这些时点，核心支持者集团应该力图扩大自己的规模，创造条件去催生为所有人着想的公共政策、民主和福利。但如果清洗行动能够秘密进行的话，领导人依然会成功，因此并非绝对接近权力核心的聪明的联盟成员会赞成新闻自由、言论自由和集会自由，以此保护自己不受意外政治动荡的伤害。而且就算他们不幸被人取代，至少可以实现软着陆。聪明的外部人也应该从相同的经验中汲取教训：外部力量介入推动民主变革或提升企业责任的最佳时机应该是在领导人刚刚上台或时日无多的时候。

在了解了人们的需求、摇摆不定的联盟成员反对改革的环境因素以及赞成改革的前提条件之后，我们现在可以转入探讨有关矫正商业世界和政府统治的具体点子，哪怕只是部分矫正。

绿湾队的教训

绿湾包装工队是一支来自气候寒冷的威斯康辛州的美式橄榄球队，该队以球迷的忠诚而著称。实际上不管赢球还是输球，绿湾队的球迷们总是感到满意。基本上自从 1960 年以来该队的每一场主场比赛的门票都销售一空。尽管有时候天气十分恶劣，但主场平均上座率高达 98.9%。在所有美国职业橄榄球队中，绿湾包装工队拥有最长之一的季票排队购买名单。[1] 尽管身处一个小球市（绿湾的人口只有大约十万人），绿湾队的球迷群体却比很多大都市球队的球迷群体更大更忠诚。他们与球迷关系的成功——更不用说在球场上取得的成功——源于球队的制度结构。

在美国所有主要职业体育大联盟运动队中，绿湾包装工队是唯一一支非营利性、由公众共同拥有的球队。它的 112120 名股东主要是当地的球迷。这种所有权结构事先排除了少数人控制球队的可能性。任何个人不得持股超过 20 万股，而全部

[1] 全美橄榄球联盟的球迷支持度排行见 http://www.bizjournals.com/specials/slideshow/13.html?page=4；Brand Keys 公司的体育忠诚度指数，见 http://www.brandkeys.com/awards/sports.cfm;《体育画报》http://sportsillustrated.cnn.com/2007/writers/rick_reilly/10/09/reilly1015/index.html；http://www.packers.com/team/executive-committee.html.

流通股总量大约为475万股。因此，小小的管理层难以轻易抗衡多数人、为个人私利而经营球队。绿湾包装工队有43名董事会成员。

我们可以通过比较绿湾队董事会和卡莉·菲奥莉娜的惠普公司董事会的规模来看绿湾队核心联盟的相对代表性。惠普董事会成员在10到14人之间，该公司的流通股大约有22亿股。粗略来讲，每名惠普董事名义上代表着1.85亿股份的利益。每名绿湾队董事代表着11000份股份。从绝对数字上来讲，绿湾队的致胜联盟比惠普大得多（43人对大约12人）。就其与各自名义选择人集团的比例来讲，绿湾队的致胜联盟也比惠普大得多——大了大约1700倍。绿湾队的所有者们对他们的球队管理层极其满意而惠普股民们对公司管理层的感情矛盾复杂，这又有什么好奇怪的呢？

从绿湾队的故事我们得出的教训是，如果能让企业依赖一个大联盟，他们就有可能更好地服务股民们的利益。但公司治理形式如何才能发生这样翻天覆地的变化呢？

考虑一下对于股民来说主要的困难在哪里。他们有两个最大的问题：第一，大公司一般拥有成千上万的小股东、少数大机构股东以及极少数的内部人士。成千上万的小股东几乎等于不存在，他们是乌合之众，任何人想把小股东组织起来从成本上来讲不划算。第二，有关公司经营表现的信息流动基本上只有两个来源：公司本身以及财经媒体。极少股民会阅读公司年报或公司向美国证券交易委员会呈报的材料，并且财经媒体不会长时间关注任何一家公司，除非该公司陷入大麻烦。但通常对广大股民来说为时已晚。

我们生活在网络时代。世界上很大一部分人包括股民在内，在“推特”和“脸书”上与“朋友”聊天；他们形成了“邻客音”商务化人际关系网；他们可以很轻松地实现互相交流，即使他们并不总是这么做。很显然，专门为企业设计类似“脸书”或其他类型的交流网站相当容易。

企业会维护活跃的网站以传播企业的声音，但企业主却没有更进一步帮助广大小股东组织起来，为他们交流观点提供渠道。没错，互联网上存在着大量关注一切的博客，但似乎没有任何由股民控制的网站使参与者能够互相交流有关共同持股的某家公司的想法。如果存在这样的网站，任何公司的有影响者集团、消息灵通的投票者人数将直线上升。如果这样的话，公司董事会将有史以来第一次真正由广大股民选举产生，董事会将像任何领导集团一样必须对他们的选民大联盟做出响应。将互联网当成一个扩大联盟规模的手段，这一简单的变革能将诸如美国国际集团、美国银行、通用汽车、美国电话电报公司这样的大公司转变为大联盟体制，使其为千百万小股东而不是一小撮高管的利益服务。

啊哈，你在想高级管理层会阻止这样的尝试。他们会的，因为他们一贯这么做，在普通股民负担不起的地方召开股东大会或者大会简短到持异议者没法表达观点（日本的股东大会喜欢采取这种策略）。另外，毕竟董事会代理权使千百万小股东的投票权集中到了一小撮董事会成员的手上。当然，就算千百万小股东拥有了便宜便捷的交流沟通渠道，也无法阻止股东控制。他们会通过多数表决为那些委托投票的小股东设立规则。他们可以派自己人去代表公司内的竞争“党派”，可以使年度股东大会成为纯粹的走过场。但以上种种质疑都忘了，社交媒体网络已经成功动员起革命，让不少政府垮台。改变公司治理结构比这容易多了。

公司没有军队可以调遣，没法对持异议者拳打脚踢。先努力将小股东联结在一起，使他们掌握知情权，我们就能看看限制 CEO 薪酬的股东们能否做得更好；改变行为方式以迎合社会期待的公司能否做得更好还是更差；股东们是更关心公司雇员还是更关心自己。无论千百万小股东决定做什么，他们将为自己的命运负责。公司管理层将为他们的利益服务，就像民主领导人比独裁领导人受到更多约束、必须为公民们的需求服务一样。

我们还想就如何改善公司治理提供一点意见。在安然公司破产以及发生其他财务欺诈大案之后，美国国会决定对公司治理进行监管，声称要加以改善。但现在每位读者应该都知道政府领导人的利益关注点不在于让股民或大街上的男男女女过得更好。他们的利益关注点在于让自己过得更好。他们针对公司治理出台的监管措施也许受到了选民们的欢迎，因为很多选民与受监管影响的公司几乎没有什么利害关系，可惜政府领导人并未能让公司治理得到改善。2002 年国会通过的《萨班斯—

奥克斯利法案》旨在限制企业管理层的贪婪，要求公司对股民在财富增值方面的利益关切做出响应。然而接二连三的研究表明这并没有发生。举例来说，耶鲁大学法学教授罗伯特·罗马诺对《萨班斯—奥克斯利法案》每一条公司治理条款进行了统计学评估，他在总结中指出《萨班斯—奥克斯利法案》没有达到声称的目标，反而经常让情况恶化。甚至一项很显眼的改革——公司必须聘请外部独立审计委员会——结果都显示没什么作用。是的，成本很高！但它没有改善公司治理或业绩表现。罗马诺还详细记录了国会和监管层的种种失败之处，希望他们改进。[1] 由股东们组成一个大联盟、其成员在为公司的任何问题寻求正确解决办法方面利害攸关，这样的设想有可能让商业世界运行得更好。而一个由政府监管人员组成的、只顾提升自己选举前景的联盟则不大可能做到。

矫治民主国家的问题

对民主国家的公民来说，生活是美好的。但美好并不妨碍更好。在本书一开始我们曾说过我们会偷懒，不会一直在某个民主国家与其他国家的致胜联盟规模之间做细微区分。相反地，我们一直依赖“民主国家 / 独裁国家”这种修辞学区分。这是

---

[1] 罗伯特·罗马诺:《萨班斯—奥克斯利法案与拙劣的公司治理的形成》，载于《耶鲁法学期刊》114（2005 年 5 月），第 1521—1611 页。

个有用的传统区分方法，但这样的粗线条会模糊一些真正微妙的差别。我们的研究方法确实很依赖政治三个维度在组织规模上的微妙差别。出于方便起见，本书前面章节经常搁置这些差别，但就算很小的差别都很重要。因此现在是时候认真对待这些小差别，看看哪些地方能够得到改善。

美利坚合众国在独立时由 13 个州组成。大致来说它们全部采用相似的简单多数选举制，然而实际表现却显著不同。人们很容易马马虎虎地认为由于它们拥有相同的政治制度——由美国宪法统治——因此它们的差别一定来自别的地方。然而事实是，它们的政治制度并不相同。涉及国家治理的很多核心问题，美国宪法并没有规定。举例来说，美国宪法没有规定怎么使用投票结果。正如本书早前提到的，通过改变这一简单规则，哈维·米尔克得以在 1977 年当选旧金山市议会议员，从而改变了美国政治，而他在 1975 年做不到。在投票权和选区划分方面的一些貌似很小的差别导致了美国各州在经济（以及社会）发展方面的巨大不同。

平均来讲，美国北方州发展得比南方州快。人们很容易用传统的历史叙事来解释这一结果，把普遍的差异归因于气候差异或奴隶制。然而，对各州细微差别的仔细研究表明，政治制度的差别才是导致各州发展不均的主要推手。我们从前的一名学生、现在任职于纽约大学阿布扎比分校的杰弗里·简森对美国最早 13 个州的可相互替代者、有影响者、不可或缺者集团规模差异做了非常详尽的分析。[1] 他知道有很多人将各州发展差异归结于气候因素和奴隶制，因此希望纠正这种观念。杰夫很细心地将奴隶人口的规模和原始 13 个州每年各自有多长的无霜期都考虑在内。他研究了各州选举规则的差异，这些差异导致各州从大小不一的可相互替代者集团产生出大小不一的致胜联盟。他的发现不仅可能改写我们对早期美国发展史的认识，也能帮助我们认识如何改进当代的民主。

在早期美国，谁拥有投票权在各地都不一样。很显然奴隶制产生了重要影响——但不是决定性的影响。就众议院（以及许多州立法机构）席位分配而言，每名奴隶折算为五分之三个自由人，但他们当然没有投票权。不仅是他们，妇女在二十世纪之前也没有投票权，而在后殖民时期各州存在明显的性别比例差异。一些州对投票权施加了财产和教育程度限制，一些州则没有。选区基本上根据县域来划分。很多选区无法充分反映人口分布，于是有时候在某些选区为了竞选上一个席位所需的选票要远远多于其他选区所需选票。现代的“一人一票”原则在当时还没有被法律接受。

上述差别的结果就是各州政治领导人需要对之负责的选民——也就是可相互替代者和不可或缺者——人数相差甚远。杰夫·简森经过艰苦的研究，得出了各州构成最小限度致胜联盟的人数占各州人口比例的估计数据。他的研究结果显示，各

[1] 杰弗里·L. 简森:《原始 13 个州的最初制度、制度存续与对经济发展的促进》，工作论文，纽约大学政治学系，2007 年。

州不可或缺者集团的规模差异巨大，最小的是南卡罗来纳州，由 8.8% 的成年白人男性构成（占总人口 0.9%）；最大的是宾夕法尼亚州，由 23.9% 的成年白人男性构成（占总人口 4.9%）。

根据统治的法则我们可以料想到，其领导人所需支持人口占总人口比例较高的那些州发展较快。这些州建立起更广泛的运河、铁路和公路交通网。它们的教育水平更高，更能吸引其他地区的美国人移居过来。很多人离开小联盟的州，涌入具有更好公共服务、提供更广泛公共物品的大联盟州。外国移民也更喜欢前往大联盟的州，即使把靠近大港口这一因素都纳入校正比较。此外，大联盟州的人均国民收入远远高于小联盟州，并且收入高低几乎与联盟规模大小直接对应，而且这一结果已经按独立前各州的差异做了相应校正。拥有较大联盟的州明显表现更好。

这里的经验教训再清楚不过了。尽管名义上各州具有相同的统治规则，但选区划分方式和投票权限制对各州政治体系的竞争力和经济社会发展方面的差别造成了重大影响。如果在这方面妥善着力的话，选区划分和投票权改革有可能使美国成为一个比今天更好的国家。

先从每十年一次的国会选区重划说起。美国联邦最高法院坚持“一人一票”的原则，这是一个很棒的指导方针。但除非是在极端条件下，否则它很容易被扭曲，使国会选举几乎变成一场闹剧。原因非常简单，掌握选区划分权力的是各州立法机构的政客们。非常糟糕的是，他们会对选区进行更易于本党候选人胜选的划分。

为一党私利而划分选区特别有害，因为它会产生两个相互冲突的后果。普通美国人一方面对国会整体的工作表现非常不满，另一方面却对他们在国会的代表相当满意。因为政客们在设计选区时会使本党在选区具有支持者多数优势，根据定义，任何选区内的多数选民当然会对他们所支持的那个党相当满意。但这是国家治理上的重大倒错。这变成了一伙由州立法者组成的小联盟在挑选选民，而不是千百万选民在挑选国会代表。当政客可以挑选投票给自己的选民，他们能够连选连任且不被问责就一点也不奇怪了。

在美国，不公正选区划分的矫正机会每十年才有一次。在许多同样存在这一代议政治倒错现象的议会制国家，矫正机会比美国多。不管这种机会常有或不常有，对不公正选区划分进行矫正是很简单的事，但前提是选民们必须把这当回事并为之做斗争。

研究美国政治的很多学者提出了不少比目前更佳的选区划分方案。所有的方法都归结于一个共同主题：选区疆界不能被操控用于聚集特定人群、排除特定人群。选区疆界必须反映基本的地理原则和地形的天然限制，比如大的河流和山脉。作为一个简单原则，有一个办法可以极大减少选区划分不公的现象，就是把选区划分工作交给一些计算机程序员或精通数学的政治科学家，他们不会针对某个特定选区制定规则，而是制定适用于所有选区的普遍规则。

加利福尼亚有一个选民组织已经朝这一方向迈出了第一步。它呼吁任命一个非党派的委员会负责选区划分工作。让我们拭目以待它在“非党化”方面做得如何。一个无视任何特定选区政治偏好分布情况的计算机程序更有可能达到公平中立的目标，同时还能满足最高法院对于“一人一票”原则的坚持。

除了要扫除旨在减小联盟规模的不公正选区划分现象，现在可能是时候修正美国宪法，废除选举人团制度。当初制定这个制度的人意图相当清楚。他们想确保奴隶州能加入联邦，这意味着必须制定保护奴隶制的宪法条款。[1] 选举人团制度就是其中之一。当初的原始意图不应该再指导当今的政治，这就是一个极好的例子。奴隶制已经被废除差不多150年，然而选举人团制度却保留至今，主要的原因尽管没人大声谈论，但就是它使政客们能够建立一个比直选之下小得多的核心支持者联盟。

今天，选举人团制度捍卫者们的辩护理由是它保护了小州的利益，因为在选举人团投票中，小州被过分代表。实际上的确如此。但如此一来置“一人一票”原则于何地？按照这个论证逻辑，很明显怀俄明州或蒙大拿州的一张选票在挑选总统（和副总统）方面比加州或纽约的一张选票更算数。这只是一个出于方便的论证——来自怀俄明州或蒙大拿州的读者请勿介意。根据选举人团的游戏规则，有可能出现在一场双人竞争

---

[1] 阿希尔·里德·阿玛尔：《美国的宪法：一部变迁史》，纽约：兰登书屋，2006。

中一名候选人赢得了全国多数普选票、而另一人却当选美国总统的情况。不仅如此，实际上在一场多候选人大选当中，通过合理配置选票，也能够使一名只获得较少全国普选票的候选人当选美国总统，比如约翰·昆西·亚当斯和亚伯拉罕·林肯就是如此。赢得组合正确的州的选票而不用赢得全国普选多数票，你就能当上美国总统。这正是让致胜联盟小于它本该具有的规模的又一种机制，政客们的权力因此更多，人民的权力因此更少。正是这一机制一直扭曲着美国政治，直至南北战争发生——它也是导致战争发生的原因之一。在今天，这一制度对那些在正确的地方受欢迎的候选人有利，他们不用在全国各地都受欢迎。

在美国和大部分欧洲民主国家，移民政策是一个热门辩论话题。无论是在凤凰城、巴黎、什罗普郡还是旧金山，辩论的原因大同小异。各国移民政策呈现三种不同风貌。第一种，移民在他们的新家园很容易成为该国公民。第二种，移民被视为客籍工人而受到欢迎，但不能获得公民权。第三种，移民根本就不受欢迎。事实表明，一个国家采用哪种移民政策对相关政治集团的规模产生了重大影响，这些政治集团决定着该国政府在自享之余是否民享。

不具有获得公民权机会的移民扩大了该国无选举权集团的规模。除非公开反抗（贫穷的移民基本不会这么做），他们无力对公共物品提出需求。他们不属于可相互替代者构成的选择人集团，他们更无法成为有影响者和不可或缺者。在采纳客籍工人移民政策的国家，移民所处的就是这一境地。中东的君主制国家最喜欢这种移民政策，因为它不会干涉少数人控制多数人，并且如果有任何移民行为不轨，直接将他遣送出境就了事。

在某些民主国家也存在相似的限制模式，那些试图成为致胜联盟一员的移民受到了阻止。比方说，移民要在日本获得公民权难度极大。尽管数百年来有好几波涌往日本的移民潮，获得公民权的诸多限制条件确保了移民没有能力要求扩大致胜联盟。

在英国，来自英联邦国家如印度或巴基斯坦等国的移民很容易进入并获得公民权。这意味着这些移民很快就成为选择人集团的一部分。由于民主国家致胜联盟的规模至少是间接地与拥有投票权的人数挂钩，这也意味着移民扩大了致胜联盟。很多政客自然对此相当不满，因为这减少了他们对可自由裁量金钱的控制。原有的公民可能也不满，特别是如果他们支持执政党的话。扩大联盟会减少他们收到的个人回报。但对民主国家现有致胜联盟内的有识之士以及支持反对党的选民来说，增加移民数量会迫使政府提供更多的公共物品。这对每一个人都有好处，特别是对那些不属于致胜联盟的人。

扩大移民准入机会和权利可以促进致胜联盟扩张到所需规模，在这一过程中也能提升公共政策的质量。但有这么多利益集团出于短期成本考虑而反对移民，要改变移民政策很困难。真的如此吗？

一个能提升所有人长期福利的简单办法就是取消对移民的限制。特赦非法移民——一个美国政治圈里的脏词——是一种选择机制，可以挑选出在给定时间段中通过工作、纳税、抚养孩子展现出了生产能力的移民，他们为国家经济、国家的政治生活和国家的社会结构做出了贡献。把你们的穷人送来，看看他们能不能创造更好的生活。把你们疲乏的人送来，看看他们通过参与督促一个以公共物品为导向的政府做得更好，能不能焕发生机。把你们渴望自由的蜷缩在一起的人们送来，看看他们的孩子能不能成长为一个比现在更强大、更和平、更繁荣社会的栋梁之才。一代又一代涌入美国的移民潮使美国的致胜联盟不断扩大，变得更好。他们从贫穷、疲乏、蜷缩在一起的人变成了现代美国的成功故事。这并不是时间或地点的偶然。它是美国公民权相对容易获得这一事实的直接后果，它同时产生了一个有助于改善国家治理的扩大了的致胜联盟。

消除痛苦

要在第三世界发生有益的变革是最困难的挑战之一。广泛的贫困、经常遭受的资源诅咒、根深蒂固的独裁政权，全部是阻碍。但变革能够发生也确实发生过，正如南非、突尼斯和墨西哥的故事显示的。变革的发生有两个源头：内部的政治动荡或外部的威胁，二者之中，外部威胁在削弱少数人、改善多数人生活方面的成功可能性要低得多。美国的总统们和欧洲的总理首相们长期以来支持建设一个民主的世界，他们可能还能举出某些合格的成功例子。当今的世界比五十年前要民主得多，但我们对自由的呼唤如果不以实际行动为后盾，绝不可能把众多独裁者变为自由爱好者。正如近来中东的事件显示的，有效的变革主要源于当地情况。近十年，美国政府已经花了超过1.1万亿美元用于在伊拉克和阿富汗的战斗和国家建设。[1] 扶植起来的政府仍然与改善当地人民的福祉这一要求相去甚远。不少中东国家的人民几乎没花什么钱就在几周之内获得了更多成就。如果这些变革能因得到不可或缺者和有影响者的支持而得到巩固，他们在创造有意义的民主化方面将机会大增。

2011年冬天，抗议活动席卷了北非和中东。在突尼斯和埃及这样的地方，受过教育、失业的人们开始行动起来。这些国家25岁以下青年的失业率高达25%至30%，反叛活动的不利因素很少。有利因素很多，成功来得很快，而暴力却相对较少。而就在这些国家因人民要求推翻现政权而陷入大规模政治动荡时，利比亚和巴林也发生了起义，但结果大不相同。这两个国家乃至其他中东产油国的年轻的受教育阶层的失业率也很高。但高失业率对它们的领导人来说不是什么大不了的事，因为他们的财富来自石油而不是人们的工作。如果以相对匮乏程度来做比较的话，有些人可能对突尼斯人率先起义感到很奇怪，因为至少相对来讲突尼斯政府对人民照顾得不错。突尼斯人有相

[1] 美国国会研究局报告《9·11以来伊拉克、阿富汗及其他全球反恐战争的成本》，艾米·贝拉斯科，2010年9月2日，网址为 http://www.fas.org/sgp/crs/natsec/RL33110.pdf。

对自由的媒体，也能够举行集会。然而，革命并不会发生在自由被剥夺最严重的地方，也不会发生在已经有自由的地方，而是在二者之间。

对人民的压迫会吓走外国游客，由于突尼斯的经济严重依赖旅游业，突尼斯前总统本·阿里被迫允许人民享有超出他本意的自由。所有那些游客无意中成为了推动变革的力量。他们使突尼斯面临旨在推翻政府的反叛活动的威胁，因为突尼斯政府为了能从游客的钱袋子里掏钱，必须赋予本国人民更多的自由权利。这些自由权利转化为教育、对信息的掌握以及通过互联网互相交流的手段。这又意味着异议者们有可能组织起来协同行动，举办网上自由集会，这样的集会能够也确实演化成了真实世界的大规模自由集会。另一个旅游业占重要地位的经济体埃及的情况大概类似。胡斯尼·穆巴拉克统治着一个针对本国人民的压迫性、且经常是暴力性的政权。但他从未以世界级压迫者如天然气资源丰富的丹瑞或邪恶的柬埔寨凶手波尔布特那样的铁拳治国，因为穆巴拉克负担不起这种方式。随着美国经济援助的逐渐减少，穆巴拉克越来越需要旅游业的收入，因此他表现出了一定程度的克制。利比亚没有这种克制，石油美元为卡扎菲提供了收买雇佣军的足够资金，这些士兵在屠杀反政府分子时绝不会心慈手软。

当我们寻找可作为民主化好目标的国家时，看看哪些国家的经济很大程度上依赖旅游业大概是个好主意，比如肯尼亚、斐济和独立的巴勒斯坦，都希望成为一个大的旅游目的地。当然，依赖旅游业只是独裁者允许人民享有某些自由权利的原因之一，这些自由足以让反对派看到组织起来反叛的机会。任何重大的经济压力都能迫使领导人产生自由化的想法，只要压力深重到他没有足够的钱收买政治忠诚。

某些群众运动的组织者知道如何发动起义，但还有一个问题仍然存在，那就是什么时候起事。正确的时机几乎总是在国家有了一位新领导人或一位病重领导人再或者一位破产的领导人时。比方说，突尼斯的本·阿里曾被传言重病缠身，可能是前列腺癌。埃及年届八旬的穆巴拉克，大概也有病痛。一旦时机合适就准备起事的人以及海外那些希望推广民主的人可以事先做好准备。目标可能比我们有时候预想的要容易实现。

移动通讯和互联网能够改变发展中国家人们的生活，甚至是穷人的生活。甚至像农作物市场价格这样简单的信息都能对农民的收入造成重大差别，当然，挣得越多他们工作就越积极。移动技术也使贫穷的人们可以享受到诸如银行或保险这类被发达国家人民认为理所当然的服务。手机账号被越来越多地用于转账，农民用一条简单的短信就能付钱买化肥或收到农作物的价款。[1] 这样的技术给人民带来的政治上的利益远超过经济利益。采用了这种技术后，领导人不可能关掉这一人民相互沟通协调的渠道，因为他掌权所需的创造税收的商业和经济活动也会被一并关停。当经济形势迫使独裁者必须允许人民相互沟通

[1] 例子可参见 http://www.npr.org/2011/01/30/133305663/in-haiti-cell-phones-serve-as-debit-cards.

才能获得收入，他真正处在了一个进退两难的境地。技术关停的日子一久，他就没有足够的钱收买联盟的忠诚。开放技术的话，人民能够协调行动推翻独裁者。在这种情况下，聪明的独裁者会眼光放远，他会意识到实施自由化对自己比较有好处，胜于被迫流亡、被关入大牢或被干掉。在缅甸一张手机 SIM 卡（用户身份模块）要价超过 1000 美元，这不是偶然的。加纳面临经济崩溃时，J.J. 罗林斯选择了实施自由化也不是偶然的。

罗林斯从一名滥权的独裁者转变为一名好胜的民主领导人。这是因为毁灭性的经济政策加上数十年的独裁统治将加纳经济拖入了深渊，他甚至已经无法保证能为人民提供充足的食物，使他们有力气和意愿工作，为他创造收入。通过经济自由化鼓励人民回去工作，这是他能够继续收买联盟忠诚的唯一出路。自由化帮他继续掌握权力，但人民在自由化过程当中获得了自由权利。

民主化并不要求某个领导人仁慈善良。我们很难找到这样的领导人，这是一种被误导的期待。罗林斯是一位“不情愿的民主领导人”，但他毕竟成为了民主领导人。出于经济需要而赋予人民权利，这条途径可靠得多。外国援助经常会缓解领导人面临的经济重压。罗林斯最初毕恭毕敬地在国际上寻找支持者，只是因为失败了他才开始进行市场改革。罗林斯的故事给我们带来了很重要的经验教训，特别是与当今的技术力量相结合。

罗林斯面对经济灾难提前做出了正确的选择。不是所有领导人都能被指望转变为哪怕是不情愿的民主领导人。当他们甚至面对经济灾难都不准备进行自由化时，外国援助者仍然大有可为，将潮流往个人和经济自由的方向引，甚至说服独裁者自由化符合他们的利益。利用外国援助建设覆盖全国的无线互联网、为穷人提供移动通讯设备，对受到援助影响的四方来说是一个四赢的结果。领导人会获益，因为商业活动会得到加强，为他带来更多可自由裁量的资金。援助国国内的一些人也能获益，因为他们可以将必需的技术卖给本国政府，构成对外援助的一部分。这会使他们对本国领导人感到满意，反过来又提高了援助国领导人连任的机会。与大部分外国援助不同的是，在这种情况下受援国的人民也能受益。首先，他们有了创造美好生活的更好机会。其次，在互联网上自由聚合使他们占据了更有利的位置，能够迫使政府提供更多更大的自由并且依赖一个大联盟。我们前面说了，从资金流动中获利的聪明领导人会愿意接受相关技术，时机成熟的话还有可能实施自由化，使自己继续掌权。

那些拒绝技术的独裁者同样有助于自由事业。对有利于人民自助的技术说“不”，这些领导人就向世界清楚表明了自己是顽固不化的独裁者。外国援助者在看清事实之后不会继续在他们身上浪费资金，会腾出更多钱拿去帮助那些愿意承担政治风险以换取经济利益的地方。如果援助国通过援助换来的是经济方面的政策让步，这种援助恰恰能够满足援助国的利益需求和受援国的利益需求，也能满足援助国致胜联盟的意愿，更可以帮助到援助国一直声称要帮助的受援国的人民。对于要收买安全方面的政策让步的人来说，可叹的是，此类援助大概还会一如既往继续进行。但是，那些要收买安全方面政策让步的人可能也会想到此类援助会给手机生产商竞争对手带去多大的商业优势，却牺牲了本国企业的利益。

最后，即使援助是出于安全方面的考虑，它可以被更有效地利用。我们知道很多外国援助并没有使受援国人民受惠。但就算援助只是为了换取受援国政策让步，它也可以发挥更好的作用，至少从援助国的角度来说。与其听信受援国领导人承诺将改变政策因而向其提供援助，还不如将援助资金托管给独立第三方机构。援助协议因此必须清晰界定受援国的表现标准。如果受援国达到了标准，援助资金才会到位。如果没有达到标准或者表现差强人意，资金将退还给援助国。通过这种方式，援助国只为得到想要的东西付钱，而不为坏结果浪费大好资金，特别是付了钱仍然无法改变受援国领导人的行为的话。别忘了，这正是我们就美国对巴基斯坦援助黑洞提出的解决方案之一。

也许最难获得改进的国家就是那些自然资源丰富的君主制和独裁制国家。这些国家的人民受到压迫，其领导人富有的程度令人难以置信，并且他们还拥有残酷镇压反对者的手段。但就算在这些地方依然存在达到变革目的的方法，而无须遭受反对卡扎菲的人遇到的可怕后果。国际社会和内部意图反叛的人士都可以为实现从独裁制向民主制转变奠定正确的基础。让我们先从难度很大的国际社会说起。

南非的纳尔逊·曼德拉上台后给世界上了很重要的一堂课。可叹的是，这堂课没有被好好领会。在南非白人种族主义隔离政权垮台之后，曼德拉成立了真相与和解委员会，目的是为曾经镇压过反对派的人提供一个忏悔罪行的平台，并获得特赦。联合国当然也可以颁布一系列国际法，鼓励面临革命的独裁者向人民和平移交权力。联合国可以为独裁制向民主制的转型制定实施计划。同时它可以规定，任何面临交权压力的独裁者将获得一定的短暂时间，比如说一个星期，离开本国以交换完全的永久性特赦，在任何地方得免因其罪行遭受指控。这样的政策早有先例。给予愿意作证的犯罪分子豁免权是很通行的做法。一些受害者当然会因犯下凶残罪行的作恶者逃脱法律制裁而极其不满。不幸的是，不这样做的话，独裁者没有其他选择，只能通过犯下更多罪行牢牢抓住权力赌一把。让前独裁者逃脱法律制裁当然没什么正义可言。但我们的目标应该是改善毫无前途的领导人统治下的很多人的生活，这些领导人或许有可能愿意下台以换取特赦。

促使领导人靠边站的激励因素可以进一步得到加强，比方说，如果他们愿意尽快下台，他们可以保留一笔数目可观的不义之财，流亡海外后能够获得与家人一起平静生活的安居之所。提出这样的协议本身也许会自我促成它的目的。一旦核心支持者认为他们的领导人或许将接受这样的交易，他们自己就会开始寻找替代人选，因此就算领导人决定留下来做最后一搏，他可能再也无法获得支持。人们最好将复仇的渴望放在一边，给独裁者一个放弃的理由而不是负隅顽抗。从来没有人给过穆阿迈尔·卡扎菲这些机会，因此他面前只有很严酷的选择：要么余生被人四处追捕要么战斗到死。他选择了后者，这一选择极大伤害了利比亚人民和任何珍视人性的人。

除此之外还有其他选择。英国从君主制向君主立宪制的转型提供了很有价值的经验教训。领导人都希望在权力宝座上生存下来并最大限度控制金钱。但如果给他们机会用政治权力交换金钱又会如何呢？英国王室曾经既有政治权力又有钱，但后来面临极其严峻的压力，有可能像其他国家发生过的那样权财两失。俄国和法国皇室就遭受了这样的命运，英国革命之后的斯图亚特王朝同样如此。想象一下，如果他们可以选择保留王位但将权力移交给人民选举产生的政府，比如英格兰的威廉和玛丽以及随后的汉诺威王朝。作为补偿，他们有权保留王室的财产，甚至保证未来可以长时期继续从国家获得收入，比如说100年。从独裁君主转型为极度富有的立宪君主，这是沙特阿拉伯王室、约旦王室、阿拉伯联合酋长国王室更应该考虑的选项，而不是选择镇压反叛。革命者前赴后继，但领导人只要失败一次，到时再想谈判软着陆就为时已晚了。

自由公正的选举：虚假的希望

正如有的行动会促进有益的变革，有的行动却会阻碍进步。最普遍但最没用的解决方式之一就是选举。面临风险的领导人常常决定举行欺骗性的选举以给外界造成公开公正的印象。无须多言，虚假选举不会让一个国家产生更好的政策或给人民带来更多自由。相反地，虚假选举通过扩大可相互替代者集团但保持有影响者集团和不可或缺者集团不变，加大了统治者的权力。

当然，有意义的选举是人们的终极目标，但为了选举而选举绝不该成为目标。当国际社会敦促举行选举却不关注其到底有无意义，选举的结果无非是进一步巩固了一个肮脏政权。举例来说，国际观察员喜欢证实人们是否能自由前往投票站、他们的选票是否得到正确统计，仿佛如此一来就意味着这是一场自由公平的选举似的。打个比方，如果一国政府先禁止有可能成为真正对手的政党参选，或者政府设立竞选限制条件使执政党很容易宣传政见而反对党无法做到，那么还有什么理由要阻止人们去投票或在统计选票时作假呢？俄罗斯的领导人根本不需要在选票统计上作假就能得到想要的选举结果。他们也不需要阻止人们前往投票站。他们事先剥夺了反对党拥有自由的媒体宣传和举行自由集会的权利，因此观察家当然会很轻易得出结论，说俄罗斯的选举狭义上是自由和公平的，而我们很轻易就能认识到它们既不真的自由也不公平。

终极而言，选举应该跟在扩大的自由之后，而不该被视为自由的先导。

有时候世界上的问题看上去超出了我们的解决能力范围。但在如何根除世界上很大一部分贫困和压迫现象方面，没有什么神秘可言。生活在自由之中的人们极少陷入赤贫状态和遭受压迫。赋予人们权利去说他们想说的，去写他们想写的，去聚集起来分享他们有关想要的东西的观点，你一定会看到人民的人身和财产安全是有保障的，他们对生活是感到满足的。你会看到人民自由地追求财富，在追求的过程中自由地丢盔卸甲。你会看到人民不仅在物质上富足，精神和身体也富足健康。当然，像新加坡证明了可以在有限自由的情况下实现富足的物质生活——然而大量证据表明这是例外而不是通则。经济成功会延迟民主化的到来，但最终而言不能取代它。

一个国家对自由的相对享有程度最终是由其领导人决定的。在痛苦压迫的世界背后是由一小撮核心支持者在运作的政府，他们只对能让他们发财的领导人效忠。在自由繁荣的世界背后，政府依赖的是由普通人构成的实质性联盟的支持，他们从一个很大的有影响者集团里产生，后者又是从一个更大的可相互替代者集团里产生。我们很容易就可以将世界上的贫困和压迫现象与腐败的军事独裁统治者和残暴的、为了保持权力而窃取国家财富的独裁者连成一条线。政治以及政治制度，决定了人们生活的界限。

现在已经很清楚了，有一个天然秩序在支配着政治，它的表现形式就是一组有关统治的铁律。它们无法被改变。但这并不意味着我们不能在政治规律的框架内找到更好的行动途径。

我们已经提出了一些在规则范围内能够产生更好结果的行动方法。但归根结底，我们提出的解决方案不会得到完美实施。这是有理由的。根深蒂固的思维方式使得按照我们的方法去解决问题变得十分困难。很多人会得出结论，削减对外国的援助是残忍和冷漠的。他们会告诉我们，哪怕只有一个孩子获得了帮助，那么所有花在援助上的钱都是值得的。他们忘了问有多少孩子因为被无视而宣告死亡，因为在帮助少数人的过程中，援助只会对领导人起支撑作用，他们只有在关照了自己和核心支持者之后才会关照人民，如果真有的话。但在指责我们的“有缺陷”的民主领导人未能让世界变得更美好之前，我们必须记住他们为什么推行那样的政策。民主领导人发过誓的职责恰恰是，要做我们——人民——想要的事。

自从美国建国以来，美国的总统们反复强调支持传播民主这一理念，哪怕并非事实。伍德罗·威尔逊总统在 1917 年 4 月 2 日要求国会向德国宣战时，阐述了他的信念：“为了民主，必须让这个世界安全……我们没有自私的目的。我们不想要征服，统治。”近 90 年之后，他的情操在乔治·沃克·布什总统那里得到了回响，布什总统在他的第二个任期就职演说中说：“我国自由的存续越来越依赖其他国家成功实现自由。我们这个世界和平的最佳希望在于全世界扩大自由……因此美国的政策是在全球每一个国家与文化寻求和支持民主运动以及民主制度的发展。”然而，当伍德罗·威尔逊支持盟友控制下的殖民地“民族自决”时，就将他的高尚情操搁置一旁了。相似地，小布什总统在其呼唤“全世界”民主的同一篇演讲中同样提到：“我最庄严的使命就是保卫这个国家和它的人民，防止进一步的袭击和新兴的威胁。”

总统们的“庄严使命”凸显了问题所在。在海外促进民主改革与保护国内人民的福利之间存在着天然的张力。各个自由民主的社会通常和平相处，促进本国和国家间的繁荣，这使得代议制政府对全球人民都很有吸引力。然而民主改革——如美国与霍梅尼的伊朗和哈马斯领导的巴勒斯坦打交道时经历的——并不总能在对抗外部威胁时提升美国人（或世界上其他地方的人民）的安全和福利，有时甚至会危及安全。

我们个人对于保护自己不受世界上不友好民主国家的伤害都很关切，这种关切通常压倒了对于民主的长远好处的信念。民主领导人要倾听选民的声音，因为这是他和他的政党保住执政权必须要做的。毕竟，民主领导人被选出来，就是要为至少是那些选他的人的当下利益服务。所谓长远，那是以后别人操心的事。如果且仅仅如果实现民主化的国家的人民想要的政策正好是我们喜欢的政策，那么海外的民主对我们来说就是一件大好事。当某个外国的人民普遍反对我们的根本利益，我们获得想要的东西的最好办法就是让该国人民处于按美国人民意愿办事的独裁者的高压统治下。

是的，我们希望他国人民自由和享受繁荣，但我们不希望他们自由繁荣到足以威胁我们的生活方式、我们的利益和我们的福利——这是顺理成章的。这对民主国家领导人来说也是一条统治的法则。他们必须做他们的致胜联盟希望的事情，他们不对任何其他国家的致胜联盟负责，只对帮他们保持权位的那些人负责。如果我们假装看不到这一点，我们就将陷入乌托邦空想，以此为借口不去解决能解决的问题。

本书一开头引用了凯歇斯恳求勃鲁托斯采取行动反对裘力斯·凯撒暴政时说的一段话，“亲爱的勃鲁托斯，那错处并不在我们的命运，而在我们自己”。我们谦卑地加上一条原因，错处在我们自己是因为，我们——人民——太关心我们自己而太不关心世界上统治者们的帮手。但我们也看到了未来有希望。每一个依赖小联盟的政府和组织最终都会将自身的生产力和创业精神消磨殆尽，在自身的腐败和低效能的重压之下面对崩溃的风险。当那些关键性的机会时点出现，当劣政的重压将独裁者困住，一些简单的变革就将改变一切。

我们已经知道几乎所有政治生活都围绕选择人集团、有影响者集团和致胜联盟这三个维度的规模展开。把它们的规模全部扩大，并且可相互替代者集团的扩张速度不再快于致胜联盟，则对绝大多数人民来说一切都会变得更好。他们摆脱了束缚，为了自身而更加努力工作，变得更有教养，更健康，更富裕，更快乐而自由。他们纳的税减少，生活中的机会显著扩大。通过我们这里建议的一些矫治方案我们可以更快达到这些变革目标，但或迟或早每个社会都将跨越由于小联盟与大选择人集团割裂而造成的痛苦，走向一个大联盟——它本身就占选择人集团的很大一部分——和平富足因此指日可待。一点点艰苦的工作再加上一点点好运，这些在任何地方都将更快发生，而如果发生了我们所有人都将从中受益。

致　谢

《独裁者手册》是我们近20年来研究领导人的行为动机和制约因素的最终成果。我们必须对朋友、同事、合著者和评论家们表达最诚挚的感谢，他们帮助我们加深了对推动世界运转的激励机制的理解，并就如何让世界运转得更顺利提出了深刻洞见。

在学术界，我们的工作被称为“选择人理论”。我们与这一理论的另两位共同创立者兰多夫·席弗森和詹姆斯·莫罗一起出版了一本综合性著作阐发这一理论，即2003年由麻省理工学院出版社出版的《政治生存的逻辑》。那本五百多页的大部头充满了数学模型和复杂的统计检验。我们很乐意承认那不是一本好读的书，但它是有关选择人理论的最全面的表述。不过，那本书既不是该理论的起源也不是终曲。

选择人理论源于布鲁斯·布尔诺·德·梅斯奎塔和兰迪·席弗森对于领导人在经历战争之后会发生什么这一问题的研究。出乎意料的是，没有人曾经系统地研究过赢得战争或输掉战争对领导人的政治生存会造成什么影响。拥有国际关系学学术背景的布鲁斯和兰迪继续研究其他与战争相关的问题，并邀请詹姆斯·莫罗和阿拉斯泰尔·史密斯一起加入——于是诞生了被人称为 BdM^2S^2 的研究团队。1999 年我们四个人在《美国政治科学评论》上发表了《民主和平的制度解释》。这篇论文为当时国际关系中的首要问题提供了一个答案，该问题是：为什么民主国家之间不会相互开战？很多现有的理论咬定民主国家领导人和独裁国家领导人具有不同的规范性动机。不幸的是，民主领导人的行为经常违背这些嘴上宣称的高尚价值。与此相反，选择人理论假定领导人具有相同的目标，那就是保持权位，而将民主领导人和独裁者区别开的是，前者依赖一个大型的支持者联盟，这意味着民主领导人会调动国家资源尽力赢得战争。独裁领导人提升生存保障的方式是囤积资源收买党羽，即使这意味着会输掉战争。本来我们一开始想问的是为什么民主国家之间不打仗，结果变成了追问国家之间如何打仗以及为了什么东西打仗。科学本来就是这样，一个问题的答案为其他问题提供了答案，结果引发了一系列新问题。

2002 年，BdM^2S^2 研究团队在《英国政治科学期刊》上发表了一篇对选择人理论进行数理描述的论文《政治制度、政策选择与领导人的生存》。我们进一步完善了这一模型，然后对它的预测效力进行测验。这篇论文成为了《政治生存的逻辑》一书的基础。论文发表之后我们继续对选择人理论进行改进。在 2007 年发表于《冲突解决期刊》和 2009 年发表于《国际组织》上的论文中，我们研究了一些国家如何通过对外援助换取受援国的政策让步。我们近来对于该数学模型的拓展将革命运动整合进来，相关论文发表于 2008 年的《政治学期刊》、2009 年的《比较政治研究》和 2010 年的《美国政治科学期刊》。

选择人理论为政治研究提供了一个强有力但简单易用的模型。比如，它构成了《惩罚君主》一书中各个模型的基础。由菲奥娜·吉尔利弗瑞和阿拉斯泰尔·史密斯共同撰写的这本书考察了领导人如何制裁其他国家的领导人。把他国领导人而不是其所代表的国家作为惩罚的目标，施罚国的领导人可以以三种方式对他国政策造成影响。第一，这样的机制为修复国家间的关系提供了明确的手段。第二，它鼓励目标国的国内人民将本国领导人赶下台以恢复合作。第三，由于目标国的领导人害怕被赶下台，这种定向惩罚的威胁首先就会促使他们遵守国际规范。通过聚焦于国与国领导人之间的关系而不只是把国际合作单纯视为国与国之间的关系，菲奥娜丰富了我们对国际关系的理解。这是她做学问的特点，她追问别人从未想到要问的问题并给出了优雅的答案，推进相关研究往新的方向发展。比如，她研究了国与国之间贸易往来的变化情况如何依赖于国家领导人的更迭。她发现，独裁者的更迭以完全可预见的方式系统改变着国家间的贸易流通。

《惩罚君主》出版于 2008 年菲奥娜去世前不久。所有认识她的人每天都在想念她，特别是她的丈夫阿拉斯泰尔和三个孩子安格斯、邓肯和莫莉。她是我们最好的支持者也是最严厉的批评者。菲奥娜生前长期饱受疾病折磨，但在最困难的时候都保持着幽默感和乐观精神。她未能等到一直等待中的器官移植。请您积极参与器官捐赠善行。哥伦比亚长老会医院和其他地方的医生、护士们特别是艾丽卡·伯曼·罗森伯格医生和纳扎雷诺·加利耶教授尽力延长了她的生命，使我们有更多时间能陪伴她。我们对他们表达最深挚的谢意。尽管她用铁杖辖管着阿拉斯泰尔的生活，菲奥娜是一位仁慈独裁者的化身。

发展选择人理论和写作本书是一项非常艰巨的工作，没有他人的帮助我们不可能完成。兰多夫·席弗森和詹姆斯·莫罗一开始就是我们的合作者，本书当中表达的观点既是我们的也是他们的。对于任何研究来说，资金支持都是至关重要的，选择人理论的早期发展得到了国家科学基金会的慷慨支持。我们同样要感谢罗杰·赫托格通过纽约大学亚历山大·汉密尔顿政治经济学研究中心对我们提供的帮助。

世界银行驻坦桑尼亚的前首席经济学家汉斯·胡格维恩委托了一项研究，利用选择人理论的框架解释为什么世界银行在坦桑尼亚的工作不如期望中的成功。参与那项研究深化了我们自己对选择人理论的理解，并且该研究对于推进我们有关利益集团的形成方面的观点起到了关键作用，这些集团包括种族的、语言的、地理的以及职业的。在汉斯的要求下进行的这项工作极大激励了我们，我们对他的支持和提供的机会充满感激。我们目前供职的纽约大学是一所杰出的大学，不遗余力地支持我们的研究和教学工作。我们同样要感谢胡佛研究所、耶鲁大学和圣路易斯华盛顿大学的支持。这些机构的慷慨使我们获益良多，亚历山德拉·贝尔，特别是米哈尔·哈拉里，在为本书准备材料方面提供了巨大帮助。

对于任何学术研究来说，总是能在同事、学生和朋友们的帮助下获得改善，特别是当他们既是批评者又是支持者；本书也不例外。我们真的非常有幸能与这样一群了不起的学者、朋友交流，我们每天都能从他们那里学到东西。尼尔·贝克、伊桑·布尔诺·德·梅斯奎塔、乔治·道恩斯、威廉·伊斯特里、桑迪·戈登、米克·拉夫尔、吉姆·莫罗、丽萨·豪伊、杰夫·简森、雅尼·科特索尼斯、亚历克斯·吉罗斯·弗洛雷斯、辛纳西·拉玛、彼得·罗森多夫、哈里·兰德尔、尚科尔·赛提纳斯、约翰·斯凯菲、兰迪·席弗森、艾伦·斯塔姆、费德里科·瓦雷萨、詹姆斯·弗里兰德、伦纳德·旺奇肯以及很多其他人帮助本书得以成型。

我们以前的大部分著作在学术界引起了关注，不过写一本“可读”的书完全是两码事。幸运的是我们的经纪人埃里克·卢普弗将我们置于翼护之下。他不辞辛劳地与我们商量本书的结构、风格和表现形式，并且帮我们找到了一家非凡的出版社。整个过程中，公共事务出版社对我们提供了巨大帮助。他们的整个团队在本书出版过程中的每一步都给予我们帮助和支持。我们感谢布兰登·普罗亚让本书更具可读性，观点更清晰，论证更严密；以下人士也对改善本书做出了巨大贡献（以姓氏字母排序）：林赛·琼斯、丽萨·考夫曼、杰米·雷弗尔、克里夫·普利多尔、梅丽萨·雷蒙德、阿内斯·斯科特、苏珊·温伯格以及米歇尔·威尔什霍斯特。本书如出现任何错误之处，责任都不在他们而在我们。

在我们研究过的所有组织当中，我们最关注的是家庭。他们照亮了这个世界：伊桑、瑞贝卡、亚伯拉罕和汉娜；艾琳、杰森、内森和克拉拉；格文、亚当和伊萨多；安格斯、邓肯和莫莉。我们最要感谢的是阿琳和菲奥娜，我们将本书和我们自己献给她们。

我们最美好的愿望就是那些冒着生命危险与独裁者周旋的人们能够幸福和成功。